青岛区域品牌经济研究报告 2021

人民日报中国品牌发展研究院　主编

中国发展出版社

CHINA DEVELOPMENT PRESS

图书在版编目（CIP）数据

青岛区域品牌经济研究报告. 2021 / 人民日报中国
品牌发展研究院主编. —北京：中国发展出版社，
2021.11

ISBN 978-7-5177-1259-6

Ⅰ. ①青… Ⅱ. ①人… Ⅲ. ①区域经济—品牌战略—
研究报告—青岛—2021 Ⅳ. ①F127.523

中国版本图书馆CIP数据核字（2021）第221864号

书　　　　名：青岛区域品牌经济研究报告2021
著作责任者：人民日报中国品牌发展研究院
出 版 发 行：中国发展出版社
联 系 地 址：北京经济技术开发区荣华中路22号亦城财富中心1号楼8层（100176）
标 准 书 号：ISBN 978-7-5177-1259-6
经 销 者：各地新华书店
印 刷 者：北京市密东印刷有限公司
开　　　本：787mm×1092mm　1/16
印　　　张：21.5
字　　　数：351千字
版　　　次：2021年11月第1版
印　　　次：2021年11月第1次印刷
定　　　价：168.00元
责 任 编 辑：吴　佳　沈海霞
联 系 电 话：（010）68990625 68990692
购 书 热 线：（010）68990682 68990686
网 络 订 购：http：//zgfzcbs.tmall.com
网 购 电 话：（010）68990639 88333349
本 社 网 址：http：//www.develpress.com
电 子 邮 件：15210957065@163.com

　　品牌既是经济发展的结果，也是推动经济高质量发展的重要工具和手段，对于一个组织、一个区域乃至一个国家的经济发展具有重要的意义。将品牌与经济的关系放在发展的大环境中，在社会发展的不同阶段，品牌和经济的关系及其侧重又各有不同。在卖方经济和我国的计划经济阶段，经济发展的关键在于企业经营、在于生产，品牌处于从属，甚至是边缘化的地位；而当市场经济发展到买方经济后，生产力的极大发展带来了产品的极大丰富，生产过剩成为一个不可避免的现象。为了在激烈的市场竞争中脱颖而出，品牌成为重要的竞争工具，管理学大师彼德·德鲁克断言"21世纪的组织只有依靠品牌竞争了，因为除此之外它们一无所有"。

　　当然，此时的品牌依然属于一个相对狭义的概念，局限于一个企业，一个产品。随着社会进一步发展，品牌战略在经济发展中的意义越来越大，品牌的内涵也逐渐摆脱了企业和产品的局限。对于单一企业而言，它所处的行业、所在的产业圈以及所属城市的整体形象都会成为其产品竞争力的重要一环。由此，以企业品牌、行业品牌、城市品牌相叠加形成的区域品牌经济概念应运而生。对于一个区域而言，品牌既是区域经济发展的结果，也是区域经济进一步发展的动力；从品牌建设的角度而言，区域品牌的建设者不仅包括区域内的企业，行业协会、政府部门和社会各界力量都能够也应该为区域品牌的整体形象增光添彩。

　　我国的社会主义事业进入新时期以来，党中央、国务院更是高度重视品牌在经济结构转型和高质量发展中的重要意义，品牌战略已经上升为国家战略。

党的十九届五中全会明确提出，要加快构建以国内大循环为主体、国内国际双循环相互促进的新发展格局。"十四五"时期，经济社会发展要以推动高质量发展为主题。这为品牌建设提供了重要契机，带来了新的动力，同时也提出了更高要求。如何实施高质量发展，推动中国制造向中国创造转变、中国速度向中国质量转变、中国产品向中国品牌转变，既是党中央、国务院打造中国品牌、推动我国产业结构转型升级的重要战略问题，也是摆在区域品牌形象建设者面前共同的话题。

区域既是我国经济建设的重要组织单位，也是区域品牌经济发展的主体。为了深入研究品牌形象在区域经济发展中的重要意义和可行做法，人民日报中国品牌发展研究院联合青岛市委、市政府，在双方前期工作的基础上，深入交流，全面合作，对这一话题进行了全面的总结和深入的思考，形成了《青岛区域品牌经济研究报告2021》。

人民日报社从2015年起连续举办中国品牌论坛，先后围绕"中国品牌·中国力量""创新与引领：迈向中高端""新时代新供给新动力""改革新动力，品牌新未来""质量立国，品牌强国""中国自信品牌力量"等主题研讨交流。在2018中国品牌论坛上，由人民日报社牵头发起的"中国品牌发展指数"编制工作正式启动，建立了一套品牌领域的国家评估指数，搭建了品牌建设、传播、评估和研究的权威平台。2019年12月，人民日报社发起并成立了中国品牌发展研究院，从品牌领域对中国经济高质量发展进行积极推动。论坛、指数及研究院形成人民日报社赋能品牌建设的顶层智研矩阵，在"十四五"全面建设社会主义现代化国家新征程上，努力践行以新发展理念为指导，以经济领域全行业场景为延伸，以与时俱进的理论升级为驱动，持续推动完善品牌政策环境，优化品牌发展生态的组织使命。

青岛市地处山东半岛，背靠我国内陆，毗邻日本和韩国，是上合示范区、山东自贸试验区、山东新旧动能转换综合试验区、胶东半岛经济带、山东半岛蓝色经济区、环渤海经济圈等国家级区域发展战略的重要支点城市。青岛市拥有雄厚的品牌经济建设积淀，在经济发展的过程中，青岛市先后诞生了一大批拥有较高知名度的企业，以海尔、海信、青啤、双星、澳柯玛为代表的"五朵金花"更是为青岛赢得了"品牌之都"的称号。青岛市既有重视品牌发展和发展品牌经济的成功经验，又有丰富的文化底蕴作为区域品牌形象的支撑，还拥有完整的工业产业链和合理的产业布局，同时针对区域品牌经济发展这一话题进行了诸多有益的探索：十五项专门攻势、十三条主导产业链、"五个一"工作协调机制、顶格战法、"青岛金花"、民营经济创意会……青岛市为发展区域品牌经济可谓"煞费苦心"；2018年2月，青岛在全国范围内率先成立了专门从事品牌推广工作的事业单位——西海岸新区品牌发展中心（原品牌推广办公室）；2021年7月，青岛市委、市政府印发《关于加快以品牌建设引领高质量发展的意见》，提出实施品牌基础提升、品牌供给提升、品牌需求提升三大工程，并将每年7月17日定为"青岛品牌日"。研究区域品牌经济建设的青岛模式，对于推动我国区域经济高效建设和品牌经济的高质量发展具有重要意义，对于深入探索区域品牌经济的内涵也有重要价值。

品牌建设工作是一项系统性的工程，需要政府部门、科研院所、企业机构的密切配合，激发改革活力，增强内生动力，汇聚育创合力。因此，中国品牌发展研究院推出了有关区域品牌经济的系列研究文库，以品牌建设为核心，对相关经济要素进行持续深入研究，聚焦优势区域，探索新生模式，推广国牌企业，引导政策、产业、金融等资源与区域经济发展高效结合，塑造区域品牌整体形象，发展品牌基石支撑体系。就本次《研究报告》来看，我们认为，发展区域品牌经济需要着重从以下几个方面入手。

一、聚焦区域资源禀赋，弘扬文化自信。国土空间、自然资源、人文风貌、历史积淀是区域经济发展的动力源泉，更是区域品牌发展的砥柱基石。国土空间开发保护建设为经济发展塑造安全宜居的品质，自然资源平稳合理利用为产业生态提供协调耦合的底蕴，而人文风貌和历史积淀为区域品牌注入特色和谐的内涵。通过挖掘、提炼和传播区域资源禀赋，可以树立高度的文化自信，促进不同区域对发展基础差异化的理解与尊重，激励区域品牌走向全国市场、迈入全球竞争的同时保持强大的文化定力。

二、聚焦区域产业集群，立足实体经济。实施品牌发展战略基础在企业，重点在产业，关键在策源聚合。"产业—城市"的体系化产业空间将承载超级产业集群，应对全球产业发展趋势并形成国际竞争力和影响力。区域经济主体在发展战略新兴产业的热潮中，应充分评估交易成本、合作融合、创新机制、追赶效应等要素，锚定基础技术研究、智能化改造、环境、社会及治理绩效等综合目标，将区域产业集群由传统产品品牌升级为生态品牌，带动周边地区的产业协作乃至培育跨区域产业链条。

三、聚焦区域政策保障，评估政府效率。政府部门在资源整合、政策制定、质量管理等方面发挥"看得见的手"的作用，不断加强品牌建设的顶层设计和统筹推动。区域品牌的主导者应充分总结其他区域品牌发展的优秀经验做法，搭建品牌建设的政策体系，丰富区域品牌的资源池，促进政府间、企业间的相互学习合作。特别是政府平台企业的品牌觉醒使政府品牌有了落脚点，其转型升级使城市品牌形象不断提升，为城市资产形成持续增长的品牌价值。

四、聚焦区域增长动力，传播新生力量。深耕中国制造，迈向中国创造需要区域各类企业依托基础性研发快速迭代，围绕乡村振兴、绿色能源、生命健康等产业发展前沿方向，融入数字经济、智能管理及产业协作，提高质量效益、优化产品结构、转型经营方式、激发增长动力。区域政府及重点企业需要持续投入国家级大科学装置平台、前沿技术研究平台等重大基础设施建设，同时以工匠精神融入品牌培育过程，贯穿生产经营各环节，营造崇尚创造、精益求精的价值取向。通过混合所有制改革造就的全新企业机制以及在国家级战略部署推动的产业洞察，促进新生力量迅速发展成为区域品牌经济的重要增长极。

五、聚焦区域经济结构，导入创新业态。创新是引领发展的第一动力，是品牌生命力的源泉。做强中国品牌，要坚持自主创新，激发内生动力。近年来，以网络数字技术为支撑的新业态成为我国新经济模式的重要代表，其崛起的背后有人口、技术、产业及资本等的推动，并产生流量重构、渠道转移、营销变革乃至场景革命。区域品牌建设者应牢牢把握扩大内需这个战略基点，通过品牌建设来推动技术创新、管理创新、业态创新，从供给侧和需求端两头发力，挖掘和再现传统文化元素，推动新型消费提质扩容。引导企业充分利用新业态新模式，促进线上线下融合发展，为中国消费者提供优质的创新商品的品牌，使产品和服务更好满足多层次、多样化的国内消费市场需求。

六、聚焦区域竞争底蕴，助力全球竞争。我国发展处于重要战略机遇期，对外开放新格局正在加速形成。区域经济发展更要实现高水平开放、兼容并蓄，积极吸引世界各国企业来中国推广高水平品牌、分享品牌培育经验。中国品牌要坚持世界眼光、国际视野和全球胸怀，抓住"一带一路"建设和构建人类命运共同体的历史机遇，提高把握国际市场动向和需求特点的能力，提高把握国际规则能力，提高国际市场开拓能力和防范风险能力，积极推动自主品牌开拓海外市场，参与国际竞争，向产业价值链高端不断迈进。

"十年树企业，百年树品牌"。品牌建设是一项长期任务。习近平总书记指出，企业的品牌信誉非常重要，是一个不断积累的过程，既要有高标准，又要每一步都脚踏实地①。2021年是中国共产党成立一百周年，也是实施"十四五"规划、开启全面建设社会主义现代化国家新征程的第一年。人民日报社作为党中央机关报，上连党心，下接民心，将更加紧密地团结在以习近平同志为核心的党中央周围，深入学习习近平新时代中国特色社会主义思想，坚定做好舆论引导的"定海神针"、媒体融合发展的排头兵。中国品牌发展研究院将通过布局区域分院，出版"中国品牌发展研究文库"等方式，持续深度参与中国品牌建设发展，持续讲好中国品牌故事、展示好中国品牌形象，在全社会进一步增强品牌意识，引导企业打造更多享誉世界的中国品牌，引导区域高效发展区域品牌经济，让"中国质量"享誉全球，让"中国品牌"闪耀世界！

---

① 《习近平春节前夕赴河北张家口看望慰问基层干部群众 祝伟大祖国更加繁荣昌盛 祝各族人民更加幸福安康》，《光明日报》2017年1月25日第1版。

第一章

绪　论

品牌是经济发展之花，是企业、城市和国家竞争力的综合体现，代表着经济结构调整、升级的方向。进入新时期以来，我国的经济发展模式和内生动力发生了根本性的变化，构建品牌生态、践行品牌战略，以品牌引领、塑造经济发展的新动能对于区域经济发展的意义和作用越来越突出。一个区域的整体形象和品牌力越来越成为区域发展的重要战略资源，拥有国际品牌的数量和质量，集中体现了区域的经济实力和科技水平，更是区域经济发展的重要增长动力。

党的十八大以来，党中央、国务院高度重视品牌建设在我国产业结构转型升级中的重要作用。习近平总书记 2013 年 7 月在调研湖北的时候指出，工业是我们的立国之本，要大力发扬自力更生精神，研发生产我们自己的品牌产品，形成我们自己的核心竞争力，推动国家繁荣富强[①]。2014 年 5 月，他在视察中铁工程装备集团有限公司盾构总装车间时提出，推动中国制造向中国创造转变、中国速度向中国质量转变、中国产品向中国品牌转变[②]。这"三个转变"，为打造中国品牌、推动我国产业结构转型升级指明了方向、目标、任务和路径，具有重大而深远的意义。

2017 年 4 月 24 日，国务院印发《关于同意设立"中国品牌日"的批复》，自 2017 年起，将每年 5 月 10 日设立为"中国品牌日"。这充分体现了党和国家对品牌建设的高度重视，展示了我国实施品牌战略的坚定决心。"中国品牌日"

[①]《习近平在湖北考察改革发展工作时强调 坚定不移全面深化改革开放 脚踏实地推动经济社会发展》，《光明日报》2013 年 7 月 24 日第 1 版。

[②]《习近平在河南考察时强调 深化改革发挥优势创新思路统筹兼顾 确保经济持续健康发展社会和谐稳定》，《光明日报》2014 年 5 月 11 日第 1 版。

的设立也必将进一步提高全民品牌意识，推动中国产品向中国品牌转变。

2021 年 5 月 10 日，中国品牌日活动在上海拉开帷幕，李克强总理对活动作出重要批示。批示指出：加强品牌建设、提升我国品牌影响力和竞争力，是优化供给、扩大需求、推动高质量发展的重要举措。各地区、各有关部门要坚持以习近平新时代中国特色社会主义思想为指导，认真贯彻党中央、国务院决策部署，坚持质量第一效益优先，推动全社会牢固树立品牌意识，引导企业坚守专业精神、工匠精神，提升敢于在开放市场中公平竞争的勇气和能力，围绕市场特别是消费者需求，立足创新、追求卓越，在扩大对外开放、积极参与国际公平竞争中锻造品牌，努力提高产品和服务的质量与综合竞争力，使更多中国品牌成为国内外市场值得信赖的选择①。

由此可见，随着我国经济水平的发展和经济结构的优化升级，品牌战略和品牌建设已经超越了以单一企业发展为主旨的自发市场行为，逐步上升为国家战略和国家行动。在此背景下，人民日报中国品牌发展研究院（以下简称研究院）和山东省青岛市委、市政府充分协调、深入合作，在系统回顾青岛市区域品牌经济发展战略、发展举措和发展成果的基础上，共同编写了《青岛区域品牌经济研究报告 2021》（以下简称《研究报告》），对青岛长期以来，尤其是"十三五"期间的区域品牌经济建设新举措以及取得的成就进行了系统的梳理，并对未来的发展方向进行了探索。

作为《研究报告》的主要编写者，人民日报中国品牌发展研究院是由人民日报社发起成立并主管的专业从事中国品牌发展评估、研究、传播的研究机构。研究院于 2019 年 12 月第五届中国品牌论坛上正式成立，经过一年多的不懈努力，已经建成了依托品牌建设和品牌战略推动中国经济高质量发展进步的综合研究平台。研究院汇集了国内外一流专家和科研团队，依托《人民日报》权威、公信的全媒体融合传播优势，先后发布了包括《中国品牌发展指数》《企业社会责任指数》等一系列专业的品牌建设、发展和评价报告。

---

① 《李克强对 2021 年中国品牌日活动作出重要批示强调 努力提高产品和服务的质量与综合竞争力 使更多中国品牌成为国内外市场值得信赖的选择》，《人民日报》2021 年 5 月 11 日第 1 版。

为进一步推动区域品牌发展，服务实体经济，研究院在山东省青岛市成立了人民日报中国品牌发展研究院山东分院。作为研究院的第一家分支机构，也是此次《研究报告》的主导力量，山东分院扎根于山东改革开放的前沿阵地——青岛西海岸新区，秉承与山东发展同频、为企业创新赋能的宗旨，将立足青岛，扎根山东，服务全国。

作为本次《研究报告》的主体研究对象，山东省青岛市地处山东半岛，背靠我国内陆，毗邻日本、韩国，是中国—上海合作组织地方经贸合作（简称上合示范区）、中国（山东）自由贸易试验区（简称山东自贸试验区）、山东新旧动能转换综合试验区、胶东半岛经济带、山东半岛蓝色经济区、环渤海经济圈等国家级区域发展战略的重要支点城市。青岛市拥有雄厚的品牌经济建设积淀，并在以品牌战略带动区域经济发展和产业结构升级方面取得了重大突破。以青岛作为《研究报告》的研究和服务对象，对于推动我国区域经济高效建设和品牌经济的高质量发展具有重要意义，对于深入探索区域品牌经济的内涵也有重要价值。具体而言，青岛市对我国区域品牌经济建设的引领和借鉴作用主要体现在以下几点：

首先，青岛市有重视品牌发展和发展品牌经济的成功经验。作为我国北方重要的沿海城市和全国第一批14个对外开放的沿海城市之一，青岛市的经济建设一直走在全国前列，2020年全市GDP已经达到1.24万亿元。在经济发展的过程中，青岛市先后诞生了一大批拥有较高知名度的企业，以海尔、海信、青啤、双星、澳柯玛为代表的"五朵金花"更是为青岛赢得了"品牌之都"的称号。在研究团队于2021年4月进行的一项社会调研中，青岛市的区域品牌形象位列全国五个计划单列市的第二位，仅次于深圳。无论是从品牌经济发展的历史还是现状来看，青岛的区域品牌经济建设实践都值得深入地研究。

其次，青岛的区域品牌建设有丰富的文化底蕴作为支撑，对于丰富区域品牌形象有极大的帮助。青岛作为国家历史文化名城、重点历史风貌保护城市和中国道教发祥地，已经有超过6000年的人类生活记录。辖区内拥有国家重点文物保护单位34处，优秀历史建筑131处，重点名人故居85处。位于青岛胶南琅琊镇的琅琊台更是伴随着秦始皇三度东临、徐福东渡求仙而驰名中外。深入发掘青岛的文化底蕴，丰富区域品牌的文化内涵，对于我国其他地区的区域品牌经济建设工作有重要的借鉴价值。

再次，青岛市产业链完整，产业布局合理，未来以品牌战略为抓手发展区域经济拥有较大的潜力。传统工业方面，青岛市在机车车辆、造船海工、电子家电、石油化工、汽车制造、机械、橡胶、钢铁、食品酒水、轻工等方面形成了显著优势；新兴产业方面，青岛市在海洋产业、生物医药、航空航天、新能源、新材料、动漫创意、软件等方面也形成了一定的规模。研究区域经济支撑品牌建设、品牌战略赋能区域经济发展的"青岛模式"，对于探索有中国特色的区域经济发展模式具有极大的参考意义。

最后，青岛市基础支持产业实力雄厚，能够为进一步丰富和完善区域品牌形象提供强大的助力。在交通运输方面，青岛市建成了包括公路、水路、铁路和航空在内的全方位、立体化的交通网络；在科研方面，青岛市科研院所、科研人员、科研投入实力雄厚，在国家发展改革委国家信息中心发布的《2020 中国创新创业城市生态指数研究报告》中，青岛位居"双创领跑型城市"第 10 位；在医疗卫生和教育方面，截至 2019 年，青岛市拥有医院 427 个、24 所普通高等学校、6 所中等专业学校、327 所普通中学、720 所普通小学、2352 所幼儿园，便利的工作生活条件为青岛未来吸引高层次人才，进一步丰富区域品牌经济的内涵提供了保障。

需要注意的是，此次《研究报告》的编写不同于以各项品牌指数为衡量标准的宏观品牌评价，也不同于以单一企业为主体的品牌诊断和规划，而是以区域品牌经济为着眼点，系统分析区域经济对品牌建设和品牌战略的支撑价值以及区域品牌建设在区域经济发展中的赋能、提质增速作用。《研究报告》基于区域经济发展的过程，是对区域品牌建设和区域经济发展之间相辅相成、共生共荣关系的一次针对性研究与探索，也是对品牌建设和品牌战略如何服务我国经济结构转型升级和区域经济高质量发展的一次实践性探索。

《研究报告》之所以重点关注区域品牌经济，有以下几个方面的考虑：首先，区域经济是我国经济发展的重要组成部分。中华人民共和国成立以来，我国高度重视区域经济发展，先后推出了西部大开发、东北老工业基地振兴、中部地区崛起、东部地区率先发展、特殊类型地区发展、京津冀协同发展、长江经济带、环渤海经济带、长三角一体化等区域振兴和发展策略。上述区域经济的发展和振兴也为我国整体经济增长做出了积极贡献。以区域经济为视角，研究品牌战略和品牌建设在区域经济发展中的作用，可以为我国未来进一步发展区域经济提供有价值的参考意见。其次，一个区域完整地包含政府、行业协会、企业、产业集群和产业链等品牌建设的基本主体，是品牌经济发展的基础单位，也是系统化推进品牌建设工作的基本土壤。以区域作为研究品牌经济的样本，在重点聚焦的同时，又能够较好地概括品牌经济建设所需的全部要素，能够得出具有高度针对性、建设性和实践性的研究结论。

《研究报告》以青岛市的区域品牌经济为研究对象，重点分析青岛市区域品牌经济建设成就取得的原因，并探索其进一步发展的方向。整篇报告将围绕这样一个核心逻辑展开：品牌经济建设的成果是区域内、外部一系列因素共同作用而取得的。其中政府规划设计，尤其是上级政府的品牌经济政策和针对该区域的支持性政策，是区域品牌经济建设的总体指导方针，也是区域品牌经济发展的重要战略机遇，属于区域面临的外部机会因素；区域自身的经济实力、品牌建设经验和区位优势是区域品牌经济发展的重要基础，是区域品牌经济建设过程中拥有的核心能力和能够调用的全部资源的总和，属于区域的内部优势因素；而区域内部的品牌经济建设实践需要在综合考虑外部机会和自身优势的前提下，辅之以当地教育、金融、科研等基础产业的支撑力量，在因地制宜的基础上，以一系列主动性、创造性的举措推动区域品牌经济的高质量发展，并在规划发展的过程中不断感知变化、总结经验，力求形成可持续地推动区域经济与品牌向上发展的动力。这需要区域内政府、行业协会和核心企业的共同努力，属于区域的创造性行为。"机会—优势—行为"的战略分析闭环是整个《研究报告》编写的核心分析框架。

经过对青岛信息和数据的系统研究和分析，笔者发现在整个"十三五"期间，青岛市的区域经济和品牌经济取得了一系列值得肯定的成绩。在保持传统优势产业和优质品牌的同时，青岛市在企业品牌、主导产业和城市形象上推陈出新，经济结构和产业布局持续优化，经济活力持续释放，在落实国家战略、推动高质量发展和新旧动能转换方面成效显著。全市综合实力持续增强，生产总值达 1.24 万亿元；新旧动能转换初见成效，"四新"经济、战略性新兴产业和海洋经济增加值占生产总值比重持续提升；三大攻坚战成效显著，精准脱贫任务如期高质量完成，污染防治攻坚战实现阶段性目标，防范化解重大风险取得积极成效；区域发展更趋协调，胶州湾东西北岸城区协调发展，青岛西海岸新区、青岛高新区、青岛蓝谷加快建设，平度、莱西加快崛起，乡村振兴战略和新型城镇化战略协同推进，胶东经济圈一体化发展全面起势，国家沿海重要的中心城市功能明显提升；开放合作纵深拓展，对外交流的方式、程度和对象持续优化；深化改革取得突破，营商环境排名持续提升，要素市场化配置、信用体系建设、社会治理等领域改革迈出积极步伐；城市品质明显提升，国家历史文化名城魅力更加彰显；社会民生不断改善，跻身全国十大美好生活城市和 2020 中国最具幸福感城市；青岛形象深入人心，区域品牌影响力位居全国计划单列市第二位。

上述成绩的取得离不开我国经济长期持续发展和中华民族伟大复兴的大势，离不开党中央、国务院和山东省委、省政府的坚强领导和坚定支持，同样离不开青岛市各界的共同努力。青岛市在保持传统优势和区域优势的基础上进一步推动区域品牌经济发展的经验，可以从以下两个方面体现出来：

一方面，国家支持政策为青岛区域品牌经济发展提供了重要的战略机遇。党中央十分重视和关心青岛发展，赋予青岛"办好一次会，搞活一座城"、建设现代化国际大都市、打造"一带一路"国际合作新平台，在黄河流域生态保护和高质量发展中提升核心城市竞争力、发挥港口门户城市优势等重任，为青岛率先基本实现现代化指明了前进方向。山东半岛国家自主创新示范区、山东新旧动能转换综合试验区、上合示范区、中国（山东）自由贸易试验区、西海岸新区、区域国资国企改革综合试验区等一系列国家级新区先后获批，为青岛市的发展扫清了障碍，区域经济发展面临千载难逢的机会。进入新时期以来，党和国家对品牌在我国经济发展中的重要性越发重视，品牌建设已经成为国家战略。

另一方面，青岛发展区域品牌经济的过程中，采取了一系列创新举措，围绕着发展过程中的重点、难点、痛点、堵点问题，有针对性地取长补短、攻坚克难，为区域品牌经济的发展提供了良好的运行环境。包括建立"顶格倾听、顶格协调、顶格推进"的政府工作机制，增强工作推进的系统性、整体性、协同性；围绕区域经济发展中的关键问题，连续发起十五项"攻势作战"；聚焦产业链发展，打造优势产业集群，提升区域经济影响力和竞争力，集中打造了十三条主导产业链；政府主导、平台牵头，共同推进国资国企改革，优化国资布局和提升国有资本在区域品牌经济发展中的核心作用；建立民营经济创意会制度，激发民营企业活力，为企业提供政策、资金、人才、市场等创新要素资源支持。

当然，在肯定青岛市在区域品牌经济建设中采取的创新性做法和取得的重大成就的同时，也必须充分意识到，青岛市未来的区域品牌经济建设依然存在进一步提升和完善的空间。主要包括：在政府工作方面，政府围绕区域品牌经济推动了一系列扎实有效改革，与国内先进城市相比仍有进步空间，在持续推进服务型政府建设的同时，监管相对弱化，对风险的防范和掌握有所不足；在产业发展方面，虽然保持了传统工业化的优势，但由于曾错失互联网发展机遇，新经济总体规模和行业地位仍需加强，民营科技龙头缺失，产业数字化压力巨大；在产业布局方面，尽管财富中心城市建设取得突破性进展，但金融业短板仍然存在，对实体经济的支撑功能需进一步强化；在对外开放和"双招双引"方面，青岛市主要依靠的是优惠政策和区位优势，但对城市整体吸引力利用不足，在打造城市品牌方面存在弱项，同时"双招双引"的项目形成了对本地金融资源的占用，弱化了本地企业的金融资源获得能力；在区域品牌建设过程中，存在重建设而轻宣传的问题，尤其是利用新媒体全方位、立体化、多角度打造和宣传青岛品牌、青岛形象的能力需进一步提升。

此次《研究报告》的编写对于我国的区域品牌经济建设和发展工作具有以下几个方面的意义：第一,《研究报告》以青岛为样本，梳理了区域品牌经济建设的"青岛模式"、总结"青岛经验"，对于我国的整体区域经济建设和发展战略有重要的参考价值；第二,《研究报告》系统分析了青岛区域品牌经济取得的成果以及这些成果取得的原因，是对青岛市整体形象、青岛产业集群形象和青岛企业形象的一个整体画像，对于青岛的企业品牌、行业品牌和青岛整体城市品牌的宣传和推广有重要的促进作用；第三，《研究报告》通过对青岛区域品牌经济发展现状的分析，进一步探索了区域经济和品牌经济的未来发展趋势，可以为青岛区域品牌经济建设的提质增速提供政策上的参考；第四，基于《研究报告》，全国乃至全球范围内的产业投资者可以更好地发现青岛未来的产业增长点，金融投资者可以有效地锚定青岛的明星企业和明星产业，这有助于青岛进一步吸引优质企业、汇集金融资源，为区域经济的发展提供新的助力；第五，《研究报告》对于区域品牌经济发展的"青岛模式"和"青岛经验"的归纳总结，也可以为国内类似区域的品牌经济建设工作提供参照。

《研究报告》其余部分结构安排如下：第二章梳理了关于区域经济、区域品牌和区域品牌经济发展的理论，为全文的分析提供理论基础和方法支撑。第三章是政策梳理篇章，围绕党中央、国务院和山东省委、省政府"十三五"期间颁布的品牌经济政策和针对青岛市的区域经济政策，分析这一系列政策为青岛市发展带来的有利条件。第四章对青岛市发展区域品牌经济的区位优势、历史积淀以及青岛市与深圳、大连、宁波、厦门四个计划单列市和济南、烟台两个山东省核心城市在区域品牌建设方面的优劣势进行对比分析，对青岛区域品牌经济发展的内部环境和资源、能力优势进行总结。第五章分别从制定品牌发展地方政策、创造品牌经济发展环境，利用国资运营平台推动国有资本整合、优化资源配置，服务民营企业、激发民营经济活力三个方面出发，对青岛市的区域品牌经济建设实践进行了分析。以上四章分别从理论基础、政策支持、自身优势和建设实践四个角度出发，共同回答了青岛区域品牌经济建设取得重大成就的原因。第六章和第七章分别对青岛区域品牌经济发展中的典型区域——西海岸新区和具有代表性的企业进行了介绍，也是对青岛区域品牌经济发展成果的一个集中展示。第八章是《研究报告》的最后一部分，归纳总结了报告的研究结论，对于研究的局限之处进行了介绍，并对青岛市未来的区域品牌经济建设和人民日报中国品牌发展研究院未来服务我国区域品牌经济建设需要重点关注的工作进行了归纳和总结。

第二章

区域品牌经济理论

本章首先对区域品牌经济的概念和理论进行了辨析，并从区域品牌经济的建设主体、发展模式、传播策略三个方面进行了理论阐述，最后对新时代背景下的区域品牌经济建设的新特点进行了归纳和总结。本章的目的在于通过对区域品牌经济理论的系统梳理，形成整个研究报告分析框架的理论基础，并以此作为指导青岛市区域品牌经济建设的方法论，为青岛未来探索区域品牌经济发展的可行方向和需要注意的问题提供理论支撑。

一、区域品牌经济的概念

对于大多数人而言，提到美国硅谷，首先想到的就是高科技，尤其是互联网产业；提到好莱坞，一系列影视大片先后在脑海涌现；而提到义乌，就不得不提小商品流通市场……上述种种联想充分体现了区域品牌经济的含义，一方面，具有高度区域特征的品牌已经成为区域形象的重要标识，另一方面，品牌也是区域经济长期发展的结果和未来发展的强大助力。

"区域品牌""区域经济"和"品牌经济"三者之间既严格区分，又紧密相连，共同构成了区域品牌经济的内涵，共同描述了一个区域的发展水平和发展状态。然而，关于"区域品牌经济"本身，目前尚无统一的定义，理论界还存在诸多不同的解读。这种解读的差异可以具象化为"区域品牌·经济"和"区域·品牌经济"。其中，前者重点强调的"区域品牌"是相对全局品牌而言的，是在一定地域范围内为人所熟知的地方性品牌，通常带有很强的地方性特色，具有区域性、公共物品属性、集群依赖性、主体多元性、功能交叉性、利益相关性等特点，并带有明显的产业特色；而后者重点强调的"品牌经济"更多地被理解为一种区域经济发展模式，当经济发展到一定阶段后，品牌建设和品牌战略将成为引领经济结构调整和产业转型升级的重要力量，并为区域经济发展注入新的活力。

《研究报告》在充分重视区域性品牌对当地经济发展重要意义的基础上，更加强调"区域·品牌经济"的概念，即区域品牌是品牌概念的新层级，区域是品牌建设的新主体，品牌是区域经济发展的新动能。在未来的区域经济发展中，各级建设主体应高度重视品牌的引领作用，通过区域形象定位、区域品牌打造和宣传推广，形成区域经济发展的新动能、区域产业聚集的新焦点和区域间竞争的新优势。在品牌的层次方面，本报告中涉及的品牌既包括具有地域特征的地方性品牌，也包括发源于当地，进而在全国甚至全球范围内具有广泛知名度、美誉度和影响力的知名品牌；在品牌的建设主体方面，既包括以企业为主体的产品品牌、公司品牌，也包括因产业链聚集和整合而形成的具有比较优势的产业品牌，还包括以一个区域特有的魅力和形象为代表的城市品牌。因此，本报告中提及的区域品牌是一般意义上公司品牌的扩大，是发源于一个区域的企业所拥有的产品、服务品牌，以及由这些具体品牌所形成的区域产业形象和区域整体形象。

区域品牌的形成和发展全面提升了区域的产业形象和产业集群的整体竞争力，是区域经济繁荣发展的有力推动器。随着品牌经济时代的到来，区域品牌经济建设的关键问题已经远超一个具体企业需不需要以及如何发展品牌的范畴，应从产业和区域整体的角度出发，研究如何为区域品牌定位，如何发展区域品牌，以便整个区域更好地在激烈的市场竞争中站稳脚跟并发展壮大。

二、区域品牌对区域经济发展的意义

区域品牌建设与区域内的产业升级和产业内部企业发展能够相互促进、相互影响。一方面，区域品牌的形成依赖于区域经济的发展。区域品牌具有明显的集群依赖特征，是区域内企业集群发展的重要成果之一，离开了区域经济，区域品牌将失去最基本的支撑基础。另一方面，区域品牌能够为区域经济的进一步发展提供助力。作为区域内所有企业共同的无形资产，区域品牌一经形成，将在整体上赋能所有产业和全部企业，能够进一步促进资源向区域内聚集，对区域产业集群的进一步形成和发展具有明显的带动作用。

具体而言，区域品牌对于区域产业发展的影响主要体现为以下几个方面。

（一）市场推广效应

与企业品牌相同，区域品牌也是一种基于顾客认知而形成的产品形象和价值展示。顾客对区域品牌的认知集中体现了该区域产品在产业市场竞争中的地位、特性和优劣势，其本质是被顾客所感知到的拥有这一区域属性的企业和产业能够为顾客创造的价值。随着信息通信技术的发展，消费者面临的决策信息愈加发达甚至泛滥，高度标签化、深入人心的价值形象对于市场推广无疑具有重要意义。

在品牌建设的过程中，单一企业受资金、技术、市场等诸多条件的限制，个性化的品牌塑造往往难以尽善尽美。区域品牌的存在能够有效地证明企业身处何地、从事何种产业、具有何种实力，是对企业品牌实力的一个有力佐证和对企业品牌形象的有效补充。

区域品牌的产生和发展可以改变顾客对区域内单一企业的认知不足和认知偏见，有利于顾客对该区域产品的系统性辨识，降低购买过程中的搜寻成本。同时，众多企业品牌集聚在一起，集中地向顾客展示区域产业集群在某一特定产品上的整体竞争优势，可以为顾客提供更便利的接收通道、更多的选择机会，使顾客节省时间成本，提高决策效率。

（二）品牌聚合效应

同单一企业相比，企业集群的重要竞争优势在于通过集群来降低生产和交易成本，获得外部经济和实现持续创新。要想长期保持这种优势，集群内的企业就必须以统一的形象出现，以便更好地整合市场资源、客户资源和技术资源等重要生产要素。区域品牌则是区域内企业集群统一形象的有效载体，利用区域品牌，区域内的企业集群可以形成柔性的品牌价值链，进而构建集群的核心竞争力，实现品牌聚合。

品牌聚合主要体现为以下三个方面：首先是价值链的聚合，价值链聚合迫使每个企业按照专业化分工的原则，确定自己的价值链增值环节，从而拉动并影响整个集群价值链的调整；其次是发展能力的聚合，区域品牌可以提高市场对整个集群的认知与了解，扩大集群的生产规模，实现整个集群生产能力和营销能力的提升；最后是竞争优势的聚合，区域品牌优势是产业集群内所有企业全部竞争优势的集中体现，以区域品牌为媒介，可以把集群的成本优势、技术优势和差异化优势进行有效的整合，并作为整个区域的共同竞争优势参与更大范围内的竞争。

（三）资源吸引效应

区域品牌作为一种公共物品，具有外部经济性的特征，代表着一个区域产品的整体形象。区域品牌融合了区域自然资源、技术、文化等诸多因素，与单个企业的企业品牌和产品品牌相比，具有更小的风险系数、更高的价值和更持续的品牌效应。借助区域品牌，区域内的企业可以更有效地传播信息、创造市场需求、树立消费者信心以及排斥竞争对手。

区域品牌对企业品牌的搭载、辐射和协同效应对单个企业而言无疑是非常具有吸引力的，为了获得区域品牌的价值加持，企业也有动力向拥有品牌优势的区域聚集。因此，区域品牌的存在将使生产要素自发地向区域流动，相关产业和中介、研发、培训等机构也将相应跟进，形成区域品牌对资源的吸引效应。资源的聚集也有助于在区域内形成循环经济，推动集群的生态化发展，反过来进一步增强区域品牌形象。

三、区域品牌经济的建设主体

区域品牌形象发端于区域之内，形成于区域之外，需要区域内各品牌建设主体由内至外分工配合，共同建设和维护。这里的"内"指的是区域产业集群自身竞争力的提升，"外"则是以区域为主体对区域外市场的推广，即区域营销。区域品牌建设是一项系统工程，应充分协调各方力量，选择适应区域品牌特点的运作模式：在市场基础好的区域，区域品牌建设可以采用"政府放权、商会牵头、协会组织、企业为主"的自主市场化模式；而在产业集群发展不充分区域，则可采用"政府发挥主导作用、商会协会构建平台、企业作为参与主体"的分工模式来建设。无论采用哪种组织模式，政府、产业（以行业协会为代表）和企业在区域品牌建设中都具有无法替代的关键作用。

（一）政府部门

政府在区域品牌的建设和发展过程中有着举足轻重的作用，区域品牌的形成与发展离不开政府的引导与扶持。政府部门在区域品牌建设中的作用主要包括以下两个方面。

首先，政府通过科学制定产业集群发展规划，为产业集群发展指明方向，为产业集群的可持续发展打下坚实的基础。结合产业和产品区域特色，由政府主导制定的发展规划可以建立区域产业的合理布局，减少区域品牌建设过程的低效率重复，提高资源利用效率，真正实现区域特色产品与区域经济环境的有机结合。

其次，政府对直接推动区域品牌的形成和创建具有积极的影响。一方面，政府是区域品牌形成的策划主体，也是区域品牌建设的保障主体。区域品牌形成是一项系统工程，需要投入大量的人力、物力、财力，单靠企业个体往往难以完成，此时政府的行政推动和政策扶持能够有效地加快区域品牌的元素培育。另一方面，政府在区域品牌创建过程中的制度建设、资金投入、市场秩序维护、服务平台建设以及宣传推介等活动，对区域品牌形成与发展能够起到很好的支撑作用。

（二）行业协会

行业协会是行业内企业为维护共同的经济利益和社会利益而组成的行业自律性、非营利性的社会团体，属于介于政府、企业和消费者之间的社会中介组织。行业协会的存在可以使企业和其他经济组织在自律、互助的基础上形成更大范围的联合行动，从而有效克服小规模生产和分散经营的局限，促进区域品牌的形成和发展。具体来说，行业协会在打造区域品牌的过程中，主要发挥着以下几个方面的作用。

第一，行业协会作为区域内企业共同意志的代表，牵头创建区域品牌。区域品牌是所在区域内的公共物品，公共物品的属性意味着区域品牌的建设成果可以由区域内所有企业共享，但品牌建设的投入只能由具体建设主体承担。在这种情况下，单一企业很难有足够的动力和能力投资于区域品牌建设。此时，由区域内的行业协会牵头，可以有效地统筹行业内全部企业的力量，以更大的投入和更高效的分工协作提升区域品牌的建设效果。

第二，行业协会的存在强化了行业内部协调自律，能够为区域品牌的形成与发展创造良好的区域环境。行业协会作为自愿加入的民间组织，通过制定相关的章程或制度，可以有效地协调协会内部企业的利益分歧，约束个体行为，避免区域内企业过度竞争和个别企业违规行为对区域品牌的负面影响，保障区域品牌的健康发展。

第三，行业协会作为政府和企业之间的中介组织，可以为二者更好地沟通、联系提供桥梁。一方面，行业协会独立于政府部门，又与政府保持着密切的联系，可以协助政府机构决策，为政府制定和执行产业政策、法规提供必要的市场声音。另一方面，行业协会是行业内企业的代言人，可以有效收集行业内各方意见，并代表企业与政府进行有效的沟通和互动，为企业的品牌战略和品牌建设创造良好的外部环境。

（三）企业

企业作为区域品牌建设成果的最大和最直接的受益者，也是区域品牌建设最主要的行为主体。某种程度上，一个区域的整体形象是由其中最优秀的一批企业及企业家品牌形象有机汇聚而成，区域品牌化的过程也是对区域内企业的经营过程进行管理，进而影响其认知和行为的过程。企业作为区域品牌的关键代理人，承担着把区域品牌的外部影响转化为企业内部行为的职能，没有具体企业的参与，区域品牌建设只能是无源之水、无本之木。

四、区域品牌经济的发展模式

我国的经济发展历经了不同阶段，目前区域经济发展不平衡不充分的状态依旧明显。区域品牌经济的发展是高度情境依赖和路径依赖的，不同时期不同地域的发展方式和发展路径也应各不相同。根据区域品牌经济的发展路径和发展过程中的主导力量，区域品牌经济的发展模式通常可以分为以企业为主体的市场自主发展模式、政府引导下的项目拉动模式和基于集群优势的产业链整合模式三种。这三种模式的基础要素、先决条件和适用情形有所差异，但其本质上并无优劣之分。在区域品牌经济的发展过程中，建设主体应在综合考虑各模式优缺点的基础上，结合区域实际相机抉择，选择适合本区域的模式。当然，在区域品牌经济的发展过程中，也可以将不同的模式"混搭"，开创具有区域特色的差异化、创新型发展路径。

具体而言，区域品牌经济的主要发展模式以及各模式的特点、适用条件和优劣势如下。

（一）以企业为主体的市场自主发展模式

这种发展模式较为普遍和传统，其发展的一般规律是：首先，基于特定区域所具有的历史积淀和资源禀赋，区域内部企业在自主发展的过程中逐渐形成具有全国影响力的大型专业化市场。随后，通过市场的辐射和吸引，更多的企业向区域内集聚，区域内生产的产品种类更加齐全、款式更加优美、质量更加优异，最终建立和强化区域品牌形象。这一发展模式的典型代表包括义乌小商品产业、永康五金、温州打火机、福建南安石材和水暖器材等，上述区域品牌在发展的过程中基本遵循"企业发展—市场吸引—产业聚集—区域品牌"的发展路径。

这种发展模式的优点在于在发展的过程中，企业品牌和区域品牌可以相辅相成，共同提升。企业品牌的发展能够提升区域的知名度与美誉度，为区域品牌的形成和强化提供基础；而区域品牌一旦形成又会成为区域内企业产品品质与信誉的标志，反过来促进区域内企业品牌形象的提升。对企业品牌而言，区域品牌不仅是其能够借力起步的"专家担保"，还能以高标准、高品质的目标要求规范、引导企业行为。区域品牌所给予的丰厚回报也能在一定程度上促使企业自觉服务于区域品牌这一区域公共物品的建设，这一点在"覆盖型"区域品牌的建设过程中尤为重要。

这种发展模式的不足集中表现为以下几个方面。

首先，区域品牌建设时间周期长，且具有一定的偶然性。在产业集群发展的初期，区域内的企业大多为中小企业，而大多数中小企业采取的是粗放型发展模式，对品牌建设没有给予足够的重视，缺乏自主品牌，更不要说建设具有公共物品属性的区域品牌。以区域内各企业的自身发展为起点，依靠企业自发行为完成培育区域品牌、塑造集群整体形象、实现产业结构优化升级需要较长的时间，且企业是否会自觉地为区域整体形象服务具有一定的不确定性。

其次，"搭便车"现象严重。由于区域品牌具有共享性和经济外部性的特点，区域内的企业可以在不支付费用的情况下使用区域品牌，缺乏主动创建的动力。同时，区域品牌的共享性不仅包括共享收益，还包括共担风险，共同承担品牌形象的损失，区域品牌形象可能因个别企业的违规行为而受到影响，这使区域内其他企业在使用区域品牌时面临很高的风险。

（二）政府引导下的项目拉动模式

该发展模式的主要聚焦点是国内外产业资本流动，重点在于政府对产业集群的形成进行规划、指导与管理。政府通过认真梳理、科学规划区域内的优势资源和区域特色，对产业结构进行调整与优化，通过培育主导产业和引进核心企业，加快产业集群的形成和升级，进而以产业集群为基础形成具有影响力的区域品牌。

这种发展模式的典型方法是由政府引导，通过政府的行政行为指定发展区域，并提供相应的扶持和优惠政策，以核心领导企业的进驻为契机，吸引一批配套企业，形成"卫星"产业链，最终实现区域性产业集群的快速扩张以及区域形象和知名度的迅速提升。

这种由政府战略性拉动，吸引强势企业品牌进驻，最终促成区域品牌的发展模式，一般适用于高度专业化分工协作的产业和全球性产业链整合趋势明显的产业，如汽车、机械电子、石油化工产业集群。

在这种发展模式下，政府在其中扮演着关键角色，而企业尤其是非核心企业，通常处于区域品牌战略中的从属位置。政府以区域的产业优势和区位优势作为区域品牌的定位和形象识别，面向全社会开展区域产业信息的传播，宣传品牌的诉求，提高本区域的产业形象；各类企业则在政府的指导下开展生产和营销活动，在让市场发挥资源配置的决定性作用的同时，也获得了这类模式中的策划者和保障主体——政府的持续政策支撑。

这种发展模式最大的优点在于能够快速推进，实现跨越式发展。政府的科学规划、优惠政策再加上本地的区位优势，可以迅速形成对企业，尤其是大型跨国企业的强大吸引力，并通过大项目、大企业的带动，促使整个产业在市场、技术、品牌、管理经验等方面的迅速提升，最终实现"小渔村变身国际大都市"的效果。但这种发展模式也存在一些弊端，主要包括以下几个方面。

首先，产业发展的效果高度依赖于政府的规划能力和行政水平。如果政府制定的发展规划不能与当地区位优势有效结合，很难形成对外部企业的吸引力，产业的后续发展也将是空中楼阁。

其次，不同区域的政府对政绩工程的追求容易造成区域间的"逐底竞争"。特别是在"热门"行业中，不同的区域为了吸引大企业、大项目，争相给出优惠政策，而企业可以以此为筹码同时与多个区域接触，单个区域的政府在谈判过程中处于弱势地位，只能不停让步，形成区域间低效率的招商竞争。此外，即使能够成功吸引核心企业，各地一拥而上的同质化产业发展规划也为后续的发展埋下了隐患，容易导致全行业产能整体过剩，造成更大范围内的资源低效率配置。

再次，这种建设模式能否持续存在很大的不确定性。政府的优惠政策通常是有时效性的，当政策的优惠期结束后，核心企业可能会因其他区域的优惠政策而将产能转移，对原来区域的经济造成突发性的毁灭打击。

最后，这种建设模式还容易加剧不公平竞争，危害本土企业的发展。在执行以新项目、大项目为特点的项目拉动模式时，政府往往更关注拟在本地投资的大企业而非当地已经存在的企业和品牌，制定的优惠政策也往往更偏向大企业的新建项目。而大企业本身就有资金、技术和管理等方面的优势，再叠加政府的优惠政策，本地企业乃至民族企业经常因政府的不公平对待而丧失竞争优势。

（三）基于集群优势的产业链整合模式

基于集群优势的产业链整合模式适用于工业化和市场化程度较高的地区，尤其是在当地已经存在一个或多个具有竞争优势的强势品牌企业的情况下。此时的上下游支持性、功能性企业更容易以这些企业为核心而聚集，并依托核心企业形成产业制造基地，最终带动一大批配套企业，形成完整的产业链，进而打造区域品牌。在这种建设模式下，区域品牌往往源于区域内多个名牌企业的集聚与整合。当然，如果政府能够因势利导，制定合理的产业发展规划，将有力地促进区域品牌形象的建立和发展。

该发展模式的常见方式有两种。一是强强组团型的"舰队模式"。如青岛拥有"海尔""青啤""海信""双星""澳柯玛"五个全国驰名商标，使青岛成为闻名全国的名牌城市。在此基础上，以"品牌产品—品牌企业—品牌产业—品牌经济—品牌城市"的升级路径，形成以家电产业为特色的区域品牌影响力。二是强带弱的"金字塔模式"。这种模式通常以产业集群中的龙头企业和强势品牌的扩张为驱动力，对区域产业集群形成纵向整合，从而形成整体的区域品牌形象。如温州乐清的电器产业形成和发展，很大程度上是由于正泰品牌的强势扩张，带动了区域内部中小企业的产业整合，最终形成了区域品牌的市场影响力。

该模式的优点在于发展方向的稳定性。在这种发展模式下，产业链整合是在工业化、市场化发展到一定阶段后，由核心企业带动而自发形成的市场化行为。一方面，自发的市场化行为能够有效地规避政府引导模式下如何对大企业产生持续吸引力的难题。另一方面，核心企业自身实力雄厚、市场占有率高，有足够的能力开展区域品牌的建设，也能够在产业整合中享受最大的发展成果，核心企业既有动机，也有能力推动区域产业链的整合，创造区域品牌形象。核心企业的参与和主导，很好地解决了单一企业不参与区域品牌创建而同样享受区域品牌建设成果的"搭便车"问题，还能有效地防止个别企业为了自身利益破坏区域品牌的"公地悲剧"。

当然，基于集群优势的产业链整合模式同样具有一定的局限性，与以企业为主体的市场自主发展模式相似，其核心问题依然在于发展的速度慢。在这种模式下，产业集群是构建区域品牌的先决条件，但产业集群的存在并不意味着一定能够塑造出区域品牌。区域品牌的形成除了需要有竞争优势的产业集群，还需要在集群内形成具有更大范围产业影响力的核心企业或核心企业群，同时这些核心企业需要具备品牌意识、整体意识和合作意识。

值得指出的是，这种发展模式要求核心企业必须能够及时调整发展思路，从规模扩张向质量提升，进而向品牌建设转变。同时，核心企业需要将重心放在整个区域产业的发展壮大上，而非利用其核心地位进一步压榨上下游合作企业。此外，如果区域内存在多个核心企业，还需要这些企业能够处理好整体合作发展和企业间竞争的关系：核心企业应坚持以合作发展创造区域产业链的更大市场空间，而非在区域内部展开直接的竞争。

换言之，采用这种发展模式，从核心企业的角度来看，需要经历"规模扩张—质量提升—品牌建设"的发展阶段；从整个产业链的发展来看，需要经历"区位优势—产业聚集—核心企业—产业整合"的发展历程，很难快速形成整体的区域品牌形象。现实中，往往需要政府在产业发展的特定阶段加以引导，而不能单纯依靠核心企业自发的产业整合。

五、区域品牌经济的传播策略

区域品牌既是区域经济发展的重要成果，也是经济前瞻规划的基础，更是转型升级的原动力，需要区域内政府、行业协会和企业的通力合作。由于区域间竞争的存在，区域品牌建设不可能一蹴而就，更不会一劳永逸。在区域品牌建立之后，还需要各建设主体结合经济发展和社会偏好的变化趋势，持续不断地对外推广区域品牌形象，不断更新区域品牌定位，不断强化区域品牌核心价值。其中，品牌传播至关重要，有效的区域品牌传播策略能够显著提升区域品牌的传播效果，极大地降低传播成本。本节随后对区域品牌经济在传播过程中的常见传播策略进行介绍，以为区域品牌的持续做大做强提供方法建议。

（一）整合区域品牌的传播资源

传播资源是区域品牌传播的基础。这里的传播资源同时包括自然资源和社会人文资源，其中自然资源通常被认为是区域所拥有的区位优势，而社会人文资源可以概括为经济资源、政治资源、文化（历史）资源、社会资源四大类。

具体来讲，这些资源可以是当地历史变迁中对区域品牌形成和发展有较大影响的元素，可以是民众长年生活中形成的与区域品牌相关的风俗习惯，也可以是区域品牌在发展过程中所形成的地域文化基因。

基于地域文化特色而发展起来的区域品牌背后必然蕴含着丰富的可供传播的资源，但对于区域品牌而言，更重要的是在品牌传播过程中如何实现传播资源和传播方法的有效协同。为了达到更好的传播效果，政府与各区域品牌建设主体在区域品牌的传播过程中需要紧密配合，充分整合区域品牌所拥有的一切可利用的优势资源，对区域品牌的传播内容进行定位，并将传播内容符号化后加以表现，开展有针对性的传播活动，最终实现区域品牌的传播效果。

（二）构建区域品牌的形象识别系统

区域品牌作为"品牌公地"，能够为产品品牌和企业品牌的经营者带来强大的品牌效应。但是由于单一企业的自利行为，区域品牌这一"公地"在现实中频遭破坏，在很大程度上损害了区域品牌的整体形象。

在区域品牌发展的过程中，往往同时存在建设和破坏两方面的力量，这两方面力量的对比将决定区域品牌的发展方向。但从传播学和心理学来看，公众对负面消息和负面事件拥有远超正常信息的关注度，这使区域品牌形象建设的难度要远高于对区域品牌的破坏。如果不能实现对区域品牌的有效保护，再好的传播策略也无法实现预期效果。

为了更好地保护区域形象、传播区域品牌，同时也让消费者对区域品牌和区域形象有更明确的认知，各区域品牌的建设主体需要建立一整套区域品牌的形象识别系统。所谓形象识别系统，是指包括视觉识别（如品牌的名称、标志、包装等）、行为识别（如企业的市场行为和社会行为方式等）、理念识别（如品牌的价值观等）在内的一系列区域品牌的识别要素。

通过建立区域品牌整体的形象识别系统，一方面可以有效保护区域品牌，防止假冒产品的鱼目混珠；另一方面通过从具体到抽象多个层面打造鲜明的区域品牌形象，可以提升区域品牌的识别功效，使抽象的品牌形象可视、可感，从而激发消费者对区域品牌的认同与共鸣。

（三）提升区域品牌传播的文化内涵

区域品牌最大的竞争力在于其鲜明的地域文化特色，某种程度上，传播区域品牌事实上也是在传播当地的地域文化。从这个角度而言，在区域品牌的传播过程中要高度重视区域品牌与区域文化的有机结合，赋予传播内容更多的区域文化色彩。与区域文化相结合的区域品牌传播内容更容易引起区域内消费者的共鸣，同时鲜明的区域文化特色也更容易引起区域外潜在顾客的关注。

（四）创新区域品牌的传播方式

品牌传播方式有很多种，包括以报纸、杂志、电视、广播、网络等媒介为主的大众传播；以产品新闻、大型活动、新闻发布会、政府公共外交等为主要方式的公共性传播；还包括新兴的社会化传播手段，如旅游、集会、社区交往、网络论坛、个人交流等。不同的传播方式在受众面、接受度上各有差异：大众传播方式更容易在短时间内实现大范围传播，但受众的关注度、信任度不高；社会化的传播手段通过人与人的直接交流和现场体验，更容易获得受众的信任，但传播范围有限；公共性传播同时兼顾了受众面和信任度，但通常更适合事件传播而非品牌传播。因此，在确定区域品牌的传播方式时，需要统筹受众面、关注度和信任度三个方面，结合各个传播方式的特点进行创造性的有机组合，形成区域品牌传播的合力。

一般而言，区域品牌传播方式的选择需要从以下几个方面入手。

首先，区域品牌的传播需要建设多元化的传播媒介。在大多数传播情境中，受众是在对传播媒介的感知和信任中认知区域品牌的，对传播媒介的无感将直接导致对传播内容的冷漠反应。区域品牌的受众是多元化的，他们信任的传播媒介也是各不相同的，很难有一种传播媒介能够完美承载区域品牌的传播任务，这就要求区域品牌的传播需要建设多元化的传播媒介以覆盖不同偏好的受众。

在区域品牌的传播过程中，需要综合采用大众传播、公共关系、事件传播、要素传播、全民传播等多种传播策略，利用现代传媒的平台，将专家的视角、平民的视界和营销者的意图结合起来，推出成长性、影响力和健康度均衡发展的区域品牌概念，达到整合传播和立体传播的效果。

此外，在区域品牌传播时还应强化目的性和针对性，因地制宜地选择不同的传播策略和媒介，实现最小的资源占用和最大的传播效果。高效的品牌信息传播要求对目标受众精确定位、对传播媒介合理选择和对传播内容反复筛选，从而减少传播的中间环节，减少受众的甄别时间，实现品牌信息的高速、准确传播。

其次，区域品牌的传播需要群策群力，建立公私协作的传播机制。区域品牌传播是一个整体过程，需要公共部门、私人部门以及非营利机构共同的协作与参与。公共部门作为区域品牌打造和传播的核心组织者，需要完成较多的协调性工作，私人部门和相关利益群体通常对市场具有较高的敏感性，而一些社会知名人士和机构因其组织能力较强，可发挥比政府机构更广泛的影响力。为了更好地达到传播效果，需要建立政府部门、产业部门、学术机构、媒体和大众之间相互开放、相互交流、相互渗透、全员参与的"官、产、学、民、媒"互动的区域品牌传播机制。

公私协作的传播机制在执行过程中需要遵循如下步骤：一是要制定区域内统一全面的品牌开发规划，各部门按照资源优势来确定传播分工；二是要指定职能部门进行具体落实，确定相应机构的传播执行方案；三是形成反馈调整的弹性机制和监督管理的控制机制。山东省区域旅游品牌"好客山东"的创作和运营就是一个很好的"官、产、学、民、媒"协作案例。在"好客山东"品牌的推广过程中，山东省以及省内各市、县的旅游部门、旅游单位和企业共同筹集旅游发展专项资金，采取"联合推介、捆绑营销"的模式，选择了包括主流媒体、户外广告在内的多种形式，进行以"好客山东"为统领的整体品牌形象传播。同时，在"好客山东"形象的传播过程中，政府还与山东航空、青岛啤酒、中国电信、农业银行等省内外的知名企业进行品牌合作，力求达到传播的叠加效应。通过上述传播手段的综合运用，最终使"山东好客"的形象深入人心。

再次，对于区域品牌的传播效果，需要建立新型、立体化的分析体系。随着移动通信技术的发展和智能手机的应用，现代传播已经走出了传统的电视、广播、报刊三大媒体主导时代，步入了以手机、电脑、网络为核心的新媒体时代，这也对信息传播效果的分析体系带来了新的考验。

传统的媒体传播效果评估是在平面化的测量空间中进行，采用收视率和收听率作为媒介市场的评价指标，受众人数越多影响力就越大，传播效果也就越好。而在新媒体时代，信息传播在即时、迅速的特征之外，还具有高度的参与性和互动性的特点，这就要求有更具针对性的传播效果分析体系。中国传媒大学柯惠新教授提出的3D受众测量指标强调通过对传播广度、传播深度和参与度的测量，更加重视受众反馈的内容，就是针对新媒体时代传播效果分析的一个有益尝试。

六、新一代信息技术背景下的区域品牌经济建设

就品牌建设、传播的角度而言，区域品牌经济建设的一般框架由"传播源—传播渠道—传播受众"三个部分构成。其中，传播源由区域经济发展状态、区域优势产业集群和特色产业、区域整体形象和文化内涵等共同构成，是区域品牌形象最直观的体现，也是区域品牌传播的对象；传播渠道是使区域品牌形象突破区域限制，产生更大范围影响力的重要桥梁，是区域发展模式从建设区域经济向打造区域品牌形象转变不可或缺的工具；传播受众是区域品牌建设需要触达的目标，受众范围以及受众对区域品牌的认知度、美誉度、忠诚度是区域品牌经济建设效果最直观的体现。

传统的区域品牌经济建设多数情形下是沿着"传播源—传播渠道—传播受众"的路径单方向、低交互地发展。随着社会经济的发展和科学技术的进步，特别是以"大、智、移、云"为代表的新一代信息技术的发展，极大地改变了传统区域品牌经济的发展路径。一方面，区域品牌形象的内涵得到了极大的丰富。作为科技前沿的代表，一个区域在"大、智、移、云"方向的投入和成果直接影响了公众对于区域形象的认知。另一方面，区域品牌传播的路径发生了根本性的变化。新一代信息技术的高交互性使公众不仅是区域品牌的被动接受者，他们还可以主动地参与区域品牌的传播过程。自媒体的兴起更是直接改变了传播渠道的概念，在信息传播速度大大加快的同时，区域品牌主体对于传播内容的掌控难度远超以往。

在"大、智、移、云"的新形势下，区域品牌经济建设的内涵发生了根本性的变革，这一变革既为区域品牌的快速形成和推广提供了新机遇，也带来区

域品牌建设的新挑战。各地在发展品牌经济的过程中只有充分掌握这一变化，才能更加高效地推进区域品牌建设工作。基于此，本文围绕"互联网+"、大数据和自媒体三个由信息技术变革带来的区域品牌建设的新变化，对于区域品牌建设如何抓住新机遇、迎接新挑战进行了分析和总结。

（一）"互联网+"与区域品牌发展

"互联网+"代表着一种新的经济形态，它指的是依托互联网信息技术实现互联网与传统产业的联合，以优化生产要素、更新业务体系、重构商业模式等途径来完成经济转型和升级。其目的在于充分发挥互联网的优势，将互联网与传统产业深入融合，以产业升级提升经济生产力，最后实现社会财富的增加。

"互联网+"的兴起极大地改变了传统行业的生存状态，对传统的思维理念和行为方式也带来了新的冲击。就区域品牌建设而言，在"互联网+"的环境下，区域品牌的建设者尤其需要对以下几个方面的变化给予足够的重视。

首先，"互联网+"的出现撬动了区域品牌的地域特征。在长期的发展过程中，区域品牌一直具有很强的地域性，品牌影响力也因不同区域间的生活差异、地域差异而具有一定的局限性。在传统的营销模式下，由于不同区域间技术条件、基础设施建设和经济发展水平的差异，区域品牌很难走出地区范围，形成更大范围的影响力。"互联网+"带来的第一个改变就是打破了区域品牌建设的时空限制。依靠互联网，区域品牌的形成历史、文化内涵等关键信息可以快速向区域外的消费市场传递，为区域品牌走出区域，在全国乃至全球市场上形成独特的品牌形象和品牌影响力起到积极的推动作用。同时，一个区域内互联网企业及"互联网+"产业的发展程度也已经成为区域品牌形象的重要衡量标准。

其次，"互联网+"为区域性品牌提供了更大的市场。在互联网的环境中，公众的生活和消费习惯发生了很大的变化，网上消费需求增长迅速，网络购物已经走进千家万户，这为区域品牌迅速开拓市场提供了强大的助力。此外，现代社会，人们更乐于在网络上分享自己的生活，美景、美食、美物通过朋友圈、短视频等在很短时间内得以传播，带动形成了较大的市场购买力，也能为区域品牌带来更多的消费需求。

再次，"互联网+"的出现为区域市场竞争力的提升带来了新的可能。"互

联网 +"不仅打破了市场的时空限制，改变了市场的消费行为和生活习惯，也在改变着区域品牌的经营管理模式。传统的区域品牌建设往往依赖区域特有资源或传统生产技术，在运营上具有一定的局限性。互联网的出现扩大了资源的配置和供应环境，可以使企业更便捷地获取包括资金、人才、信息等资源。此外，从单个企业经营的角度来看，"互联网 +"为企业带来了更高效、更开放的企业管理模式。项目制、多维式的新型企业组织形式为企业的发展提供了更灵活的选择。利用"互联网 +"，区域和区域内的企业可以优化品牌的经营环境，使区域品牌在经营中突破区域限制，形成新的品牌竞争力。

最后，"互联网 +"也给区域品牌形象的建设和维护带来了新的挑战。由于"互联网 +"高交互性的特点，个体意见，尤其是负面意见更容易充分表达，且更容易产生更大范围内的影响力。借助微博、朋友圈等平台，以"差评""负分"为代表的负面意见可以短时间内在个体的社交范围内传播，并通过人与人的交互产生深刻的影响。同时，由于媒体报道中追求"轰动效应"的心理，这种负面信息一旦与媒体相结合，将迅速传播，对区域品牌形象造成巨大的破坏。这就要求区域品牌的建设者们要尤其重视少数人的意见，并且采取行之有效的快速行动将对区域品牌的负面意见消除在最初的阶段。

（二）大数据与区域品牌发展

大数据最初是一个 IT 行业术语，是指无法在一定时间范围内用常规软件工具进行捕捉、管理和处理的数据集合，是需要新处理模式才能具有更强的决策力、洞察发现力和流程优化能力的海量、高增长率和多样化的信息资产。大数据具有大量性、高速性、多样性、低价值密度、真实性等特点，对其中包含信息的准确抓取高度依赖于数据处理技术。由于大数据具有信息总量丰富而密度低的特点，在区域品牌发展的过程中，如果处理方法得当，其中包含的丰富信息对于区域品牌的精准建设将有极其重要的指导价值；如果处理方法不当，无法准确抓取针对性的信息，大数据就只是一堆数据垃圾，不仅不能帮助区域品牌形象的精准描述，反而会影响对区域品牌建设程度的判断。结合大数据的特点和区域品牌经济的发展方向，大数据对区域品牌经济的意义主要体现在以下方面。

首先，大数据技术可以帮助区域品牌更精准地定位。品牌定位的实质是制造强势品牌，在消费者心中形成强烈的印象，从而让消费者深刻地记住该品牌。在这个过程中，区域品牌的建设者要将区域特色文化与区域品牌合二为一，打造体现当地文化积淀的独一无二、实用、创新的品牌核心价值。文化积淀本无优劣之分，但并不是所有的文化定位和传播方式都能够获得多数消费者的理解和认同，即使是短时间内能够获得消费者认同，但随着社会偏好的改变和人口的代际迁移，之前流行的文化可能逐渐丧失魅力。要想保持区域品牌的长久吸引力，需要对消费者的消费习惯、消费心理以及行为偏好进行持续更新的动态掌握，随时赋予区域品牌形象以新的内涵。大数据技术在处理心理、行为、偏好等传统数据统计技术难以量化的指标上有得天独厚的优势，利用数据字典、支持向量机等技术，区域品牌的建设者可以精准地度量社会偏好的变化，进而有针对性地调整区域品牌的形象定位，避免区域形象与社会主流价值取向脱节，让区域品牌形象在公众心目中长久保持鲜活。

其次，利用大数据可以深度挖掘区域品牌市场需求。目前的大数据技术已经全面应用于社会和人们的生产生活中，特别是在消费者行为分析上。大数据能够提供关于消费者行为的全面描述和分析，可以帮助品牌建设主体建立立体的消费者画像，更准确地掌握市场需求。利用大数据背景下的数据仓库与数据挖掘技术和云计算及分析技术，品牌建设主体可以更深入地了解区域品牌的市场需求，并在大数据中寻找新的需求增长点。通过对消费者消费动机、购买习惯、消费能力等的准确把握，品牌建设者可以抓取更精准的细分市场，有针对性地开发新产品、进军新市场，真正实现以市场需求为核心的现代品牌营销战略。

最后，利用大数据技术可以实现与目标消费者的有效互动。信息技术的迅猛发展带来的是信息量的迅速膨胀，处在信息爆炸的时代，消费者对于不感兴趣的信息，尤其是品牌方主动提供的产品和服务信息通常是无视的。这就使面向公众的制式化推广绝大多数都是无效的投入，来自基于脑电波的消费者关注实验表明，通过公众渠道进行的品牌推介，超过80%不会带来终端用户的任何反应。在区域品牌建设的过程中，如何提高推广的效率，吸引消费者关注，增加与消费者的有效沟通成为一个亟须解决的问题。大数据分析技术能够为此提供强大的帮助。借助基于消费者行为分析而形成的消费者画像，区域品牌可以形成对目标消费者量身定做的宣传方案，有效提高消费者关注度，通过低成本、高效率的营销方式与消费者保持密切长期的线上线下有效互动，提高区域品牌的宣传效率。

（三）自媒体与区域品牌发展

自媒体是指普通大众经由数字科技与全球知识体系相连之后，一种提供与分享他们本身的事实和新闻的途径。在自媒体的环境下，普通大众从传统媒体时代的信息接收者变为私人化、平民化、普泛化、自主化的传播者，并以现代化、电子化的手段，向不特定的大多数或者特定的单个人传递规范性及非规范性信息。自媒体时代的到来一方面为区域品牌的传播提供了新的渠道，是打造区域品牌形象的难得机遇；另一方面，由于自媒体在传播者、传播渠道、传播方式等方面的多样性，也为区域品牌形象的维持带来了新的挑战。在自媒体时代，做好区域品牌形象的建立和维护可以从以下三个方面入手。

首先，应建立全媒体的区域品牌形象建设、维护和传播矩阵。新媒体时代的一个典型特点就是突破了传播者和传播受众之间的界限，人人都可以成为品牌信息的创作者、提供者和传播者，任何一个具备足够流量和关注度的平台都可以成为信息的传播渠道。同时，相比于电视、广播、报纸等正式传播渠道，传播内容、传播形式、语言风格等更加"亲民"的新媒体更容易受到公众，特别是细分领域受众的喜爱和信任。但是由于新媒体不可控的特点，将区域品牌传播的新媒体渠道完全交由外部又有较高的风险。因此，作为区域品牌建设的主体，区域内包括政府、行业协会和企业等组织应通力合作，建立官方、半官方的全媒体传播矩阵。一方面，可以以更加贴近公众的方式推广区域品牌形象；另一方面，一旦有负面舆情出现，也可以借助这一系列工具实现与公众的交互性沟通，帮助迅速消除误解，维护区域品牌形象。

其次，应建立全方面、立体化的区域品牌形象。品牌形象是品牌在市场消费者认知中所表现出的直接个性特征，包括品名、图案设计、包装等。品牌形象反映了品牌的实力和本质，是品牌的基本属性。长期以来，区域品牌由于其共用性特点，往往只具有统一的品牌名称，而缺乏具体的品牌故事，表现方式相对单一。特别是在文化多元的今天，单调、统一的区域品牌形象很难吸引新媒体从业者的关注与传播，更不用说借助新媒体实现区域品牌形象的多渠道推广。以外部新媒体助力区域品牌形象的传播需要吸引新媒体从业者的关注，为此，区域品牌的建设者在保持区域品牌内涵统一的同时，应对品牌形象进行多方位、立体化的解读，以不同的解读风格吸引不同偏好的自媒体从业者关注，进而借助新媒体，通过短而精的网络软文、创新有趣的照片或精美的小视频等将区域品牌独特的历史、文化具象化，提升区域品牌价值。

最后，吸引眼球经济，打造区域品牌价值传播"爆点"。品牌价值包括品牌的属性、品质、品位、文化、个性等，是品牌管理要素的核心部分，是品牌之间相互区别的最重要的标志，也是消费者对品牌认知程度的重要反映。从我国各地区域品牌的形成和传播过程来看，区域品牌由于文化和地域特征突出，系统地认知一个区域品牌的内涵需要深厚的文化积累和长期的关注。正是由于这个局限，区域外的消费者往往很难在短时间内全面认知区域品牌的内在价值。特别是在快节奏的今天，公众的时间和注意力越来越碎片化。如果没有一个有足够吸引力的事件或者关注点，帮助公众在短时间内迅速感知一个区域的品牌价值，他们根本不会在该区域品牌上做任何停留，即使有了短暂的停留，他们的注意力也会随时转移。由于上述原因的存在，单纯依靠区域品牌的文化内涵很难适应新媒体时代品牌价值传播的一般规律，基于此，在区域品牌建设和传播的过程中，应充分利用新媒体传播抓热点、抓"爆点"的特征，以事件营销、"网红打卡地"、"网红美食"、"网红神器"等的建设为抓手，吸引公众号、直播平台和微信朋友圈等自媒体的关注，在关注的过程中推进区域品牌形象的宣传和品牌价值的传播。

第三章

利好政策叠加，青岛市区域品牌经济发展迎来重大外部机遇

国家政策作为上层建筑的一个重要组成部分，对区域经济发展具有重大的促进作用，一方面，在国家政策的协调下，影响生产力发展的资金、技术、管理等要素更容易协调配合，形成发展的合力；另一方面，国家政策的取向对社会资金的流向起着关键性的引导作用，而资金流向是决定一个区域经济发展速度的重要因素。某种意义上讲，国家的政策支持是区域经济发展非常重要的潜在资本和外部机遇。同时，发展方向明确的支持性区域政策能够为区域汇聚内外部相关资源提供核心竞争力，是区域特色产业发展的重要指引，也是区域整体品牌塑造、更新和再定位的外在驱动力。基于此，笔者在分析青岛市区域品牌经济发展成绩的过程中，首先回顾和梳理了党中央、国务院对于青岛区域经济和品牌经济的指导政策，以便对青岛区域品牌经济发展的外部环境和面临的机会与挑战有清醒的认识。

通过回顾相关政策可以清楚地看到，党中央、国务院对于青岛的区域经济和品牌经济建设高度重视。党中央十分重视和关心青岛发展，赋予青岛"办好一次会，搞活一座城"、建设现代化国际大都市、打造"一带一路"国际合作新平台，在黄河流域生态保护和高质量发展中提升核心城市竞争力、发挥港口门户城市优势等重任。这既是对青岛过去一个时期工作成绩的高度肯定，也为青岛基本实现现代化指明了前进方向，是未来"青岛品牌"区别于其他区域的重要标识。

建设山东半岛国家自主创新示范区、山东新旧动能转换综合试验区、上合示范区、中国（山东）自由贸易示范区、西海岸新区、深度融入共建"一带一路"、区域全面经济伙伴关系协定、黄河流域生态保护和高质量发展等重大机遇叠加，为青岛构建新发展格局、提升城市能级拓展了战略空间。同时，国家对于品牌经济和品牌战略的重视也为青岛以区域品牌为抓手，进一步提升区域经济发展质量提供了政策指引。这些政策的制定和实施，为青岛乃至整个山东未来的发展规划了新格局、指明了新方向、赋予了新动能，也为青岛市区域经济和品牌经济发展创造了良好的外部环境。可以说，青岛的区域品牌经济迎来了千载难逢的重要机遇和外部条件。在这一系列政策的指引和鼓励下，青岛的发展进入了快速、优质、高效、绿色、和谐的快车道。

一、以创新促发展，建设山东半岛国家自主创新示范区

在我国经济结构转型升级不断加快，新技术、新模式、新经济不断涌现的背景下，创新不仅仅是经济发展的原动力，一个区域的创新意愿和创新能力是区域品牌建设的重要组成部分，是区域品牌形象更新的关键要素。缺少了创新精神，区域品牌也就缺少了与时俱进、蓬勃发展的朝气与灵魂。为了全面实施创新驱动发展战略，激发各类创新主体活力，2016 年 4 月 11 日，国务院正式批复了《关于支持山东半岛国家高新区建设国家自主创新示范区的请示》（国函〔2016〕64 号），同意设立山东半岛国家自主创新示范区，并同意济南、青岛、淄博、潍坊、烟台、威海 6 个国家高新技术产业开发区建设国家自主创新示范区。

山东半岛国家自主创新示范区的设立，为青岛集聚创新资源，探索创新政策、培育创新环境、激发创新主体活力和提升区域创新能力提供了明确的政策支持，为青岛全力建设国际化创新型城市的工作打下了坚实的基础。在这一政策的支持下，青岛的新经济和创新产业得到了长足的发展。截至"十三五"收官，青岛形成了包括软件信息产业、医疗医药产业、智能制造与新材料产业、金融业、互联网产业、高端服务业在内的六大创新型产业，累计引进重点产业项目 935 个，总投资 2176 亿元，青岛市锐意进取、开拓创新的形象不断深入人心。

品牌链接

海创汇：打造创新创业的"热带雨林"

海创汇是海尔集团打造的面向全球创业者的加速器平台。自2014年成立以来，已在全球12个国家布局了40个孵化器，吸引了来自全球的4000多个创业项目，其中重点加速项目360多个，总估值达到2100亿元。海创汇已成功孵化出3家上市公司，5家独角兽企业，37家瞪羚企业，平台创业成功率近50%。

作为首批国家"双创示范基地"，海创汇积极探索和实践大企业带动中小企业发展、大企业创业带动全社会就业的新模式。海创汇在2016年5月成为国务院办公厅认定的首批国家级双创示范基地；2019年4月，获得全球总裁创新峰会颁发的年度最佳股权投资机构；2020年8月，"海创汇"连续两年入围《中国500最具价值品牌》，品牌价值过百亿元。

海创汇得到了国务院、共青团中央、工信部、科技部等各党政机关认可，先后荣获首批"国家双创示范基地""全国青年创业示范园区""全国小型微型企业创业创新示范基地"等称号。

海创汇通过链接海尔产业资源，打造产业资源社群、空间社群、交互社群、培训社群、服务社群和金融资本社群六大社群，为创业企业提供包含投融资、供应链、技术研发、销售渠道、人才支持等在内的一站式加速服务，让创业者"有根创业"，助力创业企业落地，加速创业项目成长，提高创业成功率。针对创业者，海创汇可以提供包括投融资赋能、早期项目加速、创业辅导、跨境服务、生态投资等全方位、多角度精准赋能加速服务；针对孵化器，海创汇从基础服务、会员服务和增值服务入手，致力于为孵化器提供项目全生命周期赋能加速；针对政府，海创汇提供了包括AI定制大赛、产业创新中心、项目培育定制化产业招商、行业研究及产业分析等在内的一系列集成化产品和服务。

在海创汇生态系统内部，各类创业项目与海尔内部平台开展合作，共享海尔供应链、销售渠道等资源；在外部，海创汇将全球一流资源汇集至平台上，链接大企业、高校、投资机构等多方外部资源，形成一种由内而外、不断扩大、生生不息的生态体系。

二、加快经济转型升级，设立山东新旧动能转换综合试验区

山东省拥有得天独厚的自然资源和人文、地理环境，是传统的农业和制造业大省。这一表述是对山东省改革开放以来在经济建设方面取得成就的肯定，但在适应新时代、抓住新机遇、迎接新挑战的战略转型期，过往的成功经验也在某种程度上制约了山东经济的灵活应变。同广东、浙江等省份相比，山东境内的新经济企业无论是数量还是实力上都处于相对落后的地位，在提及青岛的时候，多数人依然停留在传统工业时代农业大市、制造业强市的刻板印象当中，这不免使得青岛形象具有某种传统保守之感、明日黄花之憾。

为了扭转这一不利局面，2018 年 1 月 3 日，国务院正式批复《山东新旧动能转换综合试验区建设总体方案》（国函〔2018〕1 号），同意设立山东新旧动能转换综合试验区。1 月 17 日，国家发展改革委发布《关于印发山东新旧动能转换综合试验区建设总体方案的通知》（发改地区〔2018〕67 号），要求在山东全省范围内开展新旧动能转换的综合试验。随后，中共山东省委、山东省人民政府于 2018 年 2 月在济南召开山东省全面展开新旧动能转换重大工程动员大会，并先后印发了《山东省新旧动能转换重大工程实施规划的通知》（鲁政发〔2018〕7 号）、《关于推进新旧动能转换重大工程的实施意见》（鲁发〔2018〕9 号）、《〈关于支持新旧动能转换重大工程的若干财政政策〉及 5 个实施意见的通知》（鲁办发〔2018〕37 号）、《教育服务新旧动能转换专业对接产业项目实施意见》（鲁财教〔2018〕35 号）、《关于深化产教融合推动新旧动能转换的实施意见》（鲁政办发〔2019〕2 号）等一系列专业行业领域的新旧动能转换政策。

山东新旧动能转换综合试验区是党的十九大后获批的首个区域性国家发展战略综合试验区，也是我国第一个以新旧动能转换为主题的区域发展战略综合试验区。在试验区建设的总体方案中，青岛市作为山东新旧动能转换"三核引

领、多点突破、融合互动"的三个核心城市之一，被赋予了发挥海洋科学城、东北亚国际航运枢纽和沿海重要中心城市综合功能，突出西海岸新区、青岛蓝谷等战略平台引领，打造东部沿海重要的创新中心、海洋经济发展示范区，形成东部地区转型发展增长极的重任。

在党中央、国务院和山东省委、省政府政策的指引下，青岛市认真总结过往发展的经验教训，对标国内外先进城市，进一步探索改革区域发展新政策，改变管理理念、改造营商环境，在保持传统优势的同时发掘、创造新的经济增长点，在结构性改革大环境和新经济浪潮中取得巨大的成绩。一方面，传统的优势产业得以保持，并增添了新的发展活力。工业制造业方面，形成了以卡奥斯为代表的工业互联网平台；农业方面，建立了现代农业示范区；海洋产业方面，形成了以聚大洋、明月海藻为代表的海产品深加工企业，初步建立了基于海洋资源的"蓝色药库"。另一方面，以电子商务、新能源汽车、氢能产业、大数据产业等为代表的新经济和新兴产业蓬勃发展，涌现出了以中德氢动力产业园、汽车工业互联网平台、跨境电商平台、上汽通用五菱、青岛东方影都、以萨数据为代表的新经济项目和企业。

品牌链接

海尔卡奥斯：工业互联网下的生态品牌

卡奥斯的含义是"混沌"，它来源于古希腊神话中的混沌之神，被称为"万物之卵"。以此命名，彰显了海尔对全球工业互联网发展趋势的前瞻远见，也体现了卡奥斯平台将会为行业赋能，为场景赋能，让行业产生意想不到的结果的使命愿景。2017年，海尔正式提出建立和打造工业互联网平台。海尔建立的工业互联网平台卡奥斯，是全球首家引入用户全流程参与体验的工业互联网平台，以用户体验为中心，通过与用户、合作伙伴联合共创，不断提供持续迭代的整体价值体验，实现终身用户及生态各方共赢共生。

参与制定国际标准，争取标准话语权。卡奥斯COSMOPlat平台、美国通用电气Predix平台及德国西门子MindSphere平台，被业界称为最有代表性的全球三大工业互联网平台。卡奥斯平台被国家工信部认定为跨行业、跨领域的工业互联网十大"双跨"平台之首，并先后主导和参与了36项国家标准、5项国际标准的制定，是唯一被IEEE、ISO、IEC三大国际组织批准牵头制定大规模定制模式标准的单位。

推动企业与用户深度交互，推出大规模个性化定制方案。卡奥斯实现了对智能产品装备的远程互联和数据分析，形成产品追溯、在线监测、远程运维、预测性维护等服务模式，基于产品数据跨界整合与价值挖掘，进一步实现服务延伸。卡奥斯颠覆了传统制造业的生产经营模式，使用户能够参与企业经营的全过程，为下一步全球复制奠定了坚实的基础。

赋能中小企业的数字化转型，实现"卖得快一点、卖得多一点、卖得赚一点"。卡奥斯通过物联网+区块链技术建立全流程追溯体系，实现从主体信用到交易信用，再到大宗标准货物商品融资的转变，消除了中小企业"融资难、融资贵、融资繁"的痛点。2020年，卡奥斯为青岛2993家企业定制了数字化转型方案，以166个场景为载体实现了降本增效，平均降本35%，增效30%，新增产值117亿元。

2020年，青岛提出了"发力工业互联网建设，着力打造世界工业互联网之都"的目标，卡奥斯作为青岛工业互联网的"主峰"，是青岛打造世界工业互联网之都的核心优势。截至2020年，卡奥斯平台上的青岛市的企业有大约3.2万家，其中10%的企业得到了平台的赋能，贡献了118亿元的GDP增长。卡奥斯平台已经赋能建陶、房车、农业、化工、模具等15个行业，成果在全国12大区域及20多个国家开展了卓有成效的复制，已链接企业近80万家，服务企业7万余家，连接开发者10余万，真正形成了"与大企业共创、小企业共享"的生态系统，成为全球极具吸引力的工业互联网平台。

三、立足区位优势，建设国内首个上合示范区

随着中华民族伟大复兴事业的持续推进和中国特色社会主义道路自信、理

论自信、制度自信、文化自信的深入人心，站在"第一个百年"的关键历史节点，一个区域的整体形象不仅来自其经济发展水平和优势产业，还来自在区域交往中，尤其是国际交流中展示的中国成果、中国形象和中国声音。上合示范区的建设就是青岛市在习近平总书记"办好一次会，搞活一座城"①精神指引下深度参与国际合作，展示中国对外开放形象和成果的重要战略机遇，也是青岛形象的全新标识。

2018年6月10日，国家主席习近平在山东青岛出席上海合作组织成员国元首理事会第十八次会议时指出，中国政府支持在青岛建设中国—上海合作组织地方经贸合作示范区②。2019年5月，国家商务部正式复函，支持青岛创建全国首个"中国—上海合作组织地方经贸合作示范区"，按照"物流先导、跨境发展、贸易引领、产能合作"发展模式，积极探索与上合组织国家经贸合作模式创新，形成可复制可推广的上合组织地方经贸合作经验做法，全力打造面向上合组织国家的对外开放新高地。2019年7月24日，习近平总书记主持召开中央全面深化改革委员会第九次会议并发表重要讲话，《中国—上海合作组织地方经贸合作示范区建设总体方案》也在该会议中审议通过。2019年9月20日，国务院批复了《中国—上海合作组织地方经贸合作示范区建设总体方案》（国函〔2019〕87号），要求青岛市按照党中央、国务院决策部署，打造"一带一路"国际合作新平台，拓展国际物流、现代贸易、双向投资、商旅文化交流等领域合作，更好发挥青岛在"一带一路"新亚欧大陆桥经济走廊建设和海上合作中的作用，加强我国同上海合作组织国家互联互通，着力推动形成陆海内外联动、东西双向互济的开放格局。

根据党中央、国务院建设上合示范区的政策精神，山东省委、省政府也出台了相应的配套政策，鼓励支持青岛上合示范区的建设。2020年7月，山东省政府按照"一次赋权、分批承接"的简政放权原则，制定了《中国（山东）自

① 《办好一次会　搞活一座城——青岛放大峰会效应推动高质量发展》，《光明日报》2019年1月10日第1版。
② 习近平：《弘扬"上海精神"构建命运共同体——在上海合作组织成员国元首理事会第十八次会议上的讲话》，《光明日报》2018年6月11日第3版。

由贸易试验区和中国—上海合作组织地方经贸合作示范区不能行使的省级行政权力事项清单》，并发布《关于向中国（山东）自由贸易试验区和中国—上海合作组织地方经贸合作示范区下放部分省级行政权力事项的通知》（鲁政发〔2020〕11号），对做好"负面清单制"放权做出了明确安排。2020年12月，在前期赴浙江学习宁波"17+1"经贸合作示范区，赴广西学习推进与东盟合作的经验做法，并赴上合示范区专题调研的基础上，山东省政府发布了《关于支持中国—上海合作组织地方经贸合作示范区建设若干措施的通知》。通知提出了包括落实"负面清单制"放权、鼓励先行先试、建设上合"客厅"、加强国际技术合作、建设联动创新区、建设上合示范区多式联运中心在内的十八项支持上合示范区建设的举措。

上合示范区的设立寄托了党中央和国务院对青岛的关心和信任，是赋予青岛的国之重任、国之大事，是对青岛的重托。上合示范区的设立是重大的国家战略，也是青岛发展的重要机遇，是青岛难得的顶层设计。抓住上合示范区成立的重大契机，对青岛打造"一带一路"国际合作新平台，拓展国际物流、现代贸易、双向投资合作、商旅文化交流等领域合作，更好发挥在"一带一路"新亚欧大陆桥经济走廊建设和海上合作中的作用，具有显而易见的重要意义。

上合示范区设立之后，青岛市充分利用这一难得的战略机遇，在国际物流、国际贸易和文化交流等方面取得了长足的进步。截至2020年，青岛的上合"国际客厅"工程已经完成了上合示范区展馆、上合特色商品展馆、上合互动交流中心、上合商协会办公场所、上合"法智谷"等的基础施工，印度辣椒出口协会、IECA欧亚贸易港、俄罗斯出口中心、巴基斯坦（中国）经济合作中心、哈萨克斯坦农副产品大宗贸易项目、俄罗斯木制品流通企业联盟等9个商协会、平台类项目在此汇集。

四、依托内陆面向海洋，建设中国（山东）自由贸易试验区

对外开放是我国长期以来的一项基本国策，是区域经济发展的重要动力，同时，一个区域对外开放的水平和程度也是区域整体品牌形象的核心要素之一。

青岛地处京津冀和长三角两大都市圈之间的核心地带，是黄河流域主要出海通道和欧亚大陆桥东部重要端点，与日本、韩国隔海相望，具有贯通东西、连接南北、面向太平洋的战略区位优势。依托这一优势，2019年8月，国务院下发了国函〔2019〕72号文，同意新设包括中国（山东）自由贸易试验区在内的6个自由贸易试验区。其中中国（山东）自由贸易试验区涵盖济南片区、青岛片区、烟台片区。与之相配套的，国发〔2019〕16号文，进一步细化和明确了各自贸区建设的总体方案，要求中国（山东）自由贸易试验区以习近平新时代中国特色社会主义思想为指导，全面贯彻党的十九大和十九届二中、三中全会精神，统筹推进"五位一体"总体布局和协调推进"四个全面"战略布局，坚持稳中求进工作总基调，坚持新发展理念，坚持高质量发展，以供给侧结构性改革为主线，主动服务和融入国家重大战略，更好服务对外开放总体战略布局，解放思想、大胆创新，把自贸试验区建设成为新时代改革开放的新高地。

中国（山东）自由贸易试验区在功能划分上，济南片区重点发展人工智能、产业金融、医疗康养、文化产业、信息技术等产业，开展开放型经济新体制综合试点试验，建设全国重要的区域性经济中心、物流中心和科技创新中心；青岛片区重点发展现代海洋、国际贸易、航运物流、现代金融、先进制造等产业，打造东北亚国际航运枢纽、东部沿海重要的创新中心、海洋经济发展示范区，助力青岛打造我国沿海重要中心城市；烟台片区重点发展高端装备制造、新材料、新一代信息技术、节能环保、生物医药和生产性服务业，打造中韩贸易和投资合作先行区、海洋智能制造基地、国家科技成果和国际技术转移转化示范区。

建设自由贸易试验区，是党中央统筹国内国际两个大局，全面深化改革和扩大开放做出的一项战略部署。中国（山东）自由贸易试验区的设立，承载着党中央、国务院对山东的信任和重托。于青岛而言，中国（山东）自由贸易试验区青岛片区是继上合示范区之后，中央赋予青岛的又一项光荣使命。青岛也必将以此为契机，以更高点的站位、更宽阔的视野，以开放创新引领高质量发展，建设具有国际竞争力的高水平自由贸易园区，打造"一带一路"国际合作新平台，在服务区域经济乃至中国经济发展的同时，为青岛区域品牌形象提供全新的要素。

五、擦亮"四张名片"，建设西海岸新区

"影视之都""音乐之岛""啤酒之城""会展之滨"是青岛的四张重要"名片"，也是青岛区域品牌形象的四个生动代表。以国家重要政策为支撑，聚焦西海岸新区的建设，进一步打造"四张名片"，也是青岛进一步建设区域品牌的重要发力点。

西海岸新区成立于2014年6月，是党中央、国务院为了进一步整合区位条件、科技人才、海洋资源、产业基础、政策环境等综合优势，推进陆海统筹、城乡一体，通过国函〔2014〕71号文正式批复的。随后，国家发展改革委印发了《青岛西海岸新区总体方案》（发改地区〔2014〕1318号），要求西海岸新区大力推进海洋科技自主创新，打造现代海洋产业体系，建设东北亚国际航运枢纽；推进沿海地区新型城镇化，扩大对外对内开放，建设美丽海洋经济新区。按照该《总体方案》的发展目标，到2020年，构建海洋科技创新引领海洋经济可持续发展的格局，形成先进制造业发达、现代服务业繁荣的海洋产业体系，建成环境优美、功能完善、宜居幸福、具有较强国际影响力的现代化新区，推动青岛成为蓝色经济领军城市。

西海岸新区所在的黄岛地区拥有发展区域经济的优厚区位优势，拥有全国首批14个国家级开发区之一的青岛经济技术开发区，以及前湾保税港区、董家口循环经济示范区、青岛国际经济合作区、灵山湾影视文化产业区等实力雄厚、特色鲜明的功能区。国务院在既有发展基础上按省级行政待遇设立国家级新区，必将有助于该地区进一步整合资源，汇集人力、财力和物力，为青岛区域经济和品牌经济的发展提供强大的助力。

西海岸新区设立后，青岛市委、市政府和西海岸新区政府通力合作，围绕"影视之都""音乐之岛""啤酒之城""会展之滨"四个西海岸新区的标志性形象展开区域品牌经济的建设工作。新区已经形成以新一代半导体产业、高端化工及新材料产业、海洋生物医药产业、船舶海工产业、智能家电产业、汽车产业、海洋冷链产业、影视文化产业和新经济产业为代表的九大重点产业链条。

品牌链接

东方影都：建设中国影视产业的"梦工厂"

东方影都影视产业园于2016年底投入试运营，于2018年4月正式运营，总投资超500亿元，是全球投资规模最大的以摄影棚为主的影视产业综合项目，总占地面积约376万平方米，总建筑面积约540万平方米，建设有40个世界级标准摄影棚和32个置景车间、水下制作中心、数字影音中心和影视外景地。

自投入运营以来，东方影都克服全国影视行业调整、新冠肺炎疫情等不利影响，累计接拍影视作品超50部、综艺节目6部、大型活动31场、大型广告13部，其中有被誉为开启中国硬科幻电影元年的《流浪地球》和口碑票房俱佳的《疯狂的外星人》《刺杀小说家》，还有中国电影历史上备受关注的《封神三部曲》。

东方影都作为青岛市、山东省乃至全国的重要文化名片，受到国际社会的关注越来越多，日益成为中外文化艺术交流的平台和中国文化、齐鲁文化、青岛当地文化对外展示的窗口。自产业园落成之日起，美国国会代表团、英国利兹地区政府代表团以及联合国前秘书长潘基文、法国驻中国大使馆总领事、韩国驻青岛总领事等先后到东方影都参观访问。

2020年9月，海发集团与融创集团成立青岛东方影都产业控股集团，共同开展影视产业投资和影视园区管理运营。东方影都聘请英国松林电影制片厂作为设计顾问，保证园区各项设备设施均达到国际最高标准，且能够满足国内国外剧组不同的拍摄需求。东方影都是中国首个能为全球电影制片人提供全方位制作服务和极具竞争力的影视产业园，致力于和全球影视行业领导者们携手合作，助力中国电影工业化发展。

未来，东方影都将依托西海岸丰富的文旅资源，努力打造产业链和产业生态，促进影视招商多点布局，保持品牌传播的热度，打造世界知名影视文化旅游胜地。

六、推进品牌战略，助力品牌经济发展

品牌是商品经济高度发展的必然结果，品牌建设是调整经济结构，转变增长方式，打造企业形象、区域形象和国家形象的战略手段。党中央、国务院高度重视品牌在经济发展过程中的重要作用，在一系列重要政策文件中多次提及品牌经济和品牌建设。动态地回顾这一系列文件可以看到，品牌在经济发展中的作用越来越重要，决策层对品牌经济和品牌建设的重视程度也越来越高，品牌已经逐渐上升为一项重要的国家战略。而这些政策和文件也共同构成了青岛区域品牌经济建设的重要外部环境和政策指引[①]。

1.《质量发展纲要（2011—2020 年）》

2012 年 2 月，国务院为深入贯彻落实科学发展观，促进经济发展方式转变，提高我国质量总体水平，实现经济社会又好又快发展，发布了《质量发展纲要（2011—2020 年）》（国发〔2012〕9 号），专门强调了品牌建设和品牌战略的重要性，要求创建品牌培育激励机制，加大自主知识产权产品的保护力度，支持企业依托技术标准开拓海外市场，建立品牌建设国家标准体系和品牌价值评价制度和进一步加强地理标志产品、中国驰名商标及地方名牌产品等工作。《发展纲要》中以专栏的形式提出了品牌建设的三个重点措施，包括建立品牌建设标准体系、建立品牌价值评价制度和开展知名品牌创建工作。

2.《关于印发贯彻实施质量发展纲要 2015 年行动计划的通知》

2015 年 3 月，国务院办公厅《关于印发贯彻实施质量发展纲要 2015 年行动计划的通知》（国办发〔2015〕19 号）一文中，再次强调了品牌建设的重要性，并要求坚持以质量提升推动品牌建设。制定品牌评价国际标准，推动建立国际互认的品牌评价体系。推进农业、制造业、服务业企业品牌培育能力建设，建立完善品牌培育管理体系，制定并推广品牌培育评价准则。保护和传承老字号，提升传统产业质量水平。开展知名品牌创建工作，提升区域品牌价值。将品牌

---

① 由于品牌战略的重要性，党中央、国务院以及各级政府先后出台了大量涉及品牌的政策文件。篇幅有限，在不影响对我国品牌战略整体理解的前提下，这里仅列示部分重点强调品牌战略的政策文件。

建设情况纳入中央企业工作考核，提升中央企业品牌价值和效应。推动开展工业产品生态设计，促进绿色品牌建设。

3.《关于新形势下加快知识产权强国建设的若干意见》

2015年12月，国务院发布的《关于新形势下加快知识产权强国建设的若干意见》（国发〔2015〕71号）一文中，强调了品牌建设对于提升知识产权附加值和国际影响力的重要意义，指出实施专利质量提升工程，培育一批核心专利。加大轻工、纺织、服装等产业的外观设计专利保护力度。深化商标富农工作。支持研究机构和社会组织制定品牌评价国际标准，建立品牌价值评价体系。支持企业建立品牌管理体系，鼓励企业收购海外知名品牌。保护和传承中华老字号，大力推动中医药、中华传统餐饮、工艺美术等企业"走出去"。

4.《贯彻实施质量发展纲要2016年行动计划》

国务院办公厅于2016年6月发布的《贯彻实施质量发展纲要2016年行动计划》（国办发〔2016〕18号）中，再次强调品牌建设的重要性。要求大力推动品牌建设，制定质量品牌"十三五"规划。完善品牌国家标准体系，指导企业加强品牌建设。主导制定品牌评价的国际标准，推动中国品牌走出去。继续做好工业企业品牌培育、产业集群品牌培育试点示范工作。做大做强中国环境标志，支持发展无公害农产品、绿色食品、有机农产品。打造一批安全优质农产品品牌和食品品牌。打造一批检验检测认证知名品牌。推进农业、制造业、服务业企业品牌培育能力建设。实施出口食品竞争力提升工程。对品牌建设工作取得突出成绩的中央企业授予"品牌建设特别奖"。组织开展中央企业品牌建设工作专题研讨交流。推进商标品牌战略实施，提高商标公共服务水平。加快构建质量和品牌社会共治机制。组织开展2016年全国"质量月"活动，推动全社会着力提升质量、培育品牌。结合"一带一路"建设，推动行业协会、企业开展中国品牌海外宣传推广活动。加强质量和品牌教育及文化建设。实施质量和品牌重点工程，把质量提升、培育品牌作为重要内容，启动知名品牌创建示范、品牌价值评价，实施制造业创新中心建设工程、智能制造工程、工业强基工程、绿色制造工程和高端装备创新工程。实施质量和品牌标杆对比提升工程。深入开展全国社会信用体系建设示范城市、质量强市示范城市、国家农产品质量安全县、质量安全示范区创建活动。推进林业标准化示范企业、示范基地建设。开展企业品牌培育、产业集群区域品牌建设试点示范等活动，提升企业品牌培育能力和产业集群区域品牌建设水平。

5.《关于发挥品牌引领作用推动供需结构升级的意见》

2016年6月，国务院办公厅发布的《关于发挥品牌引领作用推动供需结构升级的意见》（国办发〔2016〕44号）中，首次在标题中强调了品牌建设对于国家经济结构调整的重要意义，指出品牌是企业乃至国家竞争力的综合体现，代表着供给结构和需求结构的升级方向。随着我国经济发展居民收入快速增加，中等收入群体持续扩大，消费结构不断升级，消费者对产品和服务的消费提出更高要求，更加注重品质，讲究品牌消费，呈现出个性化、多样化、高端化、体验式消费特点。发挥品牌引领作用，推动供给结构和需求结构升级，是深入贯彻落实创新、协调、绿色、开放、共享发展理念的必然要求，是今后一段时期加快经济发展方式由外延扩张型向内涵集约型转变、由规模速度型向质量效率型转变的重要举措。发挥品牌引领作用，推动供给结构和需求结构升级，有利于激发企业创新创造活力，促进生产要素合理配置，提高全要素生产率，提升产品品质，实现价值链升级，增加有效供给，提高供给体系的质量和效率；有利于引领消费，创造新需求，树立自主品牌消费信心，挖掘消费潜力，更好发挥需求对经济增长的拉动作用，满足人们更高层次的物质文化需求；有利于促进企业诚实守信，强化企业环境保护、资源节约、公益慈善等社会责任，实现更加和谐、更加公平、更可持续的发展。

文中指出，发挥品牌引领作用、推动供需结构升级需要做好以下三个重大工程：品牌基础建设工程、供给结构升级工程、需求结构升级工程。

6.《关于开展质量提升行动的指导意见》

2017年9月，中共中央、国务院发布的《关于开展质量提升行动的指导意见》（中发〔2017〕24号）要求着力打造中国品牌，培育壮大民族企业和知名品牌，引导企业提升产品和服务附加值，形成自己独有的比较优势；要求以产业集聚区、国家自主创新示范区、高新技术产业园区、国家新型工业化产业示范基地等为重点，开展区域品牌培育，创建质量提升示范区、知名品牌示范区；

要求实施中国精品培育工程，加强对中华老字号、地理标志等品牌培育和保护，培育更多百年老店和民族品牌；要求建立和完善品牌建设、培育标准体系和评价体系，开展中国品牌价值评价活动，推动品牌评价国际标准化工作；要求开展"中国品牌日"活动，不断凝聚社会共识、营造良好氛围、搭建交流平台，提升中国品牌的知名度和美誉度。

7.《关于促进消费扩容提质 加快形成强大国内市场的实施意见》

2020年2月，国家发展改革委发布了《关于促进消费扩容提质加快形成强大国内市场的实施意见》（发改就业〔2020〕293号），将自主品牌建设视为扩大内需、形成强大国内市场的重要手段，要求各省、自治区、直辖市及计划单列市人民政府，新疆生产建设兵团，国务院有关部门加强自主品牌建设。深入实施增品种、提品质、创品牌的"三品"战略。保护和发展中华老字号品牌，建立动态管理机制，认定和培育一批文化特色浓、品牌信誉高、有市场竞争力的中华老字号品牌。加强中国农业品牌目录制度建设，制定完善相关评价标准和制度规范，塑造一批具有国际竞争力的中国农业品牌。持续办好"中国品牌日"活动，通过举办中国品牌发展国际论坛、中国自主品牌博览会以及自主品牌消费品体验活动等，塑造中国品牌形象，提高自主品牌知名度和影响力，扩大自主品牌消费。鼓励行业协会、研究机构等开展中国品牌研究。

第四章

历史积淀＋区位优势，青岛区域品牌经济底蕴深厚、优势突出

一个地区的区域品牌经济能否顺利发展，除了上级政府提供的外部政策支持，还与当地的资源要素的丰富程度息息相关。区域的资源要素是指一个区域所拥有的发展区域经济所必需的全部资源以及建立区域品牌形象所必备的全部能力的总和，涵盖影响区域品牌经济发展的全部因素。其中既包括自然因素，如自然资源、地理位置、气候条件等，也包括社会文化和经济因素，如历史文化、名胜古迹、经济总量、人口规模、产业布局、行政能力、执政水平、营商环境等，还包括基础与支持性产业，如交通、教育、金融、科研等的发展情况。上述因素共同构成了一个地区发展区域经济的区位优势，也是建立区域品牌形象的基础。

丰富的资源要素是区域品牌经济发展的必要条件，在此基础上，如果区域品牌的建设主体能够有效地整合区域内的资源和能力，并辅之以行之有效的区域品牌经济行动把政策机遇落到实处，实现外部机会和内部优势有效协同，将更加高效地推进区域品牌经济的发展工作。

为了客观系统地分析青岛市发展区域品牌经济的区位优势，本章从区域经济历史积淀、地理位置、文化资源、经济总量、产业布局、基础和支持性产业等方面对青岛的区位特点进行了分析，并将青岛与深圳、大连、宁波、厦门四个同属计划单列市的副省级城市和济南、烟台两个山东省范围内的核心城市的区域品牌经济建设工作进行了对比。

通过分析发现，青岛市在区域品牌经济发展过程中拥有比较明显的区位优势，主要体现在五个方面。一是品牌经济历史积淀深厚。青岛在区域经济发展的过程中诞生了一批比较有知名度的企业，海尔、海信、青啤、双星、澳柯玛

"五朵金花"为青岛赢得了"品牌之都"的称号。二是历史文化资源丰富。青岛作为国家历史文化名城、重点历史风貌保护城市和中国道教发祥地，拥有国家重点文物保护单位 34 处，优秀历史建筑 131 处，重点名人故居 85 处。三是经济体量大，抗压能力强。作为全国第一批 14 个对外开放的沿海城市之一，青岛的经济建设一直走在全国前列，GDP 总量自 2017 年起已经超过万亿元，即使受新冠肺炎疫情影响，2020 年 GDP 增长率也达到了 3.7%，表现出较强的韧性。四是产业链完整，产业布局合理。传统工业上，青岛市在造船海工、石油化工、汽车制造、食品酒水、轻工等方面形成优势；新兴产业上，在生物医药、海洋产业、航空航天、新材料、新能源等方面也形成了一定的规模。五是区域品牌形象深入人心。研究团队针对全国 864 名受访者的社会调查结果显示，青岛市的区域品牌形象在五个副省级城市和三个山东省核心城市中排名第二。青啤、海尔、海信等企业品牌，大泽山、灵山岛、琅琊台等地理标志和啤酒、空调、海鲜等产品形象给全国人民留下了深刻的印象。

以下是对青岛发展区域品牌经济所具备的区位优势的详细分析。

一、工业化历史悠久，具有深刻的品牌文化基因

青岛的现代工业化进程可以追溯到德占时期。1897 年，德国借巨野教案之机强行租借胶州湾。在占领青岛后，德国当局投入巨资对城市、港口、铁路和市政工业进行建设，从而形成了青岛现代工业的基础。在这一时期，青岛港、胶济铁路、青岛船坞工艺厂、四方机厂等在当时具有重要影响力，在 20 世纪40 年代我国的工业化建设中仍发挥着重要作用的项目先后建成。

1914 年，日本取代德国占领青岛，继续采取了鼓励向青岛投资的政策，将纺织业作为主要的投资领域，内外棉纱厂、大康纱厂、富士纱厂、钟渊纱厂、隆兴纱厂、宝来纱厂六大纱厂先后建立。此外，美国投资的美孚火油公司、峰村油坊，德国投资的太隆地毯厂，英商投资的大英烟厂等也先后落户青岛。

值得一提的是，在这一时期，我国的民族资本也在青岛艰难生存，并进行了品牌化的探索。周学熙投资的华新纱厂，陈孟元投资的阳本印染厂先后成立，

华新纱厂的"栈桥牌""多宝牌""五子登科"商标和阳本印染厂的"桃源图""泰山牌""苏小妹""四君子"等商标均带有浓厚的区域特色和民族特色，可以称得上青岛区域品牌建设的开端。但是好景不长，随着日军的全面侵华，上述两家企业均难以为继，直至中华人民共和国成立后才重新生产，即后来的国营青岛第一染织厂和国棉九厂。由山东电影电视剧制作中心出品的电视连续剧《大染坊》就是以这一段历史为原型拍摄的。

中华人民共和国成立之后，特别是改革开放之后，青岛的工业化步入了快速发展的轨道，涌现出一大批实力雄厚、品牌知名度高的企业，其中以海尔、海信、青啤、双星、澳柯玛最具代表性，被称为青岛的"五朵金花"。正是因为这些优秀企业品牌的存在，青岛很早就有了中国"品牌之都"的美誉。

进入 21 世纪以来，青岛在传统品牌积淀的基础上进一步加大对新品牌的培育力度，以"品牌之都·工匠之城"为目标，实施新一代"青岛金花"培育行动，振兴发展"老字号"，培育新兴品牌。截至 2019 年，青岛市共有有效注册商标23.3 万件，马德里国际注册商标达 4705 件，居全国城市第一。

二、地理位置优越，内外贸易条件得天独厚

青岛市位于山东半岛，背靠我国内陆而毗邻日本、韩国，这一独特的地理位置为青岛开展内外贸易提供了极大的便利。

从国内的角度来看，青岛是我国北方重要的沿海城市，是整个黄河流域最主要的出海口，也是黄河流域最具吸引力的城市之一，属于国家特大城市、山东省经济中心、国家沿海重要中心城市、滨海度假旅游城市，对国内企业和资金具有很大的吸引力，凭借便捷的公路、铁路和航空运输条件，"青岛制造"可以便捷地走向全国。

从国际的角度来看，青岛是"一带一路"重要节点城市、国际性港口城市、东北亚国际航运枢纽、"一带一路"新亚欧大陆桥经济走廊主要节点城市和海上合作战略支点。这一区位优势为开展对外贸易和吸引外商投资提供了极大的便利。上合示范区获批之后，青岛的区位、物流和产业优势更是得到了充分的发

挥，在服务国家对外工作大局、强化地方使命担当、加快落实上合组织青岛峰会重要成果、深度融入"一带一路"建设、拓展与上合组织国家相关地区间的交流合作中起着越来越举足轻重的作用。

青岛已先后开通了中欧、中亚等国内外班列 16 条。陆向，对接"一带一路"新亚欧大陆桥经济走廊，青岛港海铁联运量连续两年居全国沿海港口第一位。海向，先后与吉布提港、埃及塞得港、马来西亚巴生港、俄罗斯圣彼得堡港等"一带一路"沿线港口建立了友好港关系，直达东南亚、中东、地中海、欧洲、非洲等地的航线数量已近 70 条。

青岛独特的地理位置吸引了国内外企业的大量入驻。截至 2019 年，青岛市已累计引进世界 500 强企业 10 家、中国 500 强企业 8 家、独角兽企业 1 家、瞪羚企业 1 家。仅 2019 年新开工的嘉里物流、德国汉普森等国内外 24 个项目投资额就达到 183 亿元。

三、人文底蕴深厚，区域品牌文化内涵丰富

青岛是国家历史文化名城、重点历史风貌保护城市和中国道教发祥地。新石器时代，青岛是东夷人繁衍生息的主要地区之一，遗留了丰富多彩的大汶口文化、龙山文化和岳石文化遗址。春秋战国时期，青岛属于齐国，建立了山东地区第二大市镇——即墨，即墨古城也是中国现存最早的古代城池遗址。

秦朝时青岛分属琅琊郡和胶东郡，秦始皇五次东巡三次到达琅琊台，这里也是传说中徐福东渡为秦始皇寻找不死药的启航处，悠久的历史和带有传说色彩的故事为青岛的区域品牌形象增色不少。依托琅琊文化，青岛的琅琊台风景区已经建设成为省级旅游度假区和国家 AAA 级景区，景区内有徐福殿、跺脚沟、云梯、御路、望越楼、秦琅琊刻石、徐福东渡启航处、观龙阁、鲸馆、琅琊文化陈列馆、秦阙、观龙台、观龙亭等与秦始皇东巡和徐福东渡紧密联系的景点。此外，琅琊还是青岛农产品区域公用品牌的名称，琅琊茶、琅琊酒、琅琊鸡等农产品畅销国内外。青岛市西海岸新区的知名农产品品牌榜单也以"琅琊榜"命名。

超过六千年的历史为青岛的区域品牌赋予了深厚的文化底蕴，在工业化和现代化的建设过程中，青岛也在不断地丰富区域品牌新的文化属性。青岛是全球闻名的"影视之都""音乐之岛""啤酒之城"和"会展之滨"，这"四张名片"已成为青岛区域品牌形象的重要组成部分，为青岛的区域品牌提供了新的文化元素。

2018年，总投资超500亿元的青岛东方影都开业运营，为《长城》《流浪地球》《疯狂的外星人》《一出好戏》《环太平洋2》等经典影片的拍摄提供了有力的支持，青岛已经成为一座举世瞩目的影视文化旅游新城。

音乐艺术方面，青岛耶胡迪·梅纽因学校、山东艺术学院电影艺术产学研基地已落户青岛，欧盟青年音乐节、凤凰音乐节等音乐盛会先后在青岛举办。青岛的综合性现代音乐产业体系日渐成形，"音乐之岛"的名片熠熠生辉。

青岛啤酒节已经成为世界知名的啤酒节之一。2019年，青岛国际啤酒节与德国慕尼黑十月节、美国丹佛啤酒节、加拿大多伦多啤酒节共同发起了国际啤酒联盟合作机制，为啤酒节庆与文化交流、多方互动与互利共赢打造了国际化平台，开启了青岛国际啤酒节发展的新时代。

2018年，总投资500亿元的中铁青岛世界博览城正式启用，成为东亚海洋合作平台永久性会址。博鳌亚洲论坛健康大会、东亚海洋合作平台青岛论坛、中国数字建筑年度峰会、正和岛创变者年会、中国医师协会麻醉学医师分会年会、中国科学仪器发展年会、青岛国际工业博览会、青岛国际茶产业博览会、亚洲农业与食品博览会、中国教育装备展示会、中国国际医疗器械博览会、中国国际农业机械展览会等重大展会相继在青岛举办，青岛"会展之滨"的形象越来越鲜明。

四、经济总量高、抗压能力强，凸显强大的可持续发展能力

区域经济实力、经济发展的稳定性与区域品牌建设相辅相成，缺一不可。没有强大经济实力的支撑，区域品牌建设将失去基本的物质保障；没有品牌战略的引领和带动，区域经济的发展也将失去长久的动力。我们的研究团队

对青岛区域经济发展的整体情况进行了详细的分析，为了阅读的顺畅，这部分内容在附录一：青岛区域经济发展的整体分析中呈现，这里仅做总体性的介绍。

青岛市是山东省的海滨城市，也是山东省的副省级城市，地区经济生产总值逐年攀升，与省会城市济南齐头并进，构成了支撑本省和区域经济发展的双引擎。自 2017 年起，青岛市年 GDP 就突破了万亿元大关。2019 年，青岛地区生产总值为 11741.3 亿元，同比增长 6.50%，总量位居山东省第一。

2020 年，受新冠肺炎疫情影响，全国范围内的经济增速均有所放缓。即使面临严峻的外部形势，青岛市当年生产总值仍达到了 12400.56 亿元，占全国生产总值的 1.22%，按可比价格计算，增长 3.7%，表现出了较强的增长韧性。其中，第一产业增加值 425.41 亿元，增长 2.6%；第二产业增加值 4361.56 亿元，增长 3.0%；第三产业增加值 7613.59 亿元，增长 4.1%。

五、产业链完整、结构布局合理，区域经济发展合力大

作为我国北方产业集群的重要支点城市和首批对外开放的沿海城市，青岛市在长期的经济建设过程中形成了完备的产业基础，第一、第二和第三产业均有长足的发展。近年来，青岛围绕传统优势产业，以延链、补链、强链为抓手，打造全产业链的综合竞争优势，形成了包括新一代信息技术、新能源新材料、医养健康、现代金融、现代物流、商贸、商务服务、现代海洋、高端化工、文化创意、精品旅游、现代高效农业、高端装备在内的十三条主导产业链。

在保持各自竞争优势的同时，上述十三条产业链之间的互补和联动进一步创造了发展的合力。以现代海洋业为例，青岛依海而生、向海而兴，奋力经略海洋，建设全球海洋中心城市，是青岛未来重要的发展方向之一。在现代海洋产业内部，青岛形成了以海洋渔业、水产品加工、生物医药、海工装备制造为代表的海洋产业链条。站在青岛整体的角度，现代海洋产业的发展也得到了其他产业链条的大力支撑，并为其他产业链条的发展提供了新的活力：总投资 330 亿元的中国北方（青岛）国际水产品交易中心和冷链物流基地是海洋产业

和现代物流、商贸产业结合的结果；青岛国际帆船周、青岛国际海洋节、凤凰岛（金沙滩）艺术节是海洋产业与精品旅游产业协同发展的结果；全国第一个国家深远海绿色养殖试验区的获批更是海洋产业与现代高效农业和高端装备制造业有机结合的成果。

除了产业链条内部的相互协同和产业链条间的有效配合，青岛市还特别强调辖区内不同区域的配合发展，提出了错位发展、协同发展、优势互补、良性互动的产业布局理念。在青岛的行政区划下，崂山区聚焦在商贸、现代金融服务领域；胶州市在高端装备、现代物流领域全国闻名；平度市在高效农业、高端化工及传统制造业领域占据绝对优势；而黄岛区则在海洋产业和特色文旅方面特色鲜明。这种既分工明确，又协同配合的产业布局进一步增加了区域经济发展的合力，有效地减少了区域内部在招商、投资、经营、竞争等方面的内耗。

六、营商环境持续优化，区域经济发展的外部条件良好

营商环境是影响企业生产经营活动的发生、进行及其成效的外部要素总和，是一个地区综合能力的外在体现，能够全面反映该区域吸引投资多寡和企业数量。对于营商环境的具体构成要素，不同的评价体系下会有差异，本次《研究报告》中采用的"营商环境"定义来自世界银行的《全球营商环境报告》，是指某一个经济体在开办企业、金融信贷、保护投资者、纳税等覆盖企业整个生命周期的重要领域内需要花费的时间和成本等的总和。由于其指标体系较为复杂，计算过程也相对烦琐，故将其放在附录二：青岛品牌经济的营商环境基础中，这里只做总结性的介绍。

首先，总体而言，青岛市营商环境得分处于稳步提升的阶段。从资源环境、经济环境和基础支持三个营商环境的基本组成要素来看，在长期的发展过程中，资源环境是青岛营商环境最大的亮点。这一特征自2019年开始发生了结构性的变化，经济环境开始超过资源环境，成为青岛市营商环境中最主要的优势，这也与青岛的发展历程和发展阶段基本匹配。与此同时，笔者在分析过程

中发现，基础支持因素尽管得分逐年上升，但始终是三大要素中最薄弱的环节，在未来的发展过程中需要引起足够的重视。

更进一步细分的指标显示，在对资源环境维度变化趋势的分析中，青岛市表现出明显的土地资源约束加强，人力资源和环境约束减弱的态势，而生态环境约束力由强转弱。在对经济环境维度变化趋势的分析中，"十三五"期间，营商环境的多数经济环境指标均表现出极大的改善，但也有部分指标得分有一定的回落趋势，特别是经济开放度在2019年有明显的回落，需要引起足够的重视。在对基础支撑维度变化趋势的分析中，尽管总体上青岛市营商环境中基础支撑维度相对薄弱，但在"十三五"期间，改善较为明显，特别是交通设施从处于极端劣势一跃上升为最大的优势。通信设施与公共服务虽然有波折，但是总体仍稳步提升。相较而言，青岛市运营支持得分逐年降低，处于下降通道，应予以重点关注。

七、区域品牌建设成效显著，青岛形象深入人心

青岛是我国传统的"品牌之都"，拥有包括海尔、青啤、海信等在内的知名企业和知名品牌。近年来，青岛市大力实施品牌战略，在国内率先提出实施"标准化+"城市发展战略，围绕品牌创市、品牌提市做文章，围绕"品牌之都""工匠之城"做文章，以名牌产品，驰名、著名商标，老字号等创建为载体，探索走出一条"品牌产品—品牌企业—品牌产业—品牌经济—品牌城市"的特色发展道路，形成了工业品牌带动农业和服务业品牌创建，三大产业品牌协同共进的良好局面，区域品牌经济建设成绩显著。未来，青岛将进一步推动企业"增品种、提品质、创品牌"，并将继续加大对品牌建设的财政资金支持力度、深入开展政府质量品牌工作考核，加强对品牌建设工作宣传、加强对品牌建设工作的顶层设计，建立长效机制，形成分工明确、相互配合的工作格局，进一步提升"中国品牌之都"形象。

为了对青岛的区域品牌形象有一个深刻的认识，《研究报告》做了两个方面的工作：一是通过对统计数量的归纳整理，从区域内部的角度对青岛的区域品

牌建设工作进行了总结；二是利用社会调查，分析了公众对于青岛品牌和青岛形象的感知。这两个部分的具体工作在附录三中列示，这里仅针对公众对青岛的认知，做总结性的介绍。

首先，我们根据社会调查的结果，做了社会公众对青岛区域品牌的认知词云图。

图 4-1　社会公众对青岛区域品牌的认知词云图

资料来源：研究团队社会调查数据

从图 4-1 可以看出，在提到青岛市时，社会公众能够联想到的青岛区域品牌有很多，包括青岛啤酒、海尔、双星、海信、崂山等很多耳熟能详的品牌，而在众多品牌当中，被提及概率最高的 4 个品牌分别是青岛啤酒、海信、海尔、双星。这一方面说明青岛形象在公众感知中是相对统一的，而相对统一的品牌形象无疑有助于青岛区域形象的建立；另一方面，目前公众在提及青岛时首先想到的依然是青岛基于工业时代优势积累下来的传统形象，这容易形成对青岛的刻板印象，不利于青岛新品牌、新形象的建立和城市定位的更新，需要在之后的宣传推广过程中给予充分的重视。

随后，笔者根据对七个城市品牌形象的调研结果，进行了分析，见表 4-1。

样本城市的区域品牌经济发展指数及排名 表4-1

	青岛市	大连市	深圳市	宁波市	厦门市	烟台市	济南市
区域品牌发展指数	77.56	73.59	86.08	68.35	73.67	72.75	70.23
一级指标							
品牌发展基础	72.07	67.12	95.42	73.52	65.76	65.72	72.42
品牌创新水平	68.89	62.58	100.00	68.31	64.47	60.05	69.18
区域教育品牌	82.88	80.52	60.00	66.70	67.77	65.83	95.00
区域文化品牌	72.02	76.45	91.11	71.93	65.30	74.27	61.14
区域旅游品牌	80.93	74.59	80.69	80.19	72.53	69.05	70.52
区域企业品牌	63.47	60.00	100.00	63.93	62.97	62.27	62.91
区域金融品牌	67.14	62.71	100.00	66.25	61.46	60.45	65.55
区域食品品牌	90.47	68.73	64.91	63.21	68.77	87.72	70.35
高新制造品牌	60.65	61.10	100.00	62.68	63.22	60.51	60.16
传统制造品牌	71.33	61.64	100.00	93.88	68.40	60.00	62.03
食品品牌影响	79.37	94.88	65.71	65.93	87.62	96.30	80.62
文化品牌影响	79.77	90.04	75.82	61.54	88.81	99.45	75.51
旅游品牌影响	87.07	98.74	72.47	60.00	90.09	87.92	82.12
金融品牌影响	64.56	61.56	100.00	64.80	79.43	65.79	65.23
教育品牌影响	75.89	88.04	88.44	60.00	100.00	71.16	78.93
传统制造品牌影响	100.00	67.93	82.30	69.38	66.49	68.62	61.49
高新科技品牌影响	99.62	71.53	90.31	70.56	76.36	78.42	60.91

资料来源：研究团队社会调查数据

从城市对比的结果可以看到，在所有的城市中，区域品牌经济发展指数得分最高的是深圳市，达到86.08分，而青岛市的区域品牌经济发展指数打分为77.56分，仅次于深圳，之后分别为厦门、大连、烟台、济南和宁波。结果表明，虽然落后于深圳市的区域品牌经济发展，但是青岛市的区域品牌经济发展在我国各个城市当中已经处于领先的地位。

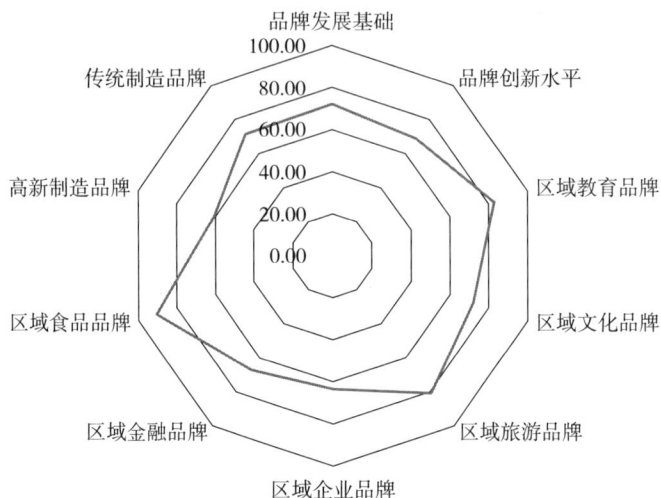

图 4-2　青岛市区域品牌经济发展的宏观指数分析

资料来源：研究团队社会调查数据

　　从青岛市区域品牌经济发展的宏观指数来看，青岛市区域食品品牌的发展优势明显，得分达到了 90.47 分；其次是区域教育品牌发展和区域旅游品牌发展，而在高新制造领域和区域知名企业方面还存在短板（图 4-2）。

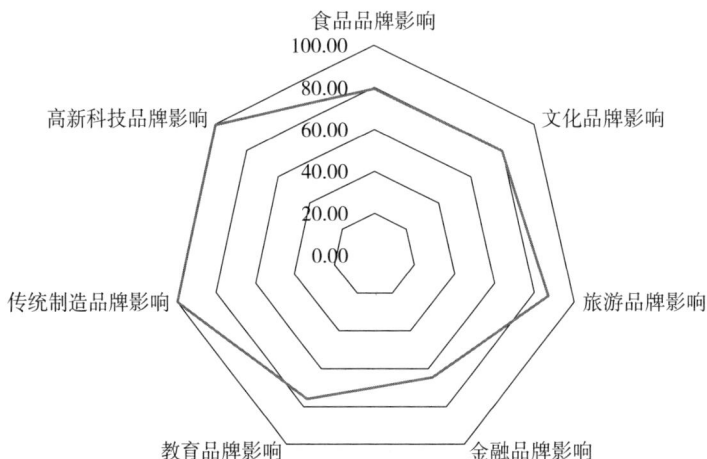

图 4-3　青岛市区域品牌经济发展的微观指数分析

资料来源：研究团队社会调查数据

在青岛市区域品牌经济发展的微观指数方面，虽然青岛市的传统制造和高新制造产业的总体规模并不大，但是在消费者心目中却具有非常高的品牌影响力，微观指数打分分别为 100 分和 99.62 分；此外，青岛市的旅游产业也在消费者心目中具有很高的品牌影响力，微观指数打分达到了 87.07 分（图 4-3）。

第五章

多措并举，优化产业结构，
提升青岛形象

一、政策指引、产业聚集，以城市品牌推进区域经济发展

青岛市发展区域品牌经济拥有得天独厚的优势，首先，辖区内拥有青岛啤酒、海尔、海信、澳柯玛等传统的全国甚至全球知名的大公司、大品牌；其次，节日经济、文旅经济、会展经济、智能制造、工业互联网等新经济模式在辖区内蓬勃发展；再次，青岛地处东部沿海，背靠祖国内陆又与日本、韩国隔海相望，拥有发展内向经济和外向经济的独特区位优势；最后，更重要的一点是，近年来上合示范区、自由贸易试验区、西海岸新区等国家级战略区域先后落地青岛，为青岛的发展提供了战略助力。依托经济基础、区位优势和政策的相互加持，青岛市委、市政府各部门通力合作，制定了一系列立足青岛实际，对经济发展和城市建设具有前瞻性、指引性的地方政策，并将其应用到指导区域经济发展和品牌建设的实践中。这一系列政策的制定和实施，优化了区域的营商环境，重新定位了城市品牌形象，使区域内各产业的竞争力得到很大的提升。

（一）发起十余项攻势，提升区域品牌经济发展新动能

在发展区域品牌经济的过程中，青岛市以习近平总书记"办好一次会，搞活一座城"、建设现代化国际大都市的重要指示和省委对青岛打造山东面向世界开放发展桥头堡的要求，由青岛市委、市政府主要领导带头，聚焦城市发展的重点、难点、痛点、堵点问题，坚持顶格倾听、顶格协调、顶格推进工作机制，发起了推进区域品牌经济发展的十余项攻势。这十余项攻势的主要任务和目标如下。

海洋攻势：依托西海岸新区、蓝谷、高新区等功能区，发挥海洋科学与技术试点国家实验室、中科院海洋大科学研究中心等创新平台作用，打好建设世界一流海洋港口、现代海洋体系等六场硬仗，为海洋强国贡献青岛力量。

品牌链接

中科院海洋大科学研究中心建设项目

该项目为山东省重点项目，位于青岛古镇口核心区，总规划面积2000亩，总投资70亿元，总建筑面积95万平方米，整合中科院13个涉海研究所，打造以山东为总部、辐射全国乃至全球的海洋科技创新和融合创新平台。山东省委领导先后两次带领全省新旧动能转换观摩团到项目观摩并给予高度认可。该项目一期27个单体建筑已投入使用，完成投资超过23亿元。获评"山东省建筑施工安全文明标准化工地""山东省优质结构""第八届全国BIM大赛施工组三等奖""全国BIM技术大赛铜奖""山东省绿色施工示范工地""山东省省级工程建设工法"；"多角度超高清水砖幕墙综合技术"通过省科技成果鉴定，被评为"国际先进"。

"双招双引"攻势：青岛市把"双招双引"作为经济工作的"第一战场"和"一把手工程"，按照集群化发展思路设计产业链，确定了集成电路、智能家电、轨道交通设备、新能源汽车、海洋装备工程等具有比较优势的产业链，探索"招商局＋市场化招商公司"的模式，开展现代产业精准招商。

交通基础设施建设攻势：在市辖区内，打通断头路，畅通主城区以及主城区与各区市交通，形成"半小时交通圈"；在山东省范围内，畅通青岛和周边的烟台、威海、日照、潍坊等市交通，促进山东半岛城市群一体化；在全国和全球范围内，纵向畅通黑吉辽陆海联通南下，横向畅通日、韩向西通往"一带一路"沿线国家和地区的亚欧陆海联运，畅通青岛国际陆海空立体交通大通道。

品牌链接

青岛地铁：建设"轨道上的青岛"

"十三五"时期是青岛地铁发展历史上极不平凡的五年，全市迎来了六线联动的规模化组网运营新时代，"轨道上的青岛"初步显现，运营车站数量突破105座，通车总里程达到246公里，规模跻身国内地铁前10位。2020年，面对突如其来的新冠肺炎疫情，青岛地铁坚持疫情防控、安全生产、复工复产三条主线，保障建设线路有序推进，运营线路平稳运行，各项工作顺利开展，为青岛社会经济发展贡献青铁力量。最高时期6条线、300公里同时在建，5年累计完成投资近千亿元，建成里程234公里，西岸城区、北岸城区正式进入"地铁时代"，基本实现对全市主要交通枢纽的全覆盖。运营能力稳步提升，客流呈现不断增长态势，5年累计安全运送乘客突破5.57亿人次，列车运行指标、设备可靠度等指标均跻身行业领先地位。围绕地铁建设和运营，开展金融、商业、文化、科技、智能维保等多业务布局，逐步搭建起科技、智能维保、规划设计、商贸等新发展模块，业务布局更加全面。

胶州湾第二隧道

胶州湾第二隧道西起青岛西海岸新区淮河东路，向东沿刘公岛路下方敷设，穿越胶州湾，至青岛港附近登陆。工程主线全长17.5公里，其中隧道长14.36公里（海域段9.95公里+陆域段4.41公里）；项目估算总投资额171亿元，其中工程建设费用约120亿元，总工期72个月，由青岛国信负责建设。第二隧道建成后将成为世界第一长的公路海底隧道和世界规模最大的海底隧道。

胶州湾第二隧道是联系胶州湾东西两岸的重要快速客、货运通道。项目将有效均衡市域交通路网结构，构建完善的"大青岛"全天候跨海交通体系；满足两岸日益旺盛的过湾交通运输需求，促进重要功能组团发展，进一步拓展青岛城市发展空间，助推青岛蓝色经济。青岛国信于2012年正式启动并积极推进青岛胶州湾第二隧道的前期论证工作，2020年7月取得项目特许经营权，10月29日正式开工建设。

科技隧道：隧道建设攻克了水文地质异常复杂、覆盖层薄、开挖断面大等世界性难题，创造了整体规模、建设进度、单位造价、技术标准等六项全新纪录，在14项技术运用上开创了世界海底隧道建设史上的先例。

国标隧道：主导编修了我国公路隧道运营行业安全标准——《交通运输企业安全生产标准化建设基本规范——公路隧道运营企业》，率先完成安全标准化一级达标，被国家交通运输部授予"安全生产标准化创标试点示范单位（公路隧道运营一级企业）"。

智慧隧道：自主研发了国内首个互联网不停车智慧通行系统——"国信隧e通"，先后荣获两项国家授权发明专利、一项国家实用新型专利和多项软件著作权。自2016年12月19日上线以来，累计注册用户突破30万，通行量近800万车次，实现了从人工缴费到不停车收费再到移动无线支付的跨越，开启了胶州湾隧道互联网移动支付新时代。

以组织振兴统领乡村振兴，探索土地规模化经营、村庄布局调整、土地资源整理、美丽乡村、田园综合体建设与乡村"五个振兴"统筹推进机制，吸引工商资本进农村，通过土地规模化、组织企业化、技术现代化、服务专业化、经营市场化推动农业现代化。

品牌链接

瑞源集团：打造乡村振兴的齐鲁样板

瑞源集团贯彻乡村振兴战略，在农业机械、粮食种植、地方农业特色开发等方面均有所建树。2011年，瑞源集团投资合作成立了集研发、生产、售后环节于一体的青岛市首家农业机械制造企业——九方泰禾公司，全面探索耕、种、管、收、烘干、秸秆处理六大关键技术；自主研发数十种农机产品，其中"迪马"品牌多款农机产品荣获2020年全国销量冠军，有效提高了农业产能；集中开发了甘肃、新疆、宁夏、陕西、呼和浩特以西内蒙古地区市场，并逐步扩容"一带一路"沿线国家农机贸易和农事服务、技术合作与输出。

瑞源集团与袁隆平海水稻团队合作，在全国部分区域开展滨海盐碱地稻作改良示范项目。2019年，集团出资1950万元，在新疆阿克陶县"丝路佳园"异地扶贫搬迁点完成了近千亩盐碱地稻作改良农田及数字化农业基础设施建设，重点开展海水稻种植、盐碱地改良、智慧农业及稻米深加工等一系列工作，并积极开展耐旱碱性作物的培育和研究，构建新型"企业—农业合作社"精准扶贫模式。2020年，瑞源集团创立了中仓农业公司，在海青镇流转土地2000亩，周边合作种植35000亩，布局农业标准化种植，搭建从田间地头到餐桌的现代农业供应链体系。

此外，瑞源集团成立青岛市首个"社企联建"试点单位，定点帮扶西于家河社区，大胆开拓企业发展与新型农村社区建设"双赢联动模式"。充分发挥党建引领作用，帮助社区转变发展模式，拓宽经营模式，壮大集体经济，实现社区自我完善与长效双赢。同时，将"社企联建"经验推广到"精准扶贫"工作中，投入建设资金和扶贫资金200多万元，为省内外扶贫村庄提供了10余个行业的数百个工作岗位，以实际行动助力脱贫攻坚战的胜利。

突破平度莱西攻势：举全市之力让大项目特别是先进制造业大项目在平度、莱西落地。支持两地市场发挥优势，发展现代农业，推进农业产业化项目建设。改善提升高铁、国省干线等交通条件，缩短两市与主城区交通时间距离，促进区域协调发展。

品牌链接

海信：青岛企业的家国情怀

2012年，为了落实青岛市委、市政府的要求，支持青岛本地产业发展，海信将冰箱生产基地搬迁至平度。2013年8月，海信投资建设了占地面积1214亩且拥有近30万平方米厂房的海信（山东）家电产业园，又将南方基地的出口生产迁移至平度。自此，平度生产基地成为海信在国内最大的家电制造基地。

2017年，崔家集镇为全面提升学前教育实施水平，拟在当地规划建设一所符合标准的公办中心幼儿园。经了解，崔家集镇驻地附近9个村的幼儿分散在5个村幼儿园上学，且这5所幼儿园存在房屋年久失修、门窗破旧、户外活动场地狭小、师资力量不足、安全隐患大等诸多问题。了解到情况后，海信向镇中心幼儿园捐赠了空调、电视、冰箱、冷柜等电器71台，价值26万余元，以提升幼儿园的基础设施建设水平，给幼儿园的孩子们提供一个舒适、良好的学习环境。

2019年6月，为积极响应和配合青岛市委、市政府"突破平度莱西攻势"在平度落地，加大对平度市的帮扶力度，海信克服困难将产能转到平度，并追加投资1亿元增加了波轮、滚筒洗衣机生产线各一条，投产后年增加产能约210万台，新增产值约15.1亿元，新增税收约3000万元。另外，海信还将部分商用冷链业务转至平度，并且拓展了专业医疗柜、深冷柜产品，年增加产能约40万台，产值约9.6亿元，税收约1900万元。

此外，海信继续在平度扩大产能，2019年，海信平度家电产业园销量实际增长54.6万台，收入增长4.03亿元，税收增长1753万元。

2020年1月，海信集团开展精准帮扶，向对口帮扶的平度崔家集镇贫困村捐赠电视20台、洗衣机15台共计6万多元，帮助村中重度残疾、低保户和90岁以上的老人改善生活条件。2020年6月，海信集团向平度市崔家集镇人民政府捐赠资金200万元和30万元家电物资，定向用于该镇中庄幼儿园建设项目。

据不完全统计，海信在平度累计固定资产投资额已达30多亿元，共计纳税27.68亿元，为平度的财政税收、劳动就业以及平度的经济发展做出了巨大贡献。

国际航运贸易金融创新中心建设攻势：青岛市围绕中国—上海合作组织地方经贸合作示范区建设，打造对外开放新高地。在航运方面，支持青岛港做大做强，加快由运输港、物流港向贸易港、中转港转变，建设世界级的港城；在贸易方面，积极引进更多世界和全国性贸易企业注册落户青岛，面向全球展开合作布局；在金融方面，引进更多银行和非银行金融机构，引进更多金融新业态、新模式、新产品，打造财富管理金融综合改革试验区，支撑航运贸易中心建设。

品牌链接

中创物流：引领港口物流信息化建设

中创物流以青岛为起点，依托在北方各个主要口岸积累的长期客户资源和规模优势，凭借货运代理、集装箱综合场站、船舶代理、沿海运输及项目大件物流五大业务板块之间的业务协同性，已发展成为国内沿海港口集装箱及干散货等多种货物贸易的一站式跨境综合物流服务商，业务范围覆盖进出口物流链的各个环节。2019年，中创物流登陆资本市场。

在物流智能化方面，中创物流持续推进人工智能、OCR技术、IPA技术在货运、船代、场站、财务管理等板块应用，通过智能算法和智能调度进一步提高了工作效率。公司自主研发的综合物流服务平台，不仅实现了内部船代、货代、堆场、仓库、支线海运等业务数据的联动互动，同时打通了外部客户、船东、港口、海关、银行、税务等上下游相关环节，为客户提供了线上下单、线上跟踪、线上开票、线上支付的一站式在线服务平台。

在智能装备方面，中创物流不断研究和创新，自主设计和研发了多种智能化系统，在操作无人化和客服自助化方面取得了诸多成果。通过自主研发，中创物流取得了四项国家专利及二十七项软件著作权，并自主研发和建设了智能闸口、三维测绘无人机、自助缴费终端、自动探路系统、海运AGV[①]智能仓等多项行业内首创的物流装备和系统。

在网络货运平台方面，中创物流打造的"智慧物流技术创新中心"已建设完成并对外开放。该中心搭建了分拣、码托、搬运、立体存储、密集存储等多种物流场景，使用AGV、巷道机、四向穿梭车、机械臂、无人机、工业相机、5G、物联网传感器等多种硬件装备，并应用数字孪生、人工智能、调度算法等软件技术，实景模拟和展示了智能仓储的作业场景。

"高端制造业＋人工智能"攻势：以青岛汽车制造、新能源汽车、轨道交通、船舶海工、机器人、电子信息等具有一定优势的高端制造业为基础，以人工智能技术为其赋能，推动产业转型升级。目标是突破发展新一代人工智能技术，加快推进5G应用与产业发展，打造全球智能家电产业集群和国内领先的微电子产业基础，在制造业领域培育一批示范企业，保持青岛制造业的领先地位。

品牌链接

易来智能：品质生活的引导者，智能制造的践行者

相较于传统照明品牌欧普照明、雷士照明和阳光照明，易来智能是国内最早进入智能照明领域的企业，专注于物联网技术、照明控制技术、无线通信技术和先进照明材料的研究开发，拥有完整的智能照明产品线，包括家居照明、台上照明、氛围照明以及智能控制系统。

智能制造是易来智能的核心战略。公司具备在光学、硬件设计、嵌入

---

① AGV 是 Automated Guided Vehicle 的缩写，意即"自动导引运输车"。

式系统、通信系统、智能手机App、云平台等方面的综合技术研发能力及优势，掌握了多项智能照明的原创关键和特色技术，例如在智能电源和系统控制技术中的SLiX混光算法技术、SLISAON凌动技术、UDDT深度调光技术、UGSL超低功耗待机技术、前向投光技术，以及智能设计的SaaS[①]服务。公司充分利用中国高效优质的供应链，持续探索先进制造对硬件制造的影响，积极导入工业互联网最新技术，打造高效率、高安全性、高灵活性的现代化、世界级制造基地，形成智能照明产品、专业照明透镜、智能照明控制系统、智能电源合一的生产制造和品质管理体系，打造智能制造能力。

推进国有企业改革攻势：根据国家国企改革的大政方针，利用青岛区域性国资国企综合改革试验区的窗口，加速青岛国有资本和国有企业的改革步伐，优化国资布局，提升国有资产保值增值的能力。加快由管企业向管资本转变，调整优化监管方式，探索政府管资本、投资公司管股权、混改机制管运营的国资监管改革框架，充分放权、赋权给企业。积极推进市属企业集团混合所有制改革，在提高国有资本效率的同时，为社会资本拓展空间、提高效率。优化调整国有资本布局，推动资源向优秀企业、优势产业集中，引导企业聚焦产业发展。

壮大民营经济攻势：创造性落实党中央关于支持民营经济发展的重要指示要求，特别是解决好企业融资难、融资贵问题，全面降低企业制度性交易成本。创新激活民营企业活力的机制，有的放矢加大扶持力度，既找准"部位"更找准"穴位"，以更加精准的举措，推动民营经济形成"狼群"发展局面。组建青岛市民营企业服务中心，维护民营企业及其经营者的合法权益。建立完善行业协会运行体制机制，发挥好行业协会招商引资、产业推动、政策解读等职能。

科技引领城建设攻势：大力发展创业投资，用资本的力量推动人才聚集和

---

① SaaS，是 Software-as-a-Service 的缩写，意思是软件即服务，即通过网络提供软件服务。

技术研发。推动经济功能区建立"管理委员会＋公司"模式，以行业龙头企业为平台整合产业链，形成产业链、资本链、技术链、人才链四链合一。充分发挥青岛蓝谷、国际院士港和高校、科研院所等创新平台作用，聚集创新要素、创新资源。

城市品质改善提升攻势：按照现代化国际大都市的目标，提升完善城市品质和功能，实现城市产业空间拓展、城市功能完善、土地集约利用、市民方便宜居四个目标一个过程完成的城市建设管理运行模式，让城市设施更完备、交通更顺畅、环境更优美，让市民生活更便捷、居住更舒适、感受更温馨。

品牌链接

青岛大剧院：文化航母、百年符号

青岛大剧院是青岛公共文化设施的标志性建筑，占地面积6.6万平方米，总建筑面积8.7万平方米，总投资11.06亿元，是青岛市目前功能最全、规模最大、档次最高的综合性剧院，具备接待世界一流艺术表演团体演出的条件和能力。

青岛大剧院秉承"艺术的殿堂、人民的剧院"宗旨，承接了青岛市约70%的高端文化演出活动，年均300余场演出，接待观众25万人次。

作为青岛城市现代艺术的重要载体，青岛大剧院圆满完成了国内外重大演出活动的开闭幕式接待保障工作，成为青岛对外文化交流和合作的重要窗口。

青岛大剧院创造性地运作了"青岛大剧院艺术节""崂山艺术讲堂"等一系列特色鲜明的公益文化品牌，同步开启了城市文化惠民的新乐章。

国际时尚城建设攻势：推动形成多元文化交汇交融，成为创新思想的策源地，吸引全球青年群体来青岛体验、工作、生活。大力发展时尚产业，推动文化、旅游、体育、休闲度假等整合发展。推进创意青岛建设，创新城市营销，增强城市感召力。厚植兼容并蓄的城市特质，涵养热情开放大气的市民气质，让城市散发出海纳百川的人文魅力。推动生态环保成为时尚，保护好城市的生态环境、美丽海岸线、蓝天碧海。

品牌链接

亿联集团：打造东方时尚中心

亿联集团始建于1975年，旗下拥有亿联建设、亿联置业、亿联科技、中纺亿联、亿联生物等多家子公司，其中中纺亿联已成为青岛时尚品牌标志。

中纺亿联以"生活美学传播者"为愿景，以"织梦中国创造、时尚创意生活"为企业使命，以"服务时尚产业、引领时尚生活"为战略指导，从2013年开始超前规划建设全国范围内第一批时尚创意产业园区——东方时尚中心及北京时尚秀场，实现北京、青岛两地时尚产业资源互补和协同发展，至今已成为青岛市乃至山东省时尚产业最聚集、文化创意最统一的产业园区。

东方时尚中心，由中国纺织工业联合会、青岛西海岸新区管委、中纺亿联时尚产业投资集团联合打造，是山东唯一一个以时尚创意设计为主导的产业园区，致力于以"艺术引领，科技赋能"为手段，打造"创意灵感的探寻地、流行趋势的发布地、时尚文化的体验地"。

中纺亿联以载体搭建、产业服务、产业投资等为主要业务，构建时尚创意一体化全生态产业链。

一是时尚创意产业载体搭建及运营服务。围绕以原创设计交易全环节+泛时尚产业的物理空间需求，以"艺术、时尚、科技"为三大主题，以打造智慧型·全体验时尚创意产业生态圈为目标，规划落地各产业载体、项目载体，打造国际范的时尚创意产业新地标。

二是原创设计产业服务。围绕原创设计交易核心，将企业咨询、产品策划、数字营销、渠道拓展、智能设计、柔性快反等方面优质资源方链接起来，进行信息共享和业务协作，着力打造新旧动能转换新引擎。

　　三是产业投资。围绕助力纺织服装服饰设计交易产业链，中纺亿联成立了时尚创业产业投资基金，与政府文投基金、国内知名投资机构、创投公司深度合作，重点投资设计创意产业孵化项目以及艺术教育、工艺美术、数字科技、动漫等相关泛时尚领域，凝心聚力打造时尚产业服务平台，推动时尚产业加速裂变成长。

　　中纺亿联集团未来将围绕时尚创意产业专业运营服务商的定位，持续聚焦整合时尚创意产业核心资源，构建以设计创意为核心的时尚创意产业价值链系统，创新时尚产业运作模式，引领时尚消费潮流，推动国内时尚创意产业不断创新升级、做大做强。

　　高效青岛建设攻势：营造人人都是发展环境的社会氛围，全面优化发展环境。打好优化营商环境、审批提速增效、推进依法行政、建设诚信政府四大战役，全面对标上海、深圳，提高政务服务效率和水平。彻底清理因政府违约导致的各种纠纷，推进社会各界讲法治、守规则，让社会运行更有效率、充满活力，形成和谐有序的环境和氛围。

品牌链接

"便捷青岛"：智慧城市的综合服务平台

　　2018年10月25日，国信集团自主研发的青岛市综合支付云平台"便捷青岛"正式上线。刷脸支付、生活缴费、社保服务、智慧出行四大便民功能正式开启。"便捷青岛"综合支付云平台按照第三方支付标准建设，在国内城市级市民服务中处于领先行列，是国内推动智慧城市与智慧社会建设的标杆项目。

　　便民——一个App解决市民一生所需：依托"便捷青岛"平台，青岛市将进一步实现社会资源整合与共享，打通交通、商务、文旅、教育、医疗、政务、社保七大领域，150余个应用场景，最终实现市民仅携带一部手机甚至不用携带任何物品就能够满足日常生活支付所需。

优政——一个App优化政务心之所系：平台将依靠积累的海量政务数据与市民数据，以数据的共享、融合为核心，深化数据分析，释放数据价值，为政府科学决策提供准确、全面、高效的一体化信息支撑。

兴业——一个App撬动智慧产业发展之力：平台将进一步衍生出数据分析、征信管理和信息通信等关联产业，形成以便捷支付为核心的云计算、物联网等智慧产业链式发展新局面，推动青岛市产业结构调整和新旧动能转换。

"平安青岛"建设攻势：落实国家总体安全观，始终把维护国家政治安全特别是政权安全、制度安全放在第一位。纵深推进扫黑除恶专项斗争，创新社会治理，保障和改善民生，切实加强安全生产工作，为市民打造一个平安、祥和的工作环境、生活环境、心理环境。

在十余个攻势确定后，青岛市由各攻势牵头市领导、相关部门主要负责人及团队，以科学精神、世界眼光、一流水准、严肃负责的态度对方案进行精细设计、反复论证和修改，最终形成行动方案。

随后，为使全市上下快速厘清每个攻势干什么、为什么、怎么干，在思想认识上形成高度共识，提高政策执行力，青岛市以现场答辩的形式对十余个攻势作战方案进行研究论证。现场答辩会议由市委书记或市长主持，牵头市领导以及牵头部门主要负责人和主要起草人作为答辩人，"评委席"包括副市级以上领导、市直部门主要负责人和受邀专家学者。答辩中，主答辩人借助PPT演示，汇报攻势作战方案的具体内容，随后主、副答辩人接受台下提问，对大家所提问题逐一作答或给予回应。在互动交流、观点碰撞中，方案得以完善，也使政策制定的过程成为统一思想、完善提升的过程。

公开答辩后，各攻势的主要负责人和主要起草人认真吸纳意见建议，修改完善作战方案，经市委、市政府研究通过后，由市政府办公厅以《×××攻势作战方案》的形式正式发文，并在媒体上公开发布。每个攻势方案都成立领导专班，明确年度工作目标，拿出进度时间表，狠抓落地落实。

市人大、市政协等也将组成十余个组，跟踪调研督导，及时了解报告十余个攻势的进展情况。每年市"两会"前以答辩形式对各个作战方案的落实情况进行质询，把人大依法监督、政协民主监督、新闻舆论监督、社会群众监督统一起来，推动公共政策从制定到落实的全过程公开透明。

自 2019 年十余项攻势发起以来，根据前一年度的工作成果和发展过程中出现的新问题，十余项攻势的年度工作目标也在不断地进化，到 2021 年，已经推出了"3.0 版本"。

科学规划、重点聚焦、任务明确、权责清晰的专项计划带来了立竿见影的效果。截至 2020 年，青岛全市海洋生产总值增长 3.9%，海洋产业固定资产投资增长 5.7%。前三季度新签约涉海项目 57 个，计划总投资 1587 亿元，其中 200 亿元以上项目 3 个。2020 年 1 ～ 6 月份，全市新设立外资企业 408 家，实际使用外资 29.4 亿美元，总量位列山东省第一，占山东省 45.6%，占全国 4.3%；实际到位的重点内资项目 425 个，到位资金 952.8 亿元，同比增长 10.8%；新签约 5 亿元以上重点项目 218 个，同比增加 5.8%，计划总投资 4457.4 亿元，其中已注册落地项目 63 个，注册落地率 28.9%；聚集各类人才 9.25 万。交通基础设施建设 24 项目标任务全部完成，一批重大交通基础设施投入使用，2020 年 1 ～ 11 月交通基础设施建设完成投资 513.4 亿元，同比增长 4.10%。2020 年新华·波罗的海国际航运中心发展指数全球排名，青岛位居全球第 15 位，中国北方城市第 1 名。1 ～ 11 月，完成货物吞吐量 5.55 亿吨，同比增长 4.94%，集装箱吞吐量 2001.23 万标箱，同比增长 4.02%；完成集装箱海铁联运量 155.8 万标准箱，同比增长 22.5%，持续保持全国首位。外贸进出口总值 5719.6 亿元、同比增长 7.5%，出口 3425.9 亿元、增长 13.1%，进口 2293.7 亿元、增长 0.2%。本外币贷款余额达到 20986.2 亿元，同比增长 15.4%，新增贷款达到 2776.3 亿元。前三季度，规模以上工业"7+N"重点产业增加值同比增长 4.5%，占规模以上工业比重达到 78.1%，拉动规模以上工业增长 3.5 个百分点，贡献率达到 76.6%。

（二）聚焦十三条主导产业链，形成区域品牌经济集群优势

新一代信息技术、新能源新材料、医养健康、现代金融、现代物流、商贸、商务服务、现代海洋、高端化工、文化创意、精品旅游、现代高效农业、高端装备十三条产业链是青岛的主导产业链。为了形成青岛区域经济的优势产业集群，青岛市委、市政府围绕"延链、补链、强链"做文章，采取了一系列举措进一步加强区域经济的集群优势，为青岛区域品牌建设提供了坚实的产业基础。

在工作机制上，青岛市创造性地建立了"五个一"工作协调机制——每条产业链由一名市级领导牵头，一个专班推进，一个智库支持，一个协会搭台，一组银行助力，为十三条产业链的快速崛起营造良好的生态。自2020年起，美锦氢能科技园、上海电气风电产业园、钢研新材料、集成式智能传感器、惠科半导体等一批重大项目的落地，很大程度上改写了青岛的产业版图。

品牌链接

国恩科技：材料科技的领跑者

青岛国恩科技股份有限公司成立于2000年12月，于2015年在中国A股上市，是国家首批高新技术企业。公司自成立以来，在新材料领域精耕细作、全力打拼，逐步完成了"通用材料改性化、改性材料高性能化、特种材料低成本化"的战略发展模式，走出了一条从前端粒子到中间合成到末端制品的纵向一体化发展之路。

全球新冠肺炎疫情暴发以来，国恩科技凭借深厚的技术基础，在短时间内研发了口罩用熔喷聚丙烯专用材料，形成年产15000吨高性能熔喷布的一体化生产线并迅速推向市场，充分缓解了国内防疫物资缺口，以切实行动支援了国家防疫工作，子公司益青生物作为防疫药品重要供应商，在疫情期间加班加点，全力进行防疫物资的生产及供给，满足下游药厂需求，为抗击疫情奉献自己的力量。

近年来，国恩科技充分利用资本市场，全力打造以"新材料纵向一体化专业平台"为核心发展战略，以新材料研究和工程化应用为核心，以轻量化材料板块和功能性材料板块为两翼，全面推动新材料应用领域业务的协同发展。公司在广东、浙江、深圳、四川、河南、江苏、青岛总部等地设有多个生产、营销基地，拥有国恩熔喷产业、国恩复材、国恩体育草坪、国恩塑贸、国骐光电、国恩专用车、广东国恩、益青生物八大业务板块，分别从事大健康与医用防护材料、高分子改性材料、可降解材料、先进高分子复合材料、人造草坪、塑胶跑道、FRP平板、专用车及模块化房、光学（膜、片）材料、空心胶囊的研发、生产和销售。2019年，公司实现营业收入50.69亿元，同比增长36.12%，实现利润4.56亿元，同比增长26.49%，实现利税5.4亿元；2020年，公司实现营业收入71.81亿元，同比增长41.66%，实现利润8.50亿元，同比增长86.51%，实现利税10.32亿元。

在发展思路上，青岛市逐条对产业链如何延链、补链、强链进行分析，研究产业链上需要招引、培育的环节，制定有针对性的政策。特别是针对引擎性项目、关键配套项目的招引储备，在关键"穴位"下足功夫。同时，进一步加大对"四新"经济项目的储备力度，从成长性、引领性和未来价值产出对各项目进行立体评价。

在重点发力项目"双招双引"上，青岛市采用"顶格战法"，各级"一把手"在项目招引一线，参加推介会、策划大项目、开拓项目源，顶格协调解决项目签约、落地、开工、建设中存在的问题。不断深化推进社会化招商、以商招商、产业链招商，发动行业商协会、中介机构等招商力量，组建更多社会化、市场化、专业化的招商公司，利用好招商资源信息化社交平台和"双招双引"重点项目调度平台。

在推进项目落地开工上，青岛市对签约的每一个项目，都压实责任，全程都有专员跟踪服务。建立起了重点项目审批核准快速通道，相关部门以联席会议制度推动项目立项、用地、规划、环保、施工许可等手续快速办理。完善"要素跟着项目走"机制，强化资源要素统筹，提升项目落地开工建设效能。以建设济青烟国际招商产业园为契机，加快实施"标准地"改革。

在项目的督导落实上，青岛市建立了年度重点任务责任清单，明确时间表、路线图、责任制和奖惩措施，全面落实十三条产业链统计监测制度，跟踪掌握重点产业发展质量，随时发现问题，随时采取针对性措施解决。

在"工业互联网＋项目"建设上，青岛市以海尔卡奥斯的产业互联网平台为依托，帮助产业项目与工业互联网深度融合。每一条产业链上的核心企业都要与卡奥斯共建产业互联网平台，通过打造一批具有行业竞争力的细分领域产业互联网平台，快速形成规模并占领市场。

行之有效的措施带来了丰硕的成果。2020年，青岛市十三条主导产业链均取得了长足的发展。力神（青岛）新能源有限公司、科大讯飞未来港、宸芯科技有限公司等高新技术企业先后落户青岛，钢研、有研、国家橡胶与轮胎工程研究中心等新材料科研院所落户市北区，隆海·胶州青年湖文旅医养健康项目、华润高端干细胞医药项目、法国SOS丝路国际医养中心项目、国际生命科学产业园项目、空港新城养老院等重点健康产业项目落户胶州，国际财富管理中心城市、世界创投风投中心建设成效显著，青岛成为继北京、天津之后北方第三个拥有公募基金管理公司的城市……一系列成果的取得有力地支持了青岛的区域经济建设和区域品牌形象的升级。

（三）加强国际合作，创建新型国际化都市和海洋名城

青岛地处东部沿海，依托内陆，邻近日本、韩国，是我国北方重要的沿海城市和港口城市，独特的区位优势使青岛在利用内资、吸引外资、构建内外贸易双循环和打造全球海洋中心城市、国际门户枢纽城市的过程中拥有得天独厚的优势。对这一系列优势的有效利用和卓有成效的工作也为青岛区域品牌形象赋予了高效、开放、国际化和海洋经济领导者的新内涵。

1. 落实开放发展理念，推进国际城市战略实施

为全面落实党中央关于树立开放发展理念、加快构建开放型经济新体制的部署，不断增强城市整体实力和国际竞争力，青岛市委、市政府于2016年2月下发了《青岛市落实开放发展理念，推进国际城市战略实施纲要》（青发〔2016〕9号），对标伦敦、日内瓦、上海、深圳等国内外先进城市，从战略、战役、战术三个层面协调推进国际城市战略，努力提升青岛经济、文化、社会、生态文明和城市发展质量。

《实施纲要》制定的发展目标为：到2021年建党100年时，着力打造国家东部沿海重要的创新中心、国内重要的区域性服务业中心和全球领先的海洋发展中心，基本建成具有国际影响力的区域性经济中心城市；到2049年新中国成

立 100 年时，迈入经济发达、文化繁荣、环境友好、宜居幸福的区域性国际城市行列，在经济、文化、社会等方面与国际接轨，成为知识和技术的区域性国际创新中心、生产要素的区域性国际配置中心、信息资源的区域性国际交流中心，成为具有较强世界影响力的新型国际湾区都市。

《实施纲要》将国际城市战略分为基准启动期（2016 年）、实施展开期（2017—2021 年）和中远规划期（2022—2049 年）三个发展阶段，明确了建立国际城市规划建设标准体系、打造国际城市现代服务功能体系、提升国际城市现代产业综合实力、提升国际城市现代文明水平四项主要任务，并从统筹协调、宣传推介、人才培训交流、推进落实四个方面给予了制度保障。

配合《青岛市落实开放发展理念，推进国际城市战略实施纲要》，青岛市委、市政府办公厅先后印发了《青岛市推进"国际化 +"行动计划（2016—2017 年）》《青岛市推进"国际化 +"行动计划（2018/2019 年）》《青岛市推进"国际化 +"行动计划（2020/2021 年）》，将《实施纲要》的主要任务按年度拆分，逐项推进。

与《行动计划》相对应，青岛市还先后出台了《国际城市对标手册（2016—2017 年）》《国际城市对标手册（2018—2019 年）》《国际城市对标手册（2020—2021 年）》，对《行动计划》中所涉及的需对标学习的国内外先进城市条目相关案例进行汇编整理，通过借鉴国际经验，探讨青岛建设国际海洋名城的标准和路径。

2. 内外并重，多角度提升招商引资能力

在市场经济条件下，外部投资进出市场对于区域经济的发展有着重要的意义，作为区域经济主导者的政府，做好招商引资工作，使外部项目和资金落户本地，形成固定资产，有利于增加税源和财政收入，有利于利用外部企业的资金、技术、管理和营销能力，带动当地产业的发展。外部企业的进入对于提升当地经济总量、优化经济结构、构建外向型经济、扩大就业和维持社会稳定都具有重要意义。我国各地政府都高度重视招商引资工作，青岛市亦如此，为了提升招商引资工作成效，青岛市成立了专门的"招商引资招才引智指挥部"，围绕吸引外资、利用内资、创建总部基地三个方面展开了有针对性的工作。

在吸引外资方面，青岛市独特的地理位置和区域优势为吸引外资提供了极大的便利。为了进一步增加青岛对外商投资企业的吸引力，提高招商引资的能力，2020年1月，青岛市商务局发布了《青岛市促进境外投资者来青投资奖励政策实施指引》（青商资字〔2020〕1号），对在青岛已完成商务备案（审批）、工商注册和税务登记，符合产业政策导向，具有独立法人资格，依法经营的外商投资企业依法给予奖励。对新项目和增资项目，按实际投资额给予奖补，最高奖励1亿元人民币。对在境外证券交易所上市并融资，且实现资金调回1000万美元及以上的企业，一次性补助500万元人民币。境外投资者以已分配利润在青岛市直接投资设立外商投资企业，按其当年实际外资金额的2%进行奖励，最高奖励1亿元人民币。对世界500强企业、全球行业龙头企业新设（或增资）年实际外资金额超过1亿美元的制造业项目，以及新设年实际外资金额不低于3000万美元的新一代信息技术、智能装备、生物医药、新能源、新材料等先进制造业项目，按"一项目一议"方式给予重点支持。

在利用内资方面，青岛采取了内资和外资并重、新建项目和扩建项目并重、投资方和引荐方并重的方针，进一步提升招商引资的效率。2020年2月，青岛市商务局发布了《青岛市促进社会化专业招商引资奖励政策实施指引》（青商办字〔2020〕11号），对引荐符合青岛市新旧动能转换发展方向的重点行业领域新项目，并实质性促成项目落户的社会组织或个人给予奖补。对新引进外资项目的引荐方，按实际到账资金对引荐方进行奖励，最高奖励2000万元人民币。对内资项目总投资额达到1亿元人民币及以上，年实际形成固定资产投资达到5000万元人民币及以上的，以固定资产投资额的0.6%对引荐方进行奖励；没有形成固定资产投资，年注册资本金实际到账达到5000万元人民币及以上的，按实际到账资金的0.1%对引荐方进行奖励。对引进境内世界500强企业投资项目的，按年实际到账资金的1.5倍系数对引荐方进行奖励。总投资人民币1亿元及以上、10亿元以下的，最高奖励100万元人民币。

在总部基地建设方面，2020年7月，青岛市招商引资招才引智指挥部发布《青岛市鼓励总部企业发展若干政策》（青招字〔2020〕5号），对在青岛新设、增设企业总部的企业给予财政奖补和政策支持。对新注册的总部企业，按实缴注册资本的高低，给予1000万元至4000万元一次性补助；对在青岛市新注册设立或新引进且经认定为总部企业的，自认定之日起按照认定后第一个完整年度所产生地方财政贡献总额给予补助；总部企业对产业链引进的总投资超过1亿元、5亿元、10亿元的产业链上下游关键配套项目，分别给予引进企业30万元、50万元、100万元的奖励；总部企业首次入选"世界500强""中国500强""中国软件100强""国家规划布局内重点软件企业""山东100强"的，分别给予1000万元、300万元、200万元、200万元、100万元奖励；对年营业收入首次超过500亿元、100亿元、50亿元、30亿元的总部企业，分别给予经营者100万元、50万元、30万元、20万元奖励。对总部企业中符合青岛市人才政策规定条件的专业人才，在办理居留和安家落户、职称评审、子女就学、住房、医疗保障等待遇方面，可申请享受青岛市引进人才的相关优惠政策。按《山东省总部机构奖励政策实施办法》获山东省认定的青岛市总部企业，一次性奖励500万元。

3. 建设东亚海洋合作平台，打造国际海洋名城

2013年10月至2015年11月，李克强总理分别在文莱斯里巴加湾、缅甸内比都、马来西亚吉隆坡出席了第十六次、十七次、十八次东盟与中日韩（10+3）领导人会议。李克强在第十六次会议上提出，要深化各领域合作，中方将考虑建立东亚海洋合作平台[1]；在第十七次会议上提出，要密切地区互联互通，互联互通是区域合作的基础。中方愿出资3000万元人民币建设好东亚海洋合作平台[2]；在第十八次会议上提出，要提升互联互通水平，中方正加紧建设东亚海洋合作平台，将推动海上联通、海洋科研、人才培训等合作，欢迎各方参与[3]。

青岛市作为东亚海洋合作平台的核心，具有得天独厚的经济优势和区位优

---

[1] 李克强：《在第十六次东盟与中日韩（10+3）领导人会议上的讲话》，《人民日报》2013年10月11日第3版。

[2] 李克强：《在第十七次东盟与中日韩（10+3）领导人会议上的讲话》，中华人民共和国中央人民政府官网，2014年11月14日。

[3] 李克强：《在第十八次东盟与中日韩（10+3）领导人会议上的讲话》，中华人民共和国中央人民政府官网，2015年11月22日。

势，重点规划了"一谷两区"三大海洋经济新区的建设，即青岛蓝色硅谷、西海岸经济新区、红岛经济区。青岛先后与日本、韩国、越南、菲律宾、泰国、印度尼西亚、马来西亚等国家的16个城市建立了友好关系，在物流、旅游、环保、文化、体育等领域开展长期的合作。日本、韩国、泰国在青岛设有总领事馆，日本、韩国、东盟与青岛的贸易额分别达到85.5亿美元、78.9亿美元和98亿美元，其中东盟各国在青投资项目达680个，合同外资30.5亿美元，青岛对东盟投资项目95个，总投资7.4亿美元。

为落实东亚海洋合作平台的建设工作，青岛市由海洋发展局牵头，会同国家海洋局、山东省人民政府、青岛黄岛（西海岸）新区先后制定了《东亚海洋合作平台建设规划（2015—2020）》《东亚海洋合作平台建设工作方案（2015—2020）》等政策性文件，明确了建设东亚海洋合作平台，畅通中、日、韩与东盟合作（10+3）主渠道，提升互联互通水平，推动东亚、东盟地区在海洋经济、海洋科技、海洋环保与防灾减灾、海洋人文等领域多层次国际务实合作，打造东亚国家的公共外交平台，维护区域海上和平安全，共谋海洋经济繁荣发展，促进各国合作共赢，打造海上丝绸之路经济发展新引擎的工作目标。

2016年，由青岛市海洋局牵头，青岛市向山东省政府递交了《关于举办2016东亚海洋合作平台黄岛论坛的请示》（青政呈〔2016〕29号），并于2016年5月获得山东省人民政府批复（鲁政字〔2016〕124号），东亚海洋合作论坛已成功举办六届，对于促进中国、山东和青岛的海洋经济发展，树立国家海洋强国形象，打造青岛国际海洋名城起到了积极的推动作用。

以2016年的东亚海洋合作平台黄岛论坛为例，在历时3天的黄岛论坛中，共设计了包括东亚工商领袖峰会、东亚港口联盟大会、东亚文化艺术展、东亚商品展和东亚海洋高峰论坛五大板块，融合了东亚合作、国家战略、青岛及新区元素，将对话交流、项目合作、商品展示、人文交流有机结合，对推动海上丝绸之路建设、促进东亚海洋经济发展、提升新区国际化水平、加快黄岛论坛务实发展都具有重要意义。

在东亚工商领袖峰会上，共邀请到来自国内外的80多位工商界领袖、知名专家学者参会，峰会重点围绕"一带一路"建设与企业发展机遇和借助平台效应、推动创新转型两个主题，开展了深入探讨交流。会上发布了《东亚工商合作倡议书》，确定在每年东亚海洋合作平台黄岛论坛举办期间，举行东亚工商领袖峰会，作为东亚工商企业高管合作交流、推动企业创新转型的高端对话平台。在东亚港口联盟大会上，来自中国、韩国、马来西亚等11个国家和地区的港口航运企业高管及专家学者参会，就港口建设、交流与合作进行广泛探讨交流。会议选举了东亚港口联盟第一届理事会理事单位，研究通过了《东亚港口联盟章程》，并发布了此次会议的一项重要成果——《东亚港口联盟黄岛共识》，一致同意强化在港口开发建设、互联互通、贸易便利化、投融资和经营业务等领域的交流合作，为实现海上丝绸之路沿线国家与地区的共同繁荣做出持续努力和贡献。在东亚文化艺术展上，举办了包括"丝路琅琊"中国服装名师精品丝绸时装发布秀、精品丝绸艺术展、精品陶瓷艺术展、集装箱装置艺术展等在内的艺术展览。其间，还以"全球艺术格局下的亚洲视野"为主题，举行了东亚艺术发展论坛，共吸引8个国家和地区的10余个高端艺术机构参加，对艺术教育、文化交流合作、协同发展等问题进行了探讨研究，为东亚地缘文化的发展提供了全球性、当代性视野。东亚商品展由青岛西海岸新区区属企业黄发集团承办，建设了1.2万平方米的国际馆、中国馆、山东·青岛馆3个展区，吸引了中、日、韩、东盟以及欧美、中东、非洲等20多个国家和地区的362家企业机构参展，集中展示了8000余种高端产品以及名特优商品，展现了东亚各国在海洋科技、智慧制造、特色消费品生产等方面的成果。东亚海洋高峰论坛由新华(青岛)国际海洋资讯中心承办，以"互联互通共建东亚海上丝路"为主题，举办了"东亚海洋经济合作与金融互通"主题论坛和"科技引领东亚合作走向深蓝""东亚海上合作中的人文纽带"两个分论坛。来自国内及日本、韩国、东盟各国海洋领域的23位知名专家学者，分别围绕海洋科技合作与开发、海洋经济发展、"十三五"规划、推进海洋金融、东亚区域海洋经济合作等课题作主旨演讲，为深化东亚国家在海洋经贸金融、海洋科技创新等领域务实合作提出了对策建议。向全球发布了"2016东亚海上贸易互通指数"和《2016东亚海洋经济发展分析报告》。

（四）以科技、金融、数字化为依托，建设创新型城市

近年来，青岛市抢抓新一轮科技革命和产业变革机遇，深入实施创新驱动发展战略，聚焦"提升科技创新能力、培育高新技术产业、营造良好创新创业生态"三大重点任务，加快建设国际化创新型城市，打造区域科技创新中心和财富管理试验区。在科技部发布的 2020 国家创新型城市创新能力指数榜单中，青岛前进 2 名，升至第 10 位；据国家发展改革委国家信息中心发布的《2020中国创新创业城市生态指数研究报告》，青岛位居"双创领跑型城市"第 10 位，创新型、智慧化和全球财富管理中心已经成为青岛形象的新标签。

1. 内外并举，"引""建"并重，打造区域科技创新中心

科技投入方面，2019 年青岛市社会研发经费投入总量 295 亿元，居山东省首位，研发投入强度达 2.51%。科技产出方面，"十三五"期间青岛市共获国家科学技术奖 56 项、省科学技术奖 352 项。科技企业方面，2020 年高新技术企业总数达 4396 家，占山东省 30%，较"十二五"末增长近 4 倍。高新产业方面，2020 年高新技术产业产值占规模以上工业产值比重增至 61.77%，"十三五"期间增长近 20 个百分点，居山东省首位。成果转化方面，2020 年技术合同成交额达 286.6 亿元，"十三五"期间增长 220%。知识产权方面，2020 年万人有效发明专利拥有量达 41 件，PCT 国际专利申请量达 1755 件，"十三五"期间分别增长 215% 和 417%，科技对经济社会发展的支撑引领作用不断增强。

在具体项目上，海洋试点国家实验室打造协同创新科研体系，自主研发的万米级深海水下滑翔机刷新下潜深度世界纪录；国家高速列车技术创新中心建成轨道交通车辆系统集成国家工程实验室等重点项目，时速 600 公里高速磁浮试验样车下线并成功试跑；中科院海洋大科学研究中心集聚中科院 13 家机构，打造重大海洋创新平台；中科院、山东省、青岛市共建山东能源研究院，筹建青岛新能源山东省实验室，打造国家级能源创新平台；依托中科院工程热物理所建设吸气式发动机热物理试验装置，依托中科院海洋所建设海洋生态系统智能模拟研究设施，积极打造国家重大科技基础设施。

建设海洋科技成果转移转化、聚合物新材料、5G 高新视频、工业互联网 4家省级创新创业共同体，培育 5 家市级创新创业共同体，构建"政产学研金服

用"融合创新生态。获批海洋药物、海洋腐蚀防护等 11 家省级技术创新中心，加速技术创新与成果转化。新建 202 家市级技术创新中心，全部依托高新技术企业建设，为企业科创板上市提升科技属性。

获批建设中国—上海合作组织技术转移中心，打造国内首个采取市场化运营的国家级多边国际技术转移平台。建设青岛中日科学城，打造日本尖端技术在中国商业化的国际创新生态圈。建设中德青年科学院，搭建跨文化、跨学科、跨机构、跨体制国际交流合作平台。中车青岛四方获批科技部中泰轨道交通"一带一路"联合实验室。

海尔集团、青岛农业大学入选国家引才引智示范基地。获批科技部薪酬外汇便利化和外国人管理两个国家试点，科技部外籍高端人才 R 字签证审批权下放青岛市，第九次入选"外籍人才眼中最具吸引力的中国城市"。针对新冠肺炎疫情实施外国人来华工作许可"不见面审批"，扩大境内申请范围，持商务、访问签证的外国人可在境内申请，发放许可 4302 份，占山东省 46%。

强化科技型企业梯次培育，2020 年备案国家科技型中小企业超 5000 家，较上年翻一番。试行无纸化高新技术企业申报评审，大大降低企业申报成本。实施高新技术企业上市行动，计划三年推动 15 家高新技术企业上市，18 个月时间已推动 14 家上市或过会，科技政策向上市高新技术企业倾斜，助推企业借助资本力量爆发式成长。

引进军事医学研究院，打造生物医药创新中心，建设山东首个药物安全评价中心，填补山东空白。引进中科院"高端轴承"先导专项，建设高端轴承检测评价与产业化示范基地，破解关键"卡脖子"技术。引进 17 个国家"科技创新—2030 重大项目"之一的"天地一体化信息网络"项目，打造空间信息产业园。

支持海信自主研发首台超声医疗影像设备，实现山东省高端医疗器械产业零的突破。支持四川大学研究院与青岛啤酒联合开发瓶盖密封材料，取代进口。支持森麒麟开展航空轮胎技术研发，获批省级、市级航空轮胎技术创新中心，成功上市。支持建设国家橡胶与轮胎工程技术研究中心，"橡链云"成为全球橡胶轮胎细分领域工业互联网平台冠军。

青岛高新区连续两年获评国务院"真抓实干成效明显区域双创示范基地"。蓝谷建设国家级海洋经济发展示范区,"打造开放创新合作平台提升科技支撑能力"的做法获国务院大督查通报表扬。出台《青岛市科教产融合园区建设方案（2021—2023）》,依托创新资源集聚地区,挖掘科教资源供给能力,打造一流科教产融合园区。

启动科技应急攻关专项,资助病毒核酸检测和非接触式技术等项目研发,消毒机器人、远程医疗设备、声控电梯等一批科技产品投放抗疫一线。实施科技惠民专项,布局新生儿遗传代谢病、听力和耳聋基因联合筛查"筛诊治"一体化体系,在重大疾病、地方多发病等领域开展临床应用研究。拥有国家级临床医学研究中心分中心3家,省级临床医学研究中心1家,入库培育市级临床医学研究中心12家。

2. 政策指引、资源聚集,建设国际化创新型城市

聚力打造国际化创新型城市,青岛市先后制定和出台了《青岛国际化创新型城市建设方案（2021—2025年）》《关于强化科技引领加快推进国际化创新型城市建设若干政策措施》等一系列政策和文件,统筹推进科技管理改革,优化科技计划体系,改革项目形成机制,加强政府主动布局,设立局区（市）会商专项,集中力量办大事,将资金集中到人工智能等新兴产业领域。

设立科技创新母基金,总规模500亿元,重点支持成果转化及高端科技产业化项目培育。引进前海母基金规模50亿元北方基金落户。通过建立科技型企业信贷"白名单"制度,推广"投（保）贷""高企贷"等科技金融产品,助力5000余家科技型企业融资超过660亿元。

引入知名科技服务机构,打造标杆孵化器。华夏基石（中国）企业总部基地落户青岛,引进5家头部企业、上市公司。春光里产业资本集团打造"青岛智谷",引进企业36家,与72家企业签署落地协议。创业黑马科技集团建设独角兽加速基地,注册企业67家。拓展海外孵化网络,支持海创汇、天安数码城、华夏基石、建邦科技在以色列、韩国、意大利、日本建设海外孵化器。

成立半岛科创联盟,协同胶东半岛五市创新资源,打造区域创新共同体。青岛市建立了"局校会商"制度,协助高校成立市场化成果转移转化机构。支

持山东科技大学、青岛大学、青岛科技大学开展科技成果转化综合试点，赋予科研人员职务科技成果所有权或长期使用权。推进国家海洋技术转移中心建设，形成"一总多分"海洋科技成果转移转化服务体系。

2020年举办首届"青岛创新节"，以"创意创新，创造创业"为主题，为创新创业青年等人群搭建展示交流的舞台，参与人员超2600万人次，打造全国知名的创新创业活动品牌。组织新媒体等机构举办科创沙龙，在垂直细分领域搭建起创新创业社区平台，构建创新创业社群和产业健康"微生态"。

3. 建设财富管理试验区，落实金融服务实体战略 [1]

青岛市财富管理金融综合改革试验区经国务院同意，中国人民银行、中国银保监会、中国证监会等国家部委批复，于2014年2月正式设立。成立七年多来，在市委、市政府的坚强领导下，在社会各界的关心支持下，试验区在机构聚集、平台搭建、市场开放、改革创新等方面积极探索，取得了一批发展成果，为打造财富管理高地、建设国际财富管理中心奠定了坚实基础。在财富管理试验区的规划和建设上，青岛市主要从以下几个方面入手开展工作。

市委、市政府对试验区建设高度重视，顶格倾听、顶格协调、顶格推进，建立了一整套试验区建设推进机制。管理机制方面，将试验区建设作为推动青岛经济转型升级的重要平台和抓手，专门成立试验区发展委员会和青岛市财富管理金融发展中心。政策机制方面，多次召开专题会议，研究制订试验区建设实施方案，细化落实重点任务，出台试验区建设若干扶持政策，与国家先行先试政策配套实施。推广机制方面，重点打造青岛·中国财富论坛，作为试验区聚集资源、展示形象的品牌活动，该论坛已连续举办六届，在国内外金融业界产生了积极的反响。研究机制方面，积极调动各类资源开展财富管理基础研究，与中国人民大学合作连续四年编制发布中国财富管理金家岭指数，率先从量化的角度对中国财富管理发展进行系统分析和前瞻性研究。

坚持以创新促发展，以创新推改革。先后向国家相关部委争取了五批先行

---

[1] 该部分材料由青岛市地方金融监管局提供，且已于2021年3月15日通过《青岛市财富管理金融综合改革试验区七周年建设情况》发布会公开。

先试政策，与自贸区青岛片区 22 项金融开放创新政策和上合示范区 10 项外汇试点政策联动推进，以试验区的"全域性"优势带动自贸区青岛片区和上合示范区的金融改革创新。全国首个中欧所上市企业、首单蓝色债券、深交所首个绿色资产证券化项目等都是从青岛发起的。连续五年开展青岛金融创新奖评选，营造出浓厚的创新氛围。

以资管行业规范创新为契机，构建以专业资管机构为引领的多元化财富管理机构体系。2019 年，光大理财作为全国首家股份制银行理财子公司落户青岛。截至 2020 年，青银理财公司获批并开业运营，成为长江以北地区首家、全国第六家获批的城商行理财子公司。引入首家外资商业银行全资控股的基金销售机构青岛意才基金销售公司，引入兴华公募基金填补了山东省法人公募基金业态空白。设立山东港信期货，青岛在法人期货公司方面实现零的突破。

开展万名企业家资本市场培训专项行动，持续提升企业认识资本、运用资本的意识和能力。每年新增上市及过会企业 5 家以上，实现数量和质量的"双提升"，直接融资规模不断扩大。连续两年举办全球创投风投大会，创投风投机构加速向青岛聚集。

以服务实体经济为目标，发展特色融资。坚持"重点支持"和"普惠兼顾"相结合的思路，通过将财富高效地配置到实体经济最需要的领域，着力提高资源配置效率。组建金融辅导队 189 支，对接企业需求 11469 条，完成融资 676.5 亿元。实施深化民营和小微企业金融服务的 17 条措施，引导金融机构加大对薄弱环节支持力度。搭建金企通金融服务信息支持平台，推动金融机构精准对接企业融资需求。出台"1+N"金融支持政策体系，助力工业互联网之都建设。金融支持实体经济的力度不断增强。

着眼于优化金融空间布局，将青岛金家岭金融聚集区作为试验区的核心区和主阵地，从市级层面加快推进建设。目前，金融聚集区金融机构和类金融企业 1052 家，涵盖 22 类金融业态。其中，法人金融机构 18 家，持牌金融机构 211 家。发挥金融科技应用试点城市政策优势，金融聚集区着力打造面向未来的金融科技产业园区，聚集金融科技企业 41 家。其他区域根据自身优势，在基金管理、保险聚集、绿色金融、"三农"金融等方面形成了差异化特色。

注重金融风险防控和投资者教育，保持高压态势持续打击非法金融活动，不断优化试验区金融生态环境。深入开展互联网金融风险专项整治。其中，2家符合条件的互联网金融机构转型为互联网小贷公司获得国家同意性批复意见，填补山东省互联网小贷业态空白。2020年末，全市银行业不良贷款率持续压降，保持了稳健有序的金融市场环境。以试验区作为改革创新的共赢平台，扩大国内外"朋友圈"，与全球20余个国家和地区的100多家金融机构建立财富管理合作关系。与意大利联合圣保罗银行、渣打银行等知名国际金融机构签署战略合作协议，深化金融及财富管理领域的交流合作。与多个"国际客厅"建立密切联系，推进更高水平对外开放。

发起"春风行动"，开展金融支持企业复工复产的专项活动。2020年初，在疫情防控和支持企业复工复产期间，青岛市开展了金融支持复工复产百日"春风行动"，汇聚全市金融力量，落实十项服务措施，向社会公布百家机构百条服务热线，开展"送服务到家、送政策上门"行动，对接企业融资需求并走访万户企业，打响了支持疫情防控和企业复工复产的青岛金融品牌。主要手段包括：（1）建立长效服务机制，建立主要金融机构日常调度机制，建立金融机构政策宣传机制，建立完善省、市、区（市）三级金融贯通联动服务机制，出台了《关于建立落实"六稳""六保"强化金融服务实体经济长效机制的意见》。（2）搭建金企对接平台，用好传统对接渠道，发挥金融辅导员的融资对接作用，建立金企对接新平台；政策支持到位，打破常规沟通机制，确保信息可以及时传递，出台支持金融机构增加贷款投放的奖励政策，发挥财政资金的正向激励作用，并发布了市里首个支持供应链金融发展的专项文件。"春风行动"的创新举措和显著成效也得到了上级领导的高度肯定，入选了山东省地方金融监督管理局于2020年12月发布的"2020年全省金融创新案例"。

此外，青岛市还结合当地实体经济和金融行业发展实际，出台了一系列鼓励、扶持、引领实体经济发展、金融行业壮大以及金融行业支持实体经济的地方性政策，主要包括《关于支持打造创投风投中心若干政策措施的通知》《关于促进全市供应链金融发展的指导意见》《关于建立落实"六稳""六保"强化金融服务实体经济长效机制的意见》《青岛市小微企业无还本续贷业务奖励办法》

《关于建立企业抵质押物价值重置机制的意见》等。

4. 拥抱大数据，打造"数字青岛"

信息化代表新的生产力和新的发展方向，已经成为引领创新、驱动转型、塑造优势、培育新动能的先导力量。"数字中国"是新时代国家信息化发展的重要指引。为贯彻落实《数字山东发展规划（2018—2022年）》，打造协同高效的数字政府，培育富有活力的数字经济，构建智慧便民的数字社会，以信息化培育新动能，用新动能推动新发展，以新发展创造新辉煌，打造数字中国建设样板区，形成国家东部地区转型发展增长极，谱写青岛社会主义现代化建设的崭新篇章，青岛市积极推动"数字青岛"战略。

2019年12月，青岛市大数据发展管理局发布了《数字青岛发展规划（2019—2022年）》，在充分回顾青岛市数字化建设取得成绩和面临挑战的基础上，对数字化建设的未来趋势进行了充分的研判。青岛市将秉承顶层设计、改革先行，创新引领、超前布局，融合发展、数据驱动，优化服务、强化治理，制度护航、保障安全的基本原则，逐步推动数字青岛的建设。

2020年1月，为支持青岛市数字经济发展，加快推动新旧动能转换，根据省政府办公厅《关于印发山东省支持数字经济发展的意见的通知》（鲁政办字〔2019〕124号），青岛市人民政府办公厅发布了《关于支持数字经济发展的实施意见》（青政办字〔2020〕5号），从加强要素资源供给、集聚数字经济人才、激发数字经济活力、培育数字经济生态、加大项目扶持力度五个方面，提出了多条实施意见，包括加强数据资源供给、优化升级基础设施、降低用电成本、保障建设用地、多层次培养人才、高质量引进人才、强化人才激励、激励企业创新投入、鼓励科技资源共享和成果转化、支持企业做大做强、鼓励招大引强、引导产业集聚发展、支持重大项目建设、加大税费优惠力度、引导社会资本投入、加强金融信贷支持。

2020年4月，青岛市人民政府发布了《青岛市新型智慧城市建设试点工作任务书》，希望通过两年的试点建设，将新型智慧城市建设工作推进到符合山东省四星级新型智慧城市建设标准，并在"优政、惠民、兴业"领域中选择优势方向进行突破，形成一批可复制、可推广的成熟经验，打造一批新型智慧城市建设领域的典型案例。

2020 年 8 月，为深入贯彻数字中国战略，落实数字山东、数字青岛规划部署，青岛市人民政府发布了《关于进一步加快新型智慧城市建设的意见》（青政字〔2020〕20 号），要求按照统筹规划、集约建设、以人为本、惠企便民、政府引导、市场主导、创新发展、数据赋能的基本原则，进一步加快新型智慧城市建设，争取到 2022 年，新型智慧城市建设走在全国前列，达到城市"慧"思考、产业"慧"融合、社会"慧"协同的发展目标，实现城市云脑"一体贯通"，公共服务"一网通办"，社会治理"一网统管"，基层社区"全线联动"，数字经济与实体经济"全面融合"，城市物联感知体系"全域感知"的目标。

2020 年 11 月，青岛市大数据发展管理局、青岛市财政局共同下发了《青岛市支持数字经济发展政策实施细则》，对符合规划布局，服务全省乃至全国的区域性、行业性数据中心用电给予奖补；对首次进入全国电子信息百强、互联网百强的企业给予奖补；对省级示范数字经济园区（试点）、省级成长型数字经济园区（试点）分期给予奖补，并要求受奖补企业（单位）将补助资金持续用于大数据产业发展，发挥政策效益。

（五）发展文旅产业，打造东方时尚之都

青岛市发展文化旅游产业拥有得天独厚的自然条件和经济基础。在这一基础之上，青岛市结合上级政策，充分发挥主观能动性，为青岛市文旅产业的发展注入了极大的活力，使青岛时尚、活力、规范旅游城市的整体形象更加深入人心。

为应对新冠肺炎疫情影响，加快文旅行业复苏振兴，出台了《应对疫情影响支持文旅行业发展若干政策》，及时兑现涉企奖励资金、退还旅行社质保金，为企业减租降费。开展"时尚文惠活力青岛"文化惠民和"时尚有你惠游青岛"旅游惠民 2 项消费促进活动。制订实施旅游市场振兴营销方案，推出 10 大主题产品、26 条精品线路、100 个时尚打卡地，成立胶东经济圈文化旅游合作联盟，与成都、重庆、林芝等地实现线路互推、游客互送。

在推动产业升级和文化旅游业高质量发展方面，市文化和旅游局举办了文旅重点项目签约暨路演峰会，总投资 700 亿元的 26 个重点项目集中签约。青岛

2020年全年新增影视企业450家，国家电影云基地落户青岛，来青拍摄剧组达60余个。出台音乐酒吧扶持政策，新打造特色酒吧街2条，青岛入选2020年夜经济影响力十强城市。青岛市新增五星级饭店1家、三星级3家，2个景区分别进入4A、5A级景区景观质量评审，9个项目分别入选山东省工业旅游、中医药健康旅游、康养旅游、体育旅游示范基地，海洋旅游实现重大突破。先后举办了"国际友人@Qingdao"、"东亚文化之都"交流、中韩"云·游中国—享约青岛"展播、青澳旅游推介洽谈会、青岛德国葡萄酒节、谭盾音乐周、国际邮轮峰会、全国工艺品交易会、影视设计周、影视博览会、智能视听大会、意大利电影周等文旅活动，青岛入选2020年中国新时尚之都十强城市。

在优化公共服务方面，市文化和旅游局不断健全公共文化设施，新建"青图驿站"50处、便民阅读设施150处，改扩建镇、村文化设施445处，新增博物馆6家，新获评国家一级馆2家、二级馆5家、三级馆7家，市博物馆扩建工程正式开工，市图书馆新馆选址方案已报市政府审批。举办群众文化活动5万余场、全民阅读活动1500余场。组织创作抗疫主题文艺作品600余部，推出舞台艺术作品5部，3部作品获山东省群众艺术优秀作品；39部影视、动漫作品获国家立项，3部动画片在央视等频道播出，1部电视剧入选全国重点电视剧规划选题。加强文化遗产保护传承，完成文物保护条例立法调研、《革命文物保护与利用规划》编制，新确定革命文物22处，完成考古调查3处；认定市级非遗传承人31名，2个项目入选第五批国家级非遗名录。

在加强监管执法、确保文化旅游市场稳定有序方面，市文化和旅游局不断加强广播电视、新闻出版、印刷发行等领域行业监管。检查文化经营场所近6万家次，开展安全生产检查7000余家次，2300多个问题全部整改完毕。强化旅游领域市场整治，清理整顿不合格旅游咨询中心43家，培训导游1万人次，培育放心消费示范景区、旅行社、酒店150家。查处文旅领域违法案件350起，办结投诉举报2000余起，市场环境得到有效净化。

辛勤的付出换来了可喜的成果，去除疫情影响，2019年，青岛市旅游总人数达1.13亿人次，同比增长13%;实现旅游总收入2005.6亿元，同比增长15.87%。青岛市位列世界著名杂志《康德纳斯特旅行家》2020年全球20大度假目的地第 14 位，携程网发布的《2019 中国跨境旅行消费报告》中，青岛入选最受外国人青睐的 20 大入境消费城市。截至 2020 年，全市共有规模以上文化企业 569 家，实现营业收入 1279.5 亿元，增速 21.5%；全市文化体育娱乐业投资增速 27.3%；青岛市入选国家首批文化和旅游消费示范城市、全国"非遗在社区"试点城市、亚洲旅游红珊瑚奖十大受欢迎目的地。青岛市文化和旅游局的工作得到了上级组织的高度认可，全局累计获得市级以上荣誉 94 项，连续 4 年获评全国"扫黄打非"工作先进集体，3 项工作获省政府文化创新奖。

除上述工作外，青岛市还制定了一系列旨在引导、扶持和规范文旅产业发展的地方性法规。早在 2011 年，青岛市旅游局（青岛市文化和旅游局）就颁布了《青岛市旅游管理条例》，以政府规章的形式明确了市旅游行政主管部门、各县级市（区）旅游行政主管部门的主要职责，并对旅游资源保护与开发建设、旅游行业的从业者行为等进行了规范，对旅游者的权利和义务进行了保护与明确，对旅游行业中的违法行为及处罚方式等进行了规定。此外，青岛市还制定了《关于在新旧动能转换中推动青岛文化创意产业跨越式发展的若干意见》和《关于推进旅游业新旧动能转换促进高质高效发展的实施意见》，将青岛市文旅产业的发展与新旧动能转换的国家战略结合起来，为产业发展增添了新的活力。

二、政府主导、平台牵头，国资引领区域品牌经济建设新方向

国有企业作为全民所有制经济的基本实现形式，是社会主义经济的重要支柱。国有企业在维护和巩固社会主义公有制性质、引领国家经济发展的主导力量、生产公共产品、建设重大工程项目、推动国家技术创新、优化产业结构、引领经济发展、带动其他所有制经济健康发展等方面发挥着不可替代的重要作用，也是区域品牌经济发展的重要力量。习近平总书记在 2016 年 10 月召开的全国国有企业党的建设工作会议上强调，要通过加强和完善党对国有企业的领导、加强和改进国有企业党的建设，使国有企业成为党和国家最可信赖的依靠力量，成为坚决贯彻执行党中央决策部署的重要力量，成为贯彻新发展理念、

全面深化改革的重要力量，成为实施"走出去"战略、"一带一路"建设等重大战略的重要力量，成为壮大综合国力、促进经济社会发展、保障和改善民生的重要力量，成为我们党赢得具有许多新的历史特点的伟大斗争胜利的重要力量。[1]

国有企业的发展和壮大是我国经济发展的重要力量，国有企业改革也一直是我国经济结构转型升级的重要组成部分。我国的国企改革先后经历了初步探索、制度创新以及纵深推进三个阶段。自中共中央、国务院2015年印发《关于深化国有企业改革的指导意见》，将国有企业分为公益类和商业类两类，并实行分类改革、分类发展、分类监管、分类定责、分类考核的改革原则以来，我国的国企改革进入了崭新的阶段。

2018年7月，国务院印发《关于推进国有资本投资、运营公司改革试点的实施意见》（国发〔2018〕23号），明确了国有资本投资、运营公司（以下简称"两类公司"）的功能定位、组建方式、授权机制、治理结构、运行模式以及监督与约束机制等。2019年4月，国务院印发《改革国有资本授权经营体制方案》（国发〔2019〕9号），进一步强调了"两类公司"的功能和定位，并对通过"两类公司"开展授权放权等方面提出了新要求。方案中明确，国有资本投资、运营公司均为在国家授权范围内履行国有资本出资人职责的国有独资公司，是国有资本市场化运作的专业平台。"两类公司"以资本为纽带、以产权为基础依法自主开展国有资本运作。国有资本投资公司侧重于服务国家战略和产业升级，投资于实业，以对战略性核心业务控股为主；国有资本运营公司则侧重于实现国有资本合理流动和保值增值，活跃于资本市场，以财务性持股为主。

2020年12月，国务院国企改革领导小组研究决定将浙江杭州、湖北武汉、陕西西安、山东青岛四地列为第二批区域性国资国企综合改革试验区。青岛作为计划单列市，将以市为单位组织开展国企综改试验，并探索"坚持政治标准、依法规范治理、培育企业家精神、落实物质利益原则、完善体制机制保障"独

[1]《习近平在全国国有企业党的建设工作会议上强调 坚持党对国有企业的领导不动摇 开创国有企业党的建设新局面》，《光明日报》2016年10月12日第1版。

具地方特色的国有企业家队伍"五位一体"建设模式。

围绕着国资国企综合改革的目标，青岛市在发挥政策引领、搭建国资平台、优化产业布局、弘扬国有企业家精神和提升国有企业综合竞争力等方面做了大量的努力，取得了显著的成效。青岛市国有资本布局更加合理，国有企业竞争力进一步增强，有效实现了国有资本的保值、增值，国企和国资在区域经济发展和区域品牌建设中发挥着越来越重要的带动引领作用。

（一）持续推进国有企业改革攻势作战，实现国有经济高质量发展

青岛在长期经济建设过程中一直高度重视国有企业和国有资本在区域经济发展中的重要意义，国有企业和国有品牌是青岛区域品牌经济的重要代表，国资改革也一直是青岛市的一项核心工作。早在 2019 年，青岛就成立了推进国有企业改革攻势指挥部，并制定了《青岛市推进国有企业改革攻势作战方案（2019—2022 年）》。这一方案也被称为"青岛国企改革攻势 1.0 版"，在这一方案中，青岛市以"硬仗"的说法，提出了国企改革的四个主要目标，分别是强企发展、开放创新、依法监管和稳增提质。为了保障四个主要目标得以实现，青岛市采取了"双月制"常态化工作调整，通过建立推进国有企业改革攻势季度协调会议制度和平台化工作评估机制，全程掌握攻势最新进展情况。

2021 年 4 月，青岛市推进国有企业改革攻势指挥部印发了《青岛市推进国有企业改革攻势作战方案 3.0 版》。从 1.0 版全面启动实施"强企发展""开放创新""依法监管""稳增提质"，到 2.0 版"突出企业发展主体责任，高质量促发展""突出国资监管主体责任，转职能抓监管""压实管党治党主体责任，强化党建统领国资国企改革发展政治保障"，3.0 版将按照全市"项目落地年"安排，以全面落实国企改革三年行动为主线，以组织开展区域性国资国企综合改革试验为总抓手，围绕深化"强企发展""开放创新""依法监管""稳增提质"四大攻坚实施重点改革项目和重点投资项目"双清单"管理，持续推进国企改革攻势走深走实。

《青岛市推进国有企业改革攻势作战方案 3.0 版》确定了以国有企业家队伍建设为综改试验的特色选题。将综改试验任务细化为 20 项具体改革措施，将在国有企业改革方面形成更加成熟、更加定型的中国特色现代企业制度，争取在以管资本为主的国资监管体制和提高国有企业活力和效率上取得积极成效。力争青岛市属企业全年资产总额、营业收入、利税三项指标均实现两位数增长，全市市域国有经济资产规模迈上 5 万亿元新台阶，进一步发挥国资国企在全市经济社会发展大局中的"顶梁柱"和"压舱石"作用。青岛将着力打造国企改革"区域高地"，完成国企改革三年行动年度目标任务，以改革创新引领国资国企高质量发展，做强做优做大国有资本和国有企业，为全国国资国企改革提供有益借鉴。

（二）建设国资平台，优化国资布局，承载、带动区域品牌经济发展

在国资国企改革实践中，青岛市按照"城市运营商"的定位，将国有资本投资、运营"两类公司"细化为国有资本投资平台、国有资本运作平台和国有股权管理平台三种模式，使之拥有更为广泛的业务范围，覆盖城市发展中的区域规划设计、基础设施建设、公共服务建设、房地产开发、产业导入与服务、资产管理与运营等环节。定位升级后，国资平台将从"建设城市"向"经营城市产业"转变，既能创造出稳定的运营收入和现金流，实现企业升级，又能服务于城市发展，促进区域品牌形象提升。升级后的平台公司将建立健全产权清晰、权责明确、政企分开、管理科学的管理制度，原来政府指令性行政管理将转变为企业自身的市场化管理。在这一理念的指导下，国资平台结合自身发展定位进行了科学的业务板块划分，明确重点发展业务、细分业务模块、构建专业化业务主体，积极参与市场竞争。

在青岛的国资改革中，"城市运营商"作为集城市建设、综合运营、资源整合、产业驱动于一体的市场主体，一方面通过人力资源管理、薪酬考核、制度管理等多个层次加强精细化管理，增强企业综合实力及竞争力；另一方面，围绕青岛市总体发展目标和发展规划，结合城市发展需求，平台企业通过发挥企业产业优势和资源优势，以市场化运作方式为主参与城市发展建设。转型定位为"城市运营商"在很大程度上改变了企业的品牌识别与定位，平台企业需要集中优质资源，做优做强优势产业，打造具有市场影响力和社会知名度的服务管理品牌，通过输出管理与服务，实现品牌的价值延伸；同时"城市运营商"的定位赋予了平台企业城市建设、运营、升级功能，在推动区域品牌价值提升与城市可持续性成长中也将发挥更加重要的作用。

在三类"城市运营商"中，国有资本投资平台主要围绕服务区域发展整体战略、落实区域产业政策来进行重点产业的布局调整，强调以组建基金的方式来规模化筹集资本、放大国有资本功能，为国有企业结构调整和转型升级提供融资新渠道和投资新机制，主要投资和运营领域向重要行业、关键领域、重点基础设施集中，向前瞻性战略性产业集中，向产业链关键环节和价值链高端领域集中，向具有核心竞争力的优势企业集中；国有资本运作平台主要是通过资本市场运作实现国有资本的合理流动和优化配置，以混合所有制改革、资产证券化、实施并购重组、设立股权投资基金、市场化增减持等激活企业资产，实现国有资本形态转换，使变现的国有资本用于更需要的领域和行业；国有股权管理平台主要以全资、控股、参股的形式持有所出资企业的股权，重点在组合管理、市值管理、参与所出资企业的治理以及推进企业公司制改造等方面发挥作用、贡献力量。

根据上述划分标准，青岛市先后建设了三类、六大国资平台公司，包括以青岛城市建设投资（集团）有限责任公司（以下简称青岛城投）、青岛西海岸发展（集团）有限公司（以下简称青岛海发）为代表的国有资本投资平台，以青岛国信发展（集团）有限责任公司（以下简称青岛国信）、青岛华通国有资本运营（集团）有限责任公司（以下简称青岛华通）为代表的国有资本运作平台，以及以青岛国际投资有限公司（以下简称青岛国投）、青岛市创新投资有限公司（以下简称青岛创投）为代表的国有股权管理平台。在国资平台公司的建设过程中，青岛市在宏观层面上充分授权放权，根据国务院国资委清单，授权放权事项涉及战略规划、主业管理、产权管理、股权激励等诸多方面，为平台公司提供更多的经营自主权。在微观层面上，六家平台公司自身将继续完善企业法人治理结构，同时推进经营机制市场化改革和创新。

改革完成后，国资平台公司将充分发挥资本运作平台作用，运用"市场的逻辑，资本的力量"，优化国有资本的投向，促进国有资本的合理流动，使其向核心领域集中，提高国有资本配置和运营效率。下面对上述国资平台公司在支持区域经济发展、优化国资布局、提升国有资本配置和运营效率中的典型做法做简要介绍。

1.建设国有资本投资平台，服务区域发展整体战略

在青岛的国资综合改革中，国有资本投资平台主要围绕服务区域发展整体战略、落实区域产业政策来进行重点产业的布局调整，强调以组建基金的方式来规模化筹集资本、放大国有资本功能，为国有企业结构调整和转型升级提供融资新渠道和投资新机制。

品牌链接

青岛城投：强化"双招双引"，承载政府重大战略任务

青岛城投在成为国有资本投资运营公司改革试点企业之后，以有规模、有品牌、有影响、有承载能力的优质国有资本投资运营平台作为自身定位，坚持以资本为主线，运用平台思维、创投思维做发展乘法，实现企业持续发展和国有资产的保值增值。青岛城投在由"管企业"向"管资本"转变后，坚持以资本为纽带、以产权为基础，总部把控战略方向和财务收益，二级专业投资平台作为专业的市场主体，充分发挥投资引导和结构调整作用，致力构建多元、立体、协同、共赢的价值创造平台，增强国有资本控制力、影响力。

在管理上，青岛城投持续完善法人治理结构，按照"小总部、大平台、强产业"的原则，构建了权责分明的"集团总部资本层—产业集团资产层—被投资企业执行层"三级管理模式；在经营上，实施分类授权放权的原则，集团总部层面形成分类授权管控体系，结合管理层级将所授权责分解落实到下属子公司法人治理结构中，集团总部按需外派专职董事、监事，监管国有资本的运营。

2020年4月，青岛市国资委印发《双星集团有限责任公司混合所有制改革实施方案》，将持有的双星集团全部股权划转至青岛城投。青岛城投重点从"管资本"和"产业协同"两个层面，理顺与双星集团的关系，引入了启迪科技城集团有限公司、青岛西海岸新区融合控股集团有限公司、山

东省鑫诚恒业集团有限公司三家战略投资者并建设了职工持股平台，帮助双星集团顺利完成国企改制。

青岛城投在主导双星集团混合所有制改革工作的过程中，不仅为企业带来资金，更提供了支持双星实施新战略的外部资源，有效激发了双星集团经营活力。在与奇瑞汽车前期良好合作的基础上，青岛城投帮助双星集团与奇瑞集团及国内的优质化工企业打通了产业协同渠道，这一做法既贯彻落实了国资委总体改革思路，又创造了行之有效的国有企业和国有资本投资运营平台的市场化运营模式。在青岛城投的资金、资源加持下，双星集团2020年实现利润2亿元，同比提升13倍，下半年利润同比增长近30倍。

在青岛半导体产业生态圈领域，青岛城投通过多年耕耘，具备了较强的产业对接能力。2017年11月，青岛城投与上海韦尔半导体股份有限公司、北京赛微电子股份有限公司合作成立了海丝民合半导体投资中心，城投集团约占87%的股份。通过该投资中心，青岛城投持有韦尔股份约4%的股权，并在即墨区落地了两个半导体项目，目前该持股市值超过100亿元，国有资本增值近10倍。2018年6月，海丝民合半导体投资中心与韦尔股份旗下的北京耐威科技等共同在即墨区成立了青岛聚能晶源（青岛）半导体材料有限公司，落地"第三代半导体材料氮化镓项目"，主要从事半导体材料，主要是氮化镓（GaN）外延材料的设计、开发和生产。

青岛城投在促成韦尔股份封装测试商上海泰睿思微电子股份有限公司在青岛落地项目的过程中也发挥了重要的力量。青岛城投联合韦尔股份及其他社会资本共同发起成立青岛泰睿思微电子有限公司，并促成将上海泰睿思吸收合并进青岛泰睿思。青岛海丝民合半导体投资中心持有青岛泰睿思母公司宁波泰睿思微电子有限公司13.37%的股权。

青岛城投与华登国际等著名投资机构合作，投资7000万美元收购了存储芯片领军企业德国DM公司，将企业总部落地青岛西海岸新区。青岛城投集团还投资了独角兽企业深圳市柔宇科技股份有限公司，后者宣布将在青岛投资160亿元建设第二代柔性屏生产线，打造国内一流的柔性屏生产基地。

在助力青岛市"双招双引"工作，圆满完成政府重大战略任务的同时，青岛城投自身也获得了丰厚的回报。2020年，青岛城投资产总额达到3503亿元，同比增长44.6%，实现营业收入403亿元，同比增长200.5%，实现利润34.5亿元，同比增长83.5%，纳税总额21.78亿元，在全国城投类公司排名进入前十。平台公司下属各板块全部实现盈利，2020年人均利润突破500万元。青岛城投参与投资的中微半导体设备（上海）股份有限公司、澜起科技股份有限公司、晶晨半导体科技（北京）有限公司都已成功上市，且都是首批登陆科创板的企业。

青岛海发：建设国际时尚城新高地，打造青岛国际化影都

青岛海发是伴随着西海岸国家级新区的设立而成立的，初期主要承担灵山湾影视文化产业区、藏马山旅游度假区和灵山湾西片区内的土地开发整理、基础设施建设和安置房建设任务。在进入国有资本投资运营公司改革的第一梯队后，青岛海发明确了"去区域化"的市属企业定位，构建了覆盖青岛全市乃至更大范围的"1+3+7"战略发展布局，主营业务升级为城乡建设产城融合开发、现代产业园区开发运营、股权投资和资本运营三大板块，集中打造开发建设、影视文化、智慧科技、医疗康养、金融投控、资产运营、高端制造七大产业集群。

青岛海发在发展过程中始终将服务全市发展战略作为自身的责任担当，充分发挥青岛市国有资本市场化运作专业平台作用，坚持把股权投资和资本运营作为企业发展的主导方向，积极融入国家、区域和城市战略，推动承接市属企业的股权划转、整合重组，围绕产业协同推动一批重大项目投资运作，促进产业转型升级、集聚发展。

在市国资委的推动下，青岛海发与青岛出版集团开展了市场化的股权投资合作，达成了战略合作协议，使持续近五年的青岛碱业与出版集团股权划转历史遗留问题得以圆满解决，激发了两家企业的活力。

2020年，根据青岛市国资委《关于青岛澳柯玛控股集团有限公司国有产权无偿划转的通知》的精神以及青岛市国有资本整合的现实需要，青岛

市国资委将澳柯玛控股集团100%股权划转至青岛海发，由此青岛海发间接控股上市公司澳柯玛。在青岛海发的大力支持和配合下，澳柯玛在国内家电零售市场整体表现低迷的2020年，交出营业收入与净利润双增长的成绩单，实现营业收入70.59亿元，同比增长9.73%，利润总额5.79亿元，同比增长138.32%，归属于上市公司股东的净利润3.10亿元，同比增长60.77%。

青岛海发始终将影视产业作为青岛国际时尚城建设的核心抓手，重点搭建"六个一"产业链条体系，即东方影都影视产业园和青岛影视外景地、以青岛电影学院为核心的一流的影视"科产教"融合基地、以北京文化为主体的"1+N"上市公司、以大数据和区块链为依托的影视科技平台、基于工业化体系的5G高新视频园区、50亿元的影视产业基金，着力构建影视全产业链生态圈，全面提升东方影都的产业能级和品牌影响力，成为山东省"1+N"影视产业基地布局的核心园区。

在经营的过程中，青岛海发实行链长制管理，组建专班推进，打造影视产业链供应链生态体系，充分发挥国有资本的支持引导作用。青岛海发负责开发的青岛灵山湾影视文化产业区作为青岛新旧动能转换先行区、产城融合创新示范区，已经具备了丰富的影视文化资源和较强的产业辐射效应。东方影都旗下影视产业园是全球投资规模最大的影视产业综合项目，可覆盖影视产业全产业链。在具体执行上，青岛海发坚持推动"产业、资金、人才、技术"四链合一，导入内容制作、产教融合、扶持政策、会展旅游等优质资源，牵头组建东方影都产业控股集团，打造影视行业领军企业。经青岛市政府批准，青岛海发接受了青岛电影发行放映公司股权的划转，开始着手打造东方影都院线品牌，并成功注册"电影之旅"商标，开启了以IP为主导的文旅全产业链条建设工程。

凭借独特的工业化生产和全产业链配套优势，东方影都肩负起中国电影发展的新使命，从国内众多影视拍摄基地中脱颖而出，正日益成为中国电影的"梦工厂"，助力中国电影腾飞。2020年，青岛海发实现了跨越式发展，总资产由2020年初的300亿元跃升至960亿元，实现营收158亿元、增长490%，利润2.5亿元、增长135%，正式冲进青岛市20强企业行列。

2. 建设国有资本运作平台，实现国有资本优化配置

国有资本运作平台主要通过资本市场运作实现国有资本的合理流动和优化配置，以混合所有制改革、资产证券化、并购重组、股权投资基金、市场化增减持等方式激活企业资产，实现国有资本形态转换，变现的国有资本用于更需要的领域和行业。

品牌链接

青岛国信：打造海洋产业平台，丰富地方金融业态

按照青岛市委、市政府对青岛国信提出的"在国有企业改革中要先行先试"的要求，青岛国信率先走出混合所有制改革的新模式。2016年，经市委深改办、市国资委批准，青岛国信成为青岛首家国企改革试点单位，搭建了内部改革"1+1+N"政策体系，出台8大领域30项改革方案，完成治理结构、产业架构调整，完善三项制度改革，形成大监督体系。在内部改革基本完成的基础上，青岛国信2018年启动混改，着力引进战略投资者。2019年，青岛国信被纳入国家第四批国企混改试点，成为山东省两家试点企业之一。2020年，青岛国信成为青岛市国资委推进集团层面混改的5家市属企业之一，2020年6月形成混改实施方案正式提报市国资委，改革工作全面提速。

青岛国信成立30多年来，始终紧密匹配城市发展战略、服务城市发展大局，逐步摸索出了一条国有投资公司市场化改革发展之路，明确了城市专业投资运营商的定位和"提升城市运营效率、提升城市运营品质、降低城市运营成本"的目标，并构建形成了综合金融、城市功能开发、城市运营服务和现代海洋、城市信息科技产业的"3+2"主业架构。

青岛国信将海洋产业作为主业之一，子公司青岛国信金融控股有限公司（简称"国信金控"）控股的青岛海洋创新产业投资基金有限公司是集团海洋产业板块重要组成部分。该公司控股了青岛国信东方循环水养殖科技有限公司、国信中船（青岛）海洋科技有限公司等重要的海洋产业板块

资产，并与青岛国信创新股权投资管理有限公司等共同收购了上市公司百洋产业投资集团股份有限公司29.99％的股权，成为百洋股份控股股东。百洋股份是我国罗非鱼水产加工行业的龙头企业，收购百洋股份是青岛国信深耕海洋产业的重要布局。

2020年12月，青岛国信下属的青岛市海洋新动能产业投资基金与青岛市政府引导基金、城阳区阳光创新投资有限公司合作成立了联合投资主体——青岛每日优鲜专项股权投资基金，向每日优鲜提供了20亿元的一期投资。每日优鲜是一家专注于为消费者提供优质生鲜的移动电商，已成长为生鲜领域的独角兽公司。这是迄今为止生鲜电商在地方落地获得的最大规模战略投资。随后每日优鲜将总部迁至青岛，规划建设全国生态链总部产业园及智能供应链中心，打造上下游生态链企业聚集的产业集群，北京时间2021年6月25日晚间，每日优鲜正式在纳斯达克挂牌上市，成为中国社区零售数字化第一股，也是2021年以来青岛市首家登陆境外资本市场的上市公司，每日优鲜此次在纳斯达克挂牌，将逐步带动上下游企业共同投资青岛，打造具备全球影响力的"消费互联网+产业互联网"生态链产业集群。

金融类资产是青岛国信重点布局的另外一条业务线。目前，青岛国信重点投资的金融机构包括青岛银行、青岛农商行、陆家嘴信托、泰信基金、中路财险以及青岛场外市场清算中心等。2020年12月，青岛国信旗下的国信金控参股36%的港信期货获得中国证监会的正式批复。2020年4月，青岛国信发布公告，将以约68亿元价格受让及增资收购国融证券股权。2020年9月，青岛国信参股由意大利联合圣保罗银行拟发起设立的意才证券。后续，青岛国信将围绕构建、完善"融、投、贷、保、服"一体化全产业链布局，推动金融业务向新兴金融和主动金融转变，大力发展产业金融、科技金融和普惠金融，打造一站式、个性化金融服务体系，全力提升金融板块核心竞争力、市场运作力、品牌号召力，构建具有区域影响力的综合金融服务平台。

青岛华通：聚焦智能化先进制造业，全面优化资本运营

青岛华通于2008年2月经青岛市人民政府批准，由市企业发展投资有限公司、弘信公司、经济开发投资有限公司原3家国有投资公司整建制合并组建，注册资本为人民币20亿元。2011年至2015年，青岛华通先后接收了市委市政府划转的市机械总公司、益青国有资产控股有限公司、市二轻总公司、市集体企业联社、市纺织总公司等5家市直单位及所属企业。

青岛华通在加强统筹谋划、整体推进的基础上，加快处置低效股权、"僵尸企业"，加大清理不良资产力度，推动资源向主业聚集。2020年，公司圆满完成列入山东省清单的78户"僵尸企业"出清，占全市出清任务的96.3%，完成113家低效股权退出。旧能效退出的同时新动能也在不断培育，青岛华通在瘦身基础上健体，聚焦主业，深化改革，提质增效，注重建链、补链、强链，优化企业业务板块，加快转型升级，实现可持续的高质量发展。

作为青岛市国有资本投资运营公司，青岛华通围绕市国资委批复的"智能化先进制造业股权投资、资本运营及产融服务和工业园区开发运营"的主业开展业务。以优化国有资本布局、提高运营效率为目标，通过智能化要素嫁接存量制造业资源，以创新的模式投资建设运营新型工业园区，培育新的产业生态；围绕智能化先进制造业相关业务，通过股权投资、资本运营、产融服务等方式，解决企业历史遗留问题，盘活存量资产，培育上市公司；立足现有产业基础，加快产业整合，加强内外部产业协同，着力构建"产业+园区+基金+产融服务"四位一体运作模式。公司全力打造实业、物业、资本运作、数字四大产业板块，建设资本结构合理、商业模式清晰、优势产业突出的智能化先进制造业投资运营集团。

青岛华通聚焦发展智能化先进制造业，通过资本和数字赋能，推动集团内外的传统产业加快转型升级。一是落实青岛市"高端制造业+人工智能"攻势，整合集团已有的德国KW、锡南铸机、德铸特钢、尼欧迪克等行业重点企业，打造铸造装备产业的青岛KW、电阀特钢两大集团。二是

整合青整制造、青整电子、青微电器等现有军工电子企业，打造整合军工电子集团。三是加快推动青食股份转型发展，通过内涵式发展和并购扩张向上下游产业链延伸，将"青食"打造成为全国知名品牌和民族工业的典范。

2021年1月，青岛市政府印发了《海信集团有限公司改革调整的通知》，将海信集团有限公司100%股权划归青岛华通管理，海信集团下属海信视像和海信家电两家上市公司，补足了青岛华通的上市公司资本板块的空白。海信所在的家电行业正是中国市场化程度最高、最开放、竞争最激烈的行业之一，在美的、格力、TCL、创维等同类家电企业中，海信也是最后一家启动混合所有制改革的国有家电龙头企业。海信集团股权划转给青岛华通的同时，在后者的帮助下顺利寻得了战略投资者，引入了更加灵活的市场机制，激发了公司活力、提升了经营效率，借助与战略投资者的产业协同效应，为公司的国际化发展战略创造了强大的外部助力。

3. 建设国有股权管理平台，完善多层次资本市场

国有股权管理平台主要以全资、控股、参股的形式持有所出资企业的股权。重点是对组合管理、市值管理、参与所出资企业的治理以及推进所出资企业公司制改造等方面加强管理。青岛国投和青岛创投分别是青岛市老牌和新兴国有股权管理平台的代表。

品牌链接

青岛国投：立足青岛，放眼全球，打造先进国资运营平台

青岛国投成立于2013年5月，是经青岛市人民政府批准成立的国有独资公司。公司注册资本金15亿元人民币。青岛国投始终牢记"青岛市政府投资与资产运营受托主体"这一使命，立足本土，与城市"同频共振"，把建设上合示范区、国际航运贸易金融创新中心建设、"双招双引"等青岛中心工作作为改革发展的主攻方向，不断提高国有资本运营管理水平，在

更好地服务国家、省、市重大战略的同时，实现自身的发展壮大和国有资产的保值增值。

公司以服务全市经济社会发展为主导，以创业投资和资本运营、资产管理、政府战略投资项目为主业，突破传统单一投融资业务模式束缚，坚持"重资本、轻资产"的特色化、差异化经营方针，充分发挥"私募股权投资、财务管理和金融服务、资本运营"平台作用，形成以3家全资子公司、1家控股子公司为业务板块，围绕TMT、节能环保、高端装备制造、海洋产业和金融业为主的现代服务业等"4+1"产业方向展开投资，为青岛市经济发展做出了重要贡献。

业务布局上，青岛国投旗下有青岛国际实业发展有限公司、青岛国投金融控股有限公司、青岛国投资本管理有限公司、青岛国投创新投资管理有限公司四家全资子公司，控股青岛市地方AMC——青岛市资产管理有限公司，参股一家上市公司——青岛港，参股高校信息等7家新三板公司。同时，青岛国投还抓住青岛上合示范区、自主创新示范区、山东自贸区建设等战略机遇，在中欧产业园项目、中俄能源基金项目、"一带一路"征信体系建设项目、中英金融科技大学项目、博鳌全球健康产业基金项目等重点项目上发挥国资平台的招引、带动作用。

在基金业务上，青岛国投旗下的青岛国投金融控股公司先后入股了山东中磁视讯股份有限公司及青岛高校信息股份有限公司两家新三板企业，发起设立了青岛国投融海文化产业基金，积极探索设立融资租赁公司、供应链金融公司、青岛市再担保集团等地方金融机构，并努力在参股银行、证券、理财子公司、再保险等金融机构上争取新突破，通过新设、重组并购、战略合作、横向联合等方式，打造金融资源整合运作平台、地方金融及金融服务业态拓展平台、国内外金融机构与青岛本土企业的对接平台。青岛国投创新投资管理有限公司作为基金管理人在PPP产业基金、区域资本市场发展、青岛市中小企业普惠金融等领域广泛参与，公司已在中国基金业协会登记为私募基金管理人。青岛国投资本管理有限公司下设青岛国投得厚投资管理有限公司、青岛国投厚源投资管理有限公司等专业化的基金管理公司。立足于打造"平台+生态"组织，从发现价值入手，协同被投资企业一起创造价值，共享"平台+生态"带来的收益。公司先后成立了青岛国投东兴创业投资基金合伙企业（有限合伙），基金规模11500万元；青岛国蕴致远新三板投资合伙企业（有限合伙），基金总规模30200万元；青岛文资文化产业投资有限公司，基金总规模6000万元。

在资产管理业务上，青岛国投旗下的青岛市资产管理有限责任公司（以下简称公司）是全国首家市级AMC公司。公司以不良资产收购与处置为核心业务，充分发挥地方"金融稳定器"与"资源优化器"的作用，在不良资产收购与处置领域进行一系列的探索与创新。同时公司积极响应政府关于"丰富创新股权融资工具，协助企业改善债务结构"的要求，积极布局构建供应链金融、类固收收益投资和股权投资等特色金融服务业务，服务实体经济。公司先后与青岛农商银行、招商银行青岛分行、青岛银行、中国建设银行青岛分行等多家金融机构密切合作，利用多种金融工具和手段，科学合理地收购和处置不良资产，为降低青岛银行业不良贷款提供保障。同时，公司还不断提高市场化经营水平，努力构建综合性金融服务平台，充分发挥资源优势，通过债务重组、帮助符合条件的国有企业实行债权转股权、创新融资等多种方式，积极按照"去产能、去库存、去杠杆、降成本、补短板"的要求，促进区域产业结构调整升级。

在服务政府战略投资项目上，青岛国投旗下的青岛国际实业发展有限公司先后与西海岸新区、高新区、崂山区、胶州市、莱西市等多个区、市政府对接，在土地整理、新区开发、产业园区开发、公共建筑及商务楼宇开发建设等重大工程项目上达成战略合作意向；对新机场临空经济区、董家口港区、蓝色硅谷等重点功能区进行跟踪研究，并对一些重点项目进行调研论证；对市政府提出的新经济形态，如大健康产业、环保产业、物联网产业等领域进行专题研究，并对一些重点项目形成投资意向。目前公司已成功投资了财富谷大厦项目，在短期内实现了固定资产较大幅度的增值，以欧美基金小镇为借鉴，研究策划以金融创新型汇聚发展的青岛国际财富港项目，助推青岛市财富管理金融综合改革试验区建设。

此外，青岛国投还在推进企业上市、国际化业务等方面进行探索，开展创新业务的尝试。如和香港鼎成金融集团合作，成立青岛资本市场服务基地香港上市服务中心及青岛国投鼎成资产管理有限公司，搭建青岛企业赴港上市资本运营服务平台，推动青岛与香港资本运营全面合作，培育本地上市企业，助力更多青岛企业走向海外资本市场，完善并提升青岛市财富管理金融综合改革试验区的功能。与美国泰普石油产品有限公司合作，在美国旧金山签订建立国际融投资、开展国际租赁业务战略合作伙伴关系的意向书，促进了青岛与旧金山的合作，也为青岛国投与美国公司间的经贸合作、双向投资、人才交流搭建了一个新平台。

青岛创投：改制转企，助力全球风投创投中心建设

打造全球创投风投中心是青岛"十四五"规划的重要战略目标之一，也是青岛一直以来努力发展的方向。2021年5月7日，在2021青岛·全球创投风投大会的开幕式上，一则回顾总结青岛市引导基金十年发展历程的宣传片震撼上演。宣传片以"一只引导基金、十年精准培育、百只基金汇聚、千亿规模呈现、万名精英云集"为主线，展示了青岛市引导基金的十年历程。青岛创投也以此为契机在会上正式揭牌。

青岛市是创投风投产业起步较早的城市。1995年，青岛市成立了青岛市科技风险开发事业中心，这是青岛市创投风投事业的开端，也是青岛创投的前身。2000年，经青岛市人民政府批准，青岛市科技风险投资有限公司正式成立，开启了青岛追寻创投风投事业的脚步。2010年，以国家发展改革委、财政部联合试点新兴产业创投计划为契机，青岛市设立了市级创业投资引导基金，并成立青岛市市级创业投资引导基金管理中心，负责政府引导基金参股创业投资企业和跟进投资企业的调查评估、注资组建、运营监管、退出回收等工作。截至2014年，青岛市累计通过国家创投计划争取中央财政资金2.5亿元，参股基金总规模13.8亿元。2015年1月，青岛市下发了《关于规范设立与运作青岛市股权投资引导基金的通知》，要求引导基金母基金下设蓝色高端新兴与现代服务业、科技、工业和信息产业、

商贸业、文化、农业等六只产业引导基金（后来又拓展了教育等方向），分别由市发展改革委、市科技局、市经济信息化委、市商务局、市文广新局、市农委组成产业引导基金理事会进行管理。青岛市市级创业投资引导基金管理中心主要负责蓝色高端新兴与现代服务业等引导基金的管理。2018年4月，为加快实施青岛市新旧动能转换重大工程，青岛市宣布设立总规模为3000亿元的新旧动能转换基金，青岛市市级创业投资引导基金管理中心作为青岛市新旧动能转换引导基金的名义出资人和受托管理机构，除了参股基金和跟进投资，中心还尝试了母基金运作，以多维的资本助力赋能新旧动能转换。

新成立的青岛创投，将实现对青岛市引导基金的全盘整合。根据2021年度全球创投风投大会发布的"青岛创投风投十条"升级版政策，下一步，青岛市引导基金将进一步明确投早、投小、投科技的导向，并出台有针对性的鼓励扶持政策。青岛市对注册在青岛的创投风投机构投资青岛种子期科技型企业，按照投资额的10%给予奖励，每家管理人每年累计奖励金额最高500万元；在维持1.1倍投返比例的同时，进一步放宽返投认定标准，加大奖励力度，参股基金将符合引导基金投资领域的外地企业引入青岛市的，按投资额的1%给予基金管理机构一次性奖励；基金投资期结束后，投资青岛市企业比例在75%以上的，给予最高100万元一次性奖励。

青岛市市级创业投资引导基金管理中心运行10多年来，青岛市引导基金先后参股基金总规模超1000亿元，累计投资项目600个，26家企业成功上市，其中，直接投资项目280余个，助力青岛市9家企业成功上市。以青岛创投成立为标志的全新的运营机制和进阶的政策让青岛创投也有望成为青岛进一步撬动创业投资活力的国有资本投资平台。

（三）加强联动，国资改革深度参与青岛市"攻势作战"

作为青岛市区域经济发展和承接国家战略的重要内容之一，推进国有企业改革被列为青岛市区域品牌经济发展的十余项"攻势作战方案"之一。在推进国有企业改革时，青岛市国有资本还与其他"攻势作战"密切协调，统筹推进，探索了国有资本服务地方经济建设的新模式。

在政策层面，自2019年青岛市十余项"攻势作战方案"正式发布起，青岛市国资委就全力推进国有企业改革攻势积极对接参与融入各个攻势，实行顶格推进，实现工作机制对接、目标任务对接、项目落实对接，引导市属企业以具体项目为载体，出台《支持市属企业参与全市14个攻势责任分工意见》，针对各个攻势编印作战方案工作手册，引导市属企业在国企改革攻势中以具体项目为载体，主动对接其他攻势，在全市当好排头兵，发挥好市属企业在全市经济社会发展中的主力军作用。2020年，市国资委在推进国企改革攻势中进一步深化融入其他攻势，积极对接其他攻势牵头部门，会商形成专项方案或意见，协同推进市属企业深度融入其他攻势，为青岛市经济社会发展贡献了国资国企的中坚力量。

在"双招双引"攻势上，市国资委会同相关部门，先后出台了《市属企业加快上市发展三年行动计划（2020—2022年）》《关于加强市国资委监管企业"双招双引"工作的指导意见》，持续对接"双招双引"攻势指挥部办公室，协同推动各监管企业在"双招双引"攻势中继续发挥主力军作用，围绕大项目、好项目和高端制造业项目，开展科学招商、精准招商，用好、用活、用足"双招双引"平台，各项攻势任务不断取得新突破。国信集团与上市公司百洋股份控股股东签订了股权转让协议，华通集团青食股份积极筹备申报上市材料，其他监管企业上市工作也正在推进。举行两轮春季重点招商项目网上签约活动，城投集团、国投公司、饮料集团、澳柯玛集团、公交集团、华通集团等企业共签约重点项目6个，投资额约320亿元。推进中关村创业大街落户青岛科技创新街项目，加快落实项目场地、入园企业招商等工作。持续打造"以资引资"平台。城投集团参与山东鼎晖百孚新兴产业创投基金、青岛红土股权投资基金，主要投向先进装备制造、信息技术、新能源、新材料及生物医药等产业，助力青岛新旧动能转换。

在交通基础设施建设攻势上，市国资委起草了《关于市属企业对接交通基础设施建设攻势指导意见》，持续与市交通运输局进行对接，对攻势相关攻坚任务进行了梳理。围绕一流海洋港口建设、新机场建设、地铁建设、现代公路体系建设以及综合客运枢纽系统建设等工作，积极引导市属企业主动参与到攻势中，切实发挥市属企业引领带动作用。积极支持青岛港集团通过发行债券、定向增发等方式进行融资，全面提升港口基础设施服务能力，增强港口群整体国际竞争力。交发集团重点参与省港口集团、青岛港集团相关业务板块的投资合作，实现合作共赢。引导机场集团积极对接市交通运输局，加快推进胶东机场各项工作，持续拓展日韩、东南亚航线，完善国内航线网络布局，提高机场集团行业竞争力，打造东北亚国际枢纽机场。引导交运集团发挥行业、技术及平台优势，积极参与青岛胶东国际机场至东营、淄博、潍坊、日照、烟台、威海等城市长途班线的客运经营。引导城投集团结合青岛航空发展的总体规划，在临空经济示范区打造航空产业园。推进落实高速收费权划转交发集团，支持交发集团参与相关高速公路的拓宽改建工程，助推青岛市现代公路体系建设。支持国信集团参与胶州湾第二海底隧道建设及运营管理工作，助推西海岸新区发展。引导地铁集团加快推进在建线路工程建设，串联起主要对外交通枢纽，实现内外交通一体化、中心城区运营网络化。同时，积极打造 TOD 发展模式，发挥轨道交通的引领作用，以轨道交通"大投入"带动产业"大发展"。

在海洋攻势方面，市国资委起草了《市属企业参与海洋攻势的指导意见》，对接海洋攻势有关牵头部门，梳理市属企业参与海洋攻势的有关工作情况，开展前期工作调研。支持国信集团等有实力、有优势的市属企业发展智慧海洋物联网产业，支持青岛港打造世界一流海洋港口，支持青岛海检集团建设世界级海工装备检测技术创新平台等。针对市属企业参与海洋攻势的项目，找好工作切入点，培育标志性、代表性工程，以点带面，抓好落实。

在突破平度莱西攻势上，市国资委主动对接市发展改革委和《攻势》"四场硬仗"牵头部门，协同市属企业积极参与攻势任务，充分发挥国企社会担当和攻坚任务主力军作用，同时积极向相关部门争取对市属企业的政策支持，相关工作取得积极成效。通过搭建"央企四季行""中欧企业家峰会青岛论坛"等合作平台，协调推进央企及外企与平度、莱西两市合作。其中，5 家央企与平度、莱西签约 6 个项目，投资总额 185.6 亿元；1 家外企与平度签约 1 个项目，投资总额 5000 万美元。定期调度市属企业项目进展情况，青啤集团规划建设的平度智慧产业示范园项目，在做强做优啤酒业务的同时，通过拓展新业务、新产品实现跨越式发展。积极向市发展改革委发函，建议对市属企业在平度、莱西新增投资项目，视同招商引资项目并由两级财政给予一定奖励支持。建议加强对两市和市属企业间的统筹协调，在市属企业加大对两市投资力度的同时，两市也加大与市属企业的对接、支持以及配合力度，实现市属企业与两市的合作共赢。

在国际航运贸易金融创新中心建设攻势上，市国资委第一时间对接有关攻坚队牵头单位，起草形成《关于推进市属企业积极参与国际航运贸易金融创新中心建设工作的指导意见》，围绕发起推进国有企业改革攻势，支持市属企业积极参与国际航运贸易金融创新中心建设。支持山东港口青岛港集团加快建设一流港口设施，构建辐射东北亚港口群的中转网络，完善国际班列网络，打造高效集疏运体系，引进船运公司、第四方物流企业和船舶供应、海事仲裁等航运中介服务机构落户青岛，加快形成产业集聚效应。支持青岛国际机场集团加大航空物流企业引进力度，拓展洲际通达网络，加快布局全国航空货运枢纽间的全货机航线，发挥青岛胶东国际机场国际枢纽功能。支持市属企业主动对接市招引贸易主体的重点方向，发挥市属企业"以商招商""以资引资"平台作用，引进创新能力强、集成服务水平高、具有国际竞争力的贸易总部型企业，助力提升全市专业化贸易水平。支持市属企业结合主业与境内外金融机构开展合作，稳步拓展融资租赁、小额贷款、商业保理等领域金融服务，为航运贸易项目提供资金支持。城投集团、华通集团、国投公司等国有资本投资运营公司主动对接中国—上海合作组织地方经贸合作示范区、中国（山东）自由贸易试验区青岛片区、临空经济示范区等功能区开发建设，积极承担全市重大城建、重大交通和重大产业项目建设任务，以高质量投资服务全市航运贸易发展大局。

在科技引领城建设攻势上，市国资委积极对接科技引领城建设攻势有关牵头部门，梳理市属企业参与科技引领城建设攻势有关工作情况，开展前期工作调研。协助指导配合海尔集团、海信集团、青啤集团、双星集团、海湾集团、澳柯玛集团等市属企业，制订以高科技人工智能推动企业转型升级实施方案。

推动华通集团等市属企业与人工智能领域知名高校、科技领军企业开展相关合作，积极参与科技引领城建设攻势。

在国际时尚城建设攻势上，市国资委对接国际时尚城建设攻势专班，对交运集团、国际机场集团、公交集团、国信集团、地铁集团、旅游集团等监管企业参与国际时尚城建设项目有针对性地进行调研，在此基础上，起草形成《关于市属企业积极参与国际时尚城建设工作的指导意见》。建立协同工作机制，加大国有资本经营预算资金支持力度，加强舆论宣传引导，支持市属企业积极承担时尚产业项目。对接全国知名企业投资青岛，国信集团、华通集团、城投集团、西发集团、旅游集团等监管企业在引进投资额大、带动性强的时尚产业项目等方面发挥国企主力军作用。在时尚产业园区开发、运营方面，华通集团、西发集团等监管企业要创新园区开发运营模式，以园区为载体，与区（市）和功能区在基础设施建设方面实现共建共用，通过分摊资金压力、汇聚各方资源，加速时尚产业集聚。

在高效青岛建设攻势上，市国资委建立与高效青岛建设攻势攻坚目标任务牵头部门、相关市属企业对接联系机制，统筹指导市属企业积极参与高效青岛建设攻势，在落实上级重大决策部署、推进全市经济高质量发展进程中，履行好社会责任，发挥好"排头兵"作用。推进国资监管职能转变，创新建立"五减五加"市场化法治化国资监管新机制，从"三管"向"两管一防范"转变，实现依法科学监管。制定权责清单和授权放权清单。研究制定出资人监管权责清单和授权放权清单，在依法落实出资人监督管理权的基础上，对企业充分放权赋权，激发企业改革创新活力。组织相关市属企业开展专项清理，充分排查摸底，实事求是地反映有关情况。对企业报送的专项清理结果进行汇总整理，按要求及时报送牵头单位，并督促有关企业及时规范做好履约清理工作。组织开展清理拖欠民营企业中小企业账款工作。加大清欠力度，明确清欠计划，对清欠进展慢的企业及时进行约谈、督办，确保清欠质量和进度，对个别单位投诉反映情况及时转交有关企业办理并进行跟踪调度。

在乡村振兴攻势上，市国资委与市农业农村局等攻势牵头部门建立协同对接机制，加强在项目规划、政策支持、组织协调等方面的研究，定期互通进展情况，及时发现存在问题，迅速研究解决办法，形成工作合力，推动攻势有序顺利推进。加大"双招双引"力度，以大项目带动乡村振兴。建立市级乡村振兴重大项目库，坚持储备一批、开工一批、投产一批，倒排工期，挂图作战，压茬推进，加快项目落实落地。加快突破平度、莱西，把大项目向平度、莱西集中摆放。同时做好督导宣传推广，完善乡村振兴典型发现、培育、总结、完善、推广机制，在全国全省推广体现青岛特质、代表青岛水平的典型经验。支持各市属企业通过投资兴业、资源开发、建设生产线等多种形式，帮助乡村培育特色产业，推动乡村产业转型升级。充分发挥市属企业自身资本优势及投融资平台优势，持续推动城乡品质提升，加大基础设施配套建设力度，推动乡村生态宜居建设。支持市属企业加大用大项目带动乡村振兴的工作力度，推动一批大项目参与乡村振兴攻势，同时，借助自身产业链优势，协助引进一批大项目。围绕一二三产业融合发展，探索建立组织企业化、技术现代化、服务专业化、经营市场化的体制机制，加快转型升级，培育新型产业。

在"高端制造业 + 人工智能"攻势上，市国资委起草了《市属企业加快布局"新基建"实现数字化智能化转型升级三年行动计划（2020—2022 年）》，围绕"智能化先进制造业"的板块布局战略目标，提出并发布市属制造类企业主业认定清单。清单全面对接了"高端制造业 + 人工智能"攻势方案提出的新一代信息技术、新能源汽车、高端智能家电、智能制造装备等攻坚方向，为把握企业发展方向，统筹国有资本布局和服务攻势战略奠定了坚实基础。

在壮大民营经济攻势上，市国资委与市民营经济工作局、各市属企业建立联席工作会议制度，加强民营经济（中小企业）发展工作组织机构和工作机制建设，统筹国有资本经营预算资金、科技创新专项资金、新旧动能引导资金等各类资金和补贴政策，对积极支持民营经济（中小企业）发展的市属企业、重点项目，在技术研发投入、生产设备改造、市场应用推广、产业基金扶持等方面给予政策支持，支持市属企业向优秀的民营经济、中小企业发展先进典型学习，形成有利于民营经济和中小企业健康发展的良好社会舆论环境。推进市属企业与民营企业等各种所有制资本协调融合发展，鼓励民企等非公有制企业参与混合所有制改革，实现各种所有制资本取长补短、相互促进、共同发展。推进国有资本以市场化方式参与民营企业的投资、并购、重组，实现两者在产业层面、资本层面和业务层面的融合，推动国有企业和民营资本深度融合。鼓励市属企业与民营企业联合承担国家各类科研项目，参与国家重大科学技术项目攻关。建立激发企业家创意创新机制，鼓励国有企业和民营企业提出创意和想法，经论证后可行的，实行"一业一策""一企一策"精准扶持。支持市属企业中的龙头企业实施产业链延伸，带动民营企业发展，吸引各类资本助推民营经济发展。发挥国有资本的引导作用，带动社会资本投资布局新兴产业。开展民营企业中小企业账款清欠工作，增强民营企业的发展信心，稳定社会预期。发挥国有企业担当，疫情期间降低中小企业租用国有房产租金，减免政府主导创建的创业载体房租，补贴社会力量创建的创业载体房租。

在城市品质改善提升攻势上，市国资委积极与市属企业进行对接，鼓励支持市属企业主动参与到城市品质改善提升攻势中，结合市属企业实际和攻势特点，主动融入、找准位置、紧抓商机。鼓励支持西发集团参与"建设宜居宜业的幸福之城攻坚战"。鼓励支持市政集团参与"建设宜居宜业的幸福之城攻坚战"。鼓励支持旅游集团参与"建设多元融合的魅力之城攻坚战"。支持旅游集团加快帆船码头建设，提升现有码头服务水平，结合市场需求，适时增加码头和泊位，启动"帆船之都"全球品牌推广中心规划建设。鼓励支持市政集团参与"建设崇尚艺术的创意之城攻坚战"。支持市政集团在夜景亮化工程方面优化存量、精心经营、打造精品，助力打造"南游黄浦江、北游浮山湾"的特色夜间旅游品牌。

（四）弘扬企业家精神，加强国有企业家队伍建设

计划经济时期，我国 90% 以上的企业都是国有企业，国有企业的经营管理人员不具备自主经营的权利，难以被称之为企业家。改革开放后，特别是随着社会主义市场经济体制的建立和国有企业改革的不断深入，大多数国有企业已经从政府附属机构、部门转变为自主经营、自负盈亏、自我发展、自我约束的市场竞争主体，国有企业如同其他类型企业一样需要为企业家成长和发展提供广阔的舞台和空间，也对优秀企业家和企业家精神产生更大、更紧迫的需求。2017 年 9 月《中共中央、国务院关于营造企业家健康成长环境弘扬优秀企业家精神更好发挥企业家作用的指导意见》正式公布。这是中央首次以专门文件形式提出国有企业家概念，第一次提出和肯定国有企业家的重要地位和贡献，并明确了国有企业家"对党忠诚、勇于创新、治企有方、兴企有为、清正廉洁"的精神内涵。

青岛市国有经济占比在全国处于突出位置，品牌企业与企业家精神交相辉映、相得益彰。改革开放以来，青岛市培育了海尔、海信、青啤、澳柯玛、双星等一批国有（集体）品牌企业，涌现出张瑞敏、周厚健、黄克兴等一批优秀企业家，形成了闻名全国的"青岛企业家群体现象"。这也正是青岛区域性国资国企综改试验选取国有企业家队伍建设作为改革主题之一的底气所在。开展以国有企业家队伍建设为特色的区域性国资国企综合改革试验，是贯彻落实党中央、国务院国企改革三年行动方案的总抓手和特色亮点，也符合青岛市国资国企改革发展历史特点，有利于充分发挥国有企业在落实国家战略中的作用。青岛市委、市政府明确提出，搞活一座城，先要搞活国有企业、搞活国有企业家。青岛开展综改试验，就是要全面激发企业家干事创业的内生动力，带领国有企业在落实国家战略中发挥"主力军""领头雁"作用。

青岛市国资委起草的《青岛市开展区域性国资国企综合改革试验实施方案（上报稿）》（以下简称方案）已正式提报国务院国企改革领导小组办公室。青岛将在体制机制层面创新落实"对党忠诚、勇于创新、治企有方、兴企有为、清正廉洁"20字要求，探索独具地方特色的国有企业家队伍"五位一体"建设模式，全面激发企业家干事创业的内生动力。

开展以国有企业家队伍建设为主题的区域性国资国企综合改革试验，是《青岛市推进国有企业改革攻势作战方案 3.0 版》的总抓手。在改革过程中，青岛市围绕"对党忠诚、清正廉洁"的原则，坚持政治标准，培育国有企业家队伍的政治品质，全面加强党对国有企业的领导，规范国有企业党的建设，把深入贯彻"两个一以贯之"作为首要政治责任，把提高经济效益和实现国有资产保值增值作为发展第一要务，把社会责任作为国企第一担当，实现企业家价值、企业利益和社会效益三者综合效应的最大化。国有企业家队伍建设，就是要从国有企业领导人员管理体制程序化改革入手，遵循市场经济规律和企业家成长规律，探索不同于党政领导干部的国有企业领导人管理模式。方案要求，在体制机制层面创新探索"坚持政治标准、依法规范治理、培育企业家精神、落实物质利益原则、完善体制机制保障"独具地方特色的国有企业家队伍建设模式。

方案中明确提出了鼓励创新发展的原则，鼓励国有企业和从事新产业、新业态、新商业模式的企业，或者在具有较高风险和不确定性的创新业务领域的企业，按照风险共担、利益共享原则引入跟投机制；对竞争类市属企业以价值创造为导向、聚焦关键岗位核心人才、建立超额利润分享试点工作机制情况，进行总结评估并完善优化。通过完善创新容错机制，鼓励企业家敢于创新、勇于创新；通过实施创新驱动人才引领计划，支持企业家加强关键技术攻坚；通过加强国有企业"三支队伍"建设，培养企业家梯队；通过完善"三权"权责分立机制，厘清出资人监督权、企业法人财产权、经营管理自主权"三权"边界，保障企业法人财产权和国有企业家的经营自主权。

方案中对于国有企业家在国企混合所有制改革中的地位和作用提出了新的思路：在混合所有制企业探索实施不同于国有独资、国有全资公司的治理机制和监管制度，形成多元主体的现代企业治理模式。在此基础上，落实马克思主义物质利益原则，在中长期激励、国有资本收益增量分享、管理层和核心骨干持股改革等方面，结合青岛发展实际进行创新突破，特别是对从事新技术、新产业、新业态、新模式的混合所有制企业，加大创新探索力度，使企业家的价值贡献与收入所得成正比，最大程度上释放人才红利。

当然上述政策仅仅是青岛市提报国务院国企改革领导小组办公室的上报稿，还未到真实落实的阶段，也无法用直观的数字衡量该政策的结果。但从一般企业现代公司治理体系和经理人激励的理论和实践来看，将企业家个人利益与企业经营发展成果挂钩，充分发挥经理人的主观能动性，无疑是提高企业经营效率的一个有效途径。

（五）国企改革成效初显，国资运营效率显著提升

上述一系列行之有效的改革措施极大地释放了国有企业的活力，在产业布局优化的同时，国有企业的经营效率也有了显著的提升。

截至 2020 年底，青岛市属企业资产总额达到 2.54 万亿元，全年实现营业收入 5895.62 亿元，利税总额 901 亿元，较上年分别增长 18.4%、10.7% 和 11.27%。国有资本经营预算收入上缴收益增长 72%，创历史新高。2020 年累计完成固定资产投资 621 亿元，较上年增长 4.71%，高于全市固定资产投资增幅水平；全年吸纳就业 9000 余人。

全市新增 2 家资产规模过千亿元和 1 家过五百亿元的企业，青岛地铁资产突破两千亿元，青岛国信资产实现过千亿元，青岛海发资产超七百亿元。市属企业资产过千亿的已达到 7 家，过五百亿的企业 9 家，提前两年完成国企改革攻势作战方案提出的"打造 5—6 家资产过千亿元、3—4 家资产过 500 亿元的企业集团"任务目标。区（市）、功能区所属国有企业实现了整体扭亏为盈的历史性突破，资产总额达到 1.26 万亿元，营业收入 1116.04 亿元，实现利润 57.21 亿元。

2020 年青岛市属企业新增百洋股份、三宝科技 2 家上市公司，西海岸新区等区市国有企业收购 4 家上市公司，青岛华通旗下青食股份首发上市申请已获证监会正式受理。青岛市属企业控股上市公司已达到 15 家，截至 2020 年底市值超过 3100 亿元。青啤股份首次进入"千亿市值俱乐部"，A 股股价最高，突破百元。

在供给侧，青啤集团、双星集团等 10 户市属企业与海尔卡奥斯平台合作，助力打造世界工业互联网之都；在需求侧，青岛华通与阿里、海信集团与腾讯开展合作，推动企业转型升级。澳柯玛控股集团所属的澳西科技公司、青岛华通所属的尼欧迪克公司入选国务院国企改革办"科改示范行动"企业。青岛市国资委积极推进国资大数据在线监管系统一期开发，完成数据管理平台部署、核心业务模块开发、全市国资监管网络布设、信息化运行中心建设，顺利通过项目验收，接入了国务院国资委全国性国资国企在线监管系统和山东省国资委国资国企在线监管系统，并被山东省工业和信息化厅评为 2020 年度山东省优秀大数据应用案例。

三、听心声、做服务，激活民营经济，助力区域品牌经济发展

民营经济是我国社会主义经济体制的有机组成部分，是推动我国发展不可或缺的力量，是创业就业的主要领域、技术创新的重要主体和国家税收的重要来源，为我国社会主义市场经济发展、政府职能转变、农村富余劳动力转移、国际市场开拓等发挥了重要作用。改革开放 40 多年来，我国民营经济贡献了50% 以上的税收，60% 以上的国内生产总值，70% 以上的技术创新成果，80%以上的城镇劳动就业，90% 以上的企业数量。发展区域品牌经济，必须充分调动民营企业的积极性，提升民营经济的活力。

为激发民营经济发展活力，青岛市积极贯彻执行促进民营经济、中小企业发展政策，落实发展规划、政策措施，鼓励、支持、优化民营经济发展环境，建设民营经济发展公共服务保障体系，推动完善民营企业融资机制，协调推动维护民营企业和企业家合法权益，为青岛市民营经济的发展和区域品牌经济建设提供了强大的助力。具体来说，青岛市在以民营经济助力区域品牌经济建设过程中的举措主要包括以下几点。

（一）创造性地建立民营经济创意会制度

秉持让企业家写好"剧本"，政府当好"场务"的服务理念，青岛市由民营经济发展局牵头，先后发布了《青岛市推进民营企业创意创新工作实施方案》《关于支持民营企业和中小企业改革发展的意见》等地方性政策，创造性地提出了民营经济创意会制度，激发民营经济和民营企业的活力，激活民营经济的创造力，鼓励和支持民营企业表达诉求、建言献策，以更高的积极性和主动性参与区域经济和区域品牌建设。民营经济创意会不仅是一个创意项目展示平台，更是致力于打造一个"政策配套齐全、金融资本助力、应用场景开放、资源充分对接"的项目落地闭环生态。在平台建设的过程中，由政府主要领导领衔，成立项目专班，通过整合全域资源，提供"一站式"服务，顶格协调推进企业发展创意方案，支持创意方案落地生根、开花结果。

民营经济创意会不是传统意义上的圆桌式座谈，而是一个民营企业家广泛参与并表达意见的平台。在这个平台上，民营企业家之间可以充分沟通互动，他们将创意相互交流、相互碰撞，进而迸发出有价值的火花。利用这个平台，民营企业家还可以同政府部门的负责人沟通，并向政府提出有针对性的建议。通过探索建立闭环递进、螺旋式上升的民营企业创意"论证—发布—落实—推进"机制，民营经济创意会可以多维度、多场景助推民营企业家创意创新，进而倒逼政府部门为民营企业真服务、服真务，为企业提供政策、资金、人才、市场等创新要素资源支持。

在发展民营经济的工作中，青岛市政府以民营经济创意会为载体，坚持"顶格倾听、顶格协调、顶格推进"，坚持用平台思维做乘法，以平台聚资源，聚焦民营经济发展的难点、痛点和堵点，坚持"一项目一策""一企一策"，全力推动民营企业和民营企业家高价值"创意"实体转化。

（二）发起壮大民营经济的专项攻势作战

在推动区域经济和品牌经济建设的过程中，青岛市的典型做法是开展专项的"攻势作战方案"，这样的攻势青岛市一共发起了十几个。其中，发展民营经济是诸多攻势中的重要一环。为了进一步提升民营经济的活力，提高民营企业的竞争力，青岛市成立了"壮大民营经济攻势作战指挥部"，自2019年起，连续发起壮大民营经济攻势作战，目前，方案已经进入3.0版。

在2021年4月发布的《壮大民营经济攻势作战方案3.0版》中，青岛市提出了提振民营企业家信心攻坚战、推动民营经济提质增量攻坚战、破解民营经济发展难题攻坚战、搭建民营经济服务平台攻坚战四项主要任务。

围绕着四项主要任务，青岛市进一步细化出了壮大民营经济的17项细分任务和70项具体工作计划。其中17项细分任务包括：在提振民营企业家信心方面，提出大力营造尊商重商社会环境、构建亲清新型政商关系、营造竞争中性市场环境、优化公正高效法治环境四项任务；在推动民营经济提质增量方面，提出实施"十百千万"行动计划、实施市场主体"升级"行动计划、实施"内招外拓"行动计划、实施"企业扎根"行动计划四项任务；在破解民营经济发展难题方面，提出破解融资难题、破解成本高难题、破解用地难题、破解人才难题、破解政策难题五项任务；在搭建民营经济服务平台方面，提出健全公共服务平台、深化"双湾计划"平台、做实"民企创意"平台、提升对外合作平台四项任务。

以上述"4+17+70"的任务目标体系为导向，青岛市在推动民营经济发展的过程中明确责任单位，明确完成时限，统筹调度，挂图作战，顶格协调推进，加强督导考核，不断优化发展环境，着力推动民营企业创新创造、转型升级、健康发展。以"攻势作战方案"为纲，青岛市还制定了一系列配套的政策，如《青岛市民营和中小企业服务导航》《青岛市世界工业互联网之都建设工程中小企业三年行动计划》《青岛市民营和中小企业发展促进办法》《关于进一步促进民间投资若干措施的通知》等。

政府对民营经济的顶格关注和长期投入得到了丰厚的回报。2020年[①]，青岛市全市民间投资增长13.0%，高于全市固定资产投资9.8个百分点，高于全省民间投资增速6.1个百分点，高于全国民间投资增速12个百分点。全市民间投资在建项目4192个，拉动全市投资增长6.8个百分点，成为推动全市投资增长的重要力量。截至2020年12月，青岛市实有民营市场主体176.40万户，同比增长16.66%，占全市市场主体总量的98.13%，其中2020年新登记民营市场主体36.22万户，同比增长14.84%，占全市新登记市场主体户数的99.34%。全市实有民营经济注册资本47950.63亿元，同比增长30.27%，占全市实有注册资本总量的70.88%，其中2020年新增民营经济注册资本10600.07亿元，占全市新增注册资本的75.92%。民营企业进出口4222.7亿元，同比增长19.5%，占同期全市外贸总值的65.9%，拉动全市进出口增长11.6个百分点。全市民营经济实现税收1146.8亿元，同比增长1.2%，高于国内税收4.3个百分点。全市民营经济新吸纳就业36.97万人，同比增长11.33%，高于全市城镇新增就业3.84个百分点，占就业总量的82.62%。

---

① 因《壮大民营经济攻势作战方案3.0版》2021年4月发布，故这里统计的是2.0版下的民营经济发展成果。

（三）落实民营经济发展专项补助，鼓励民营企业做大做强

从总量上来看，民营经济在青岛市的区域经济格局中占有重要地位，在税收、就业、经济增长和社会稳定中发挥着重要的作用。但从个体来看，民营企业绝大多数属于中小企业，由于资金、技术、管理和发展理念上的局限，民营经济在持续发展和创造品牌上面临着一定的困难。一方面，部分民营企业的企业主存在小富即安的思想，没有主动创品牌的动力；另一方面，即使有持续发展壮大的想法，民营企业在具体实践过程中也面临不知如何操作，或者没有足够的资金实力完成自我成长的困境。为了提升民营经济和中小企业的发展质量，帮助企业持续做大做强，青岛市推出了一系列专项补助政策，由民营经济发展局牵头，以财政资金带动、引领，解决民营企业在发展壮大和品牌建设过程中的理念、技术、资金难题，为民营企业的做大做强提供助力。具体举措有以下几个方面。

颁布《青岛市"专精特新"中小企业认定办法》（青民发规〔2020〕1号），在青岛市注册并经营两年以上，具有独立法人资格，符合国家中小企业划型标准，生产经营状况良好，上年度营业收入300万元以上的具有"专业化、精细化、特色化、新颖化"特征的中小企业，可以申请"专精特新"认定，并由政府提供后续的培育计划。被评定为"专精特新"的中小企业，可申报技术改造、产业链配套、隐形冠军、专精特新小巨人等项目；可获得政府在融资增信、技术创新、管理提升、对外交流等方面的支持，同时青岛市辖区内的各区县也会根据自身情况给予奖励。

颁布《关于支持民营企业和中小企业改革发展的意见》（青发〔2020〕14号），除了进一步优化民营企业的竞争环境，在用地、用工、融资等方面提供倾斜性政策，还专门为民营企业的发展提供专项的鼓励政策。对首次通过高新技术企业认定的企业，一次性奖补15万元，并按其认定当年加计扣除研发费用的10%再给予最高30万元奖补；对再次通过认定的，一次性奖补10万元；对被认定为青岛市隐形冠军、山东省"专精特新"、山东省瞪羚和独角兽的企业，分别奖补50万元、30万元、50万元和300万元。

一系列的补助政策极大地促进了青岛市民营经济的发展，激发了青岛区域

经济的活力。2020 年，青岛市的民营企业中共有 12 家企业入围 2020 年山东省民营企业百强；10 家企业入围全球独角兽企业 500 强；新认定"专精特新"企业 1521 家，累计达到 3274 家；新评选"隐形冠军"企业 33 家，累计达到 112 家；40 家企业获评省瞪羚企业，累计达到 70 家；42 家企业获评工信部专精特新"小巨人"企业，累计达到 47 家；全市新登记四新民营企业 6866 户，其中，"新技术"企业 1582 户，"新产业"企业 1082 户，"新业态"企业 4195 户，"新模式"企业 7 户。

（四）加大金融支持力度，为民营企业发展"输血"

资金是企业的生命线，及时、足额、低成本的资金供应对于企业的发展壮大至关重要。中小型民营企业由于自身资金实力有限，前期积累不足，能否获得外部资金的支持更是直接决定了企业的发展前景。然而，由于民营企业经营稳定性弱、资产抵押能力有限、企业信用和增信措施不足等客观现实，中小型民营企业在融资过程中往往处于被动的地位，很难获得外部资金的支持。为了帮助民营企业解决融资难、融资贵，助力企业快速发展，青岛市政府会同人民银行、银保监会以及金融机构，联合出台了一系列旨在帮助民营企业实现外部融资的扶持政策。主要包括以下内容。

1. 青岛市民营经济发展局、青岛市财政局、中国人民银行青岛市中心支行、中国银行保险监督管理委员会青岛监管局共同发布了《关于创新开展中小微企业政策性转贷工作的通知》（青民发字〔2019〕18 号）。

2. 青岛市民营经济发展局、青岛市财政局共同发布了《关于做好中小企业担保资金扶持项目管理工作的通知》（青民发字〔2019〕25 号）。

3. 青岛市民营经济发展局、青岛市财政局共同发布了《关于做好区域性股权交易市场挂牌企业补助项目管理工作的通知》（青民发字〔2019〕29 号）。

4. 青岛市财政局、青岛市民营经济发展局共同发布了《关于进一步做好政府采购合同信用融资工作的通知》（青财采〔2019〕20 号）。

5. 青岛市民营经济发展局、国家开发银行青岛市分行、青岛银行股份有限公司、青岛农村商业银行股份有限公司共同发布了《关于应对新型冠状病毒感染的肺炎疫情金融支持中小企业发展的通知》（青民发字〔2020〕2 号）。

上述政策的实施极大地缓解了民营企业融资难、融资贵的问题，青岛市民营企业的融资环境进一步优化，获得外部资金支持的企业数量和企业总融资额度均大幅提升。从银行贷款情况看，截至 2020 年末，全市小微企业贷款余额3301.24 亿元，同比增长 22.99%。从直接融资情况看，2020 年，青岛市民营企业通过发行股票和交易所债券累计融资 67.25 亿元。其中，4 家民营上市公司首发融资 34.67 亿元，3 家民营新三板公司通过公开发行及定向增发融资 2.58亿元，3 家民营上市公司通过可转债融资 30 亿元。2020 年，青岛市共新增过会民营企业 12 家，其中 4 家已上市，8 家待发行；新增精选层挂牌民营企业 2家，其中 1 家为全国首批、山东首家精选层挂牌企业。截至 2020 年末，全市拥有境内上市的民营企业 28 家，新三板挂牌民营企业 72 家。

（五）综合应对、各方协作，助力民营企业"抗疫"

2020 年初暴发的新冠肺炎疫情改变了我国的经济运行态势，给企业的生存和发展带来了极大的不确定性，民营企业由于规模小、资金实力弱、市场相对集中，受到的影响尤为剧烈。为全面落实党中央、国务院和省委、省政府关于疫情防控的决策部署，青岛市围绕稳定职工队伍、减轻企业负担、加大金融支持、完善政策执行四个方面，提出了十八项举措，为民营企业顺利度过疫情危机提供帮助。具体包括以下内容。

1. 实施援企稳岗政策，对不裁员或少裁员的参保企业，可返还其上年度实际缴纳失业保险费的 50%。

2. 缓缴社会保险费，对受疫情影响，连续 3 个月以上无力支付职工最低工资或 3 个月以上无法正常生产经营仅为职工发放生活费的企业，经批准后缓缴社会保险费，缓缴期间免收滞纳金。

3. 支持鼓励各类灵活用工信息平台发挥作用，畅通用工信息供需对接机制，缓解企业用工难。

4. 延期缴纳税款，对因受疫情影响办理申报困难的中小企业，由企业申请，依法办理延期申报。

5. 减免中小企业税费，因疫情影响遭受重大损失，缴纳城镇土地使用税、房产税确有困难的，经税务机关核准，减征或者免征城镇土地使用税、房产税。

6. 优化退税服务，对生产销售用于新冠肺炎疫情防控的药品、医疗器械的企业，在落实增值税留抵退税过程中予以政策支持。

7. 引导降低小微企业房租成本，疫情期间，国有、集体及享受过财政支持政策的小微企业创业载体要带头减免承租的小微企业房租，鼓励其他民营小微企业创业载体为租户减免租金。

8. 确保中小微企业贷款量增价降，积极争取信贷资源，加大对中小微企业的信贷支持，提高中小微企业首贷率、信用贷款占比、无还本续贷占比，增加制造业中小微企业中长期贷款投放。

9. 缓解企业资金流动性困难，要求各银行机构对因受疫情影响无法正常经营、遇到暂时困难、不能及时还款的中小企业，不得盲目抽贷、断贷、压贷，允许其适当延期还款，做好续贷服务。

10. 降低企业首贷门槛，对受疫情影响较大、有发展前景但暂时困难的中小企业，积极开展首贷培植推进工作。

11. 加大中小企业融资增信力度，充分发挥小微企业贷款风险补偿、制造业企业贷款风险补偿、融资担保补助等政策效应，支持金融机构加大对中小企业贷款投放。

12. 鼓励地方金融机构为中小微企业提供差异化的金融优惠服务，对受疫情影响暂时困难的中小微企业，国有融资担保机构可减收或免收融资担保费和再担保费。

13. 加快支持企业发展资金兑现进度，对受疫情影响较大、有发展前景但暂时困难的中小企业，各预算主管部门要建立资金审核绿色通道，优化流程，财政部门要及时拨付资金，尽快发挥财政资金效益，切实帮助企业渡过难关。

14. 规范行政执法行为，城市管理、市场监管等部门依法履职时，对中小企业轻微违法违规行为，要实行预先提醒、主动指导、及时纠正等措施，最大限度减少对中小企业生产经营活动的影响。

15. 建立企业应对疫情复工复产帮扶机制，通过市中小企业公共服务平台、微信、热线等方式，及时协调解决中小企业复工复产遇到的困难和问题，对重大事项，按照"一事一议"的原则专题研究。

16. 建立清理和防止拖欠账款长效机制，持续推进清理拖欠民营企业中小企业账款工作，各级政府、国有企业要依法履约，避免形成新的拖欠。

17. 建立贸易纠纷专项法律援助机制，通过政府购买法律服务等方式，对企业存量订单面临的违约和纠纷情况提供政策咨询，对企业新签立的订单提供咨询服务，减少贸易风险点。

18. 建立行业专项政策支持机制，各行业主管部门，要根据疫情发展情况，加强调查研究，坚持"一业一策"精准扶持。积极引导企业创新经营模式，化危为机，众志成城，共克时艰。

以上举措的实施对于民营企业顺利度过疫情危机起到了极大的作用，在疫情的影响之下，青岛民营经济的数量、资产规模、创造收入、上缴税收和吸纳就业人口等方面均保持了较高的增速。

第六章

代表性区域——西海岸新区

青岛西海岸新区是根据国家海洋经济发展战略而确定建设的新区，是中国第九个国家级新区，于 2014 年 6 月 3 日经国务院批复同意而设立，包括青岛市黄岛区全部行政区域，陆域面积 2096 平方公里，海域面积 5000 平方公里、海岸线 282 公里，区内有十大功能区，辖 23 个镇街 376 个村和社区，总人口 221 万。新区设立后，区委、区政府的各职能部门在各级政府的大力支持下，秉承"先行先试，善作善成"的新区精神，在贯彻、落实党中央、国务院和山东省、青岛市关于新区发展各项方针、政策的基础上，立足新区发展实际和产业现状，创造性地采取了一系列有针对性的措施，为新区的区域经济发展和品牌建设注入了新的活力，将新区打造成了青岛市、山东省乃至全国范围内国家级新区建设的标志名片。2020 年该地区生产总值达到 3721.7 亿元，占青岛市总量的 1/3，对青岛市增长贡献率达到 30%；固定资产投资占青岛市总量的 31%，"四新"投资占比 50.6%，省、市级重大项目数量全市第一；规模以上工业增加值占青岛市总量的 34%；一般公共预算收入完成 267.2 亿元；实际利用外资 13.7 亿美元，增长 11.4%；货物进出口总额 2149.2 亿元，占青岛市总量的 35%；新增市场主体 9.3 万户，增长 32.4%，总量达 36.6 万户，获批国家进口贸易促进创新示范区、山东省级高质量发展先进区。

一、历史沿革①

2012年11月，在国务院《关于同意山东省调整青岛市部分行政区划的批复》和山东省政府《关于调整青岛市部分行政区划的通知》的指导下，青岛市对于部分行政区划进行了调整，撤销原黄岛区、胶南市，设立新的黄岛区，以原黄岛区、胶南市的行政区域为新的黄岛区的行政区域。

2014年6月，国务院发布国函〔2014〕71号文，正式批复了山东省政府提交的《山东省人民政府关于申请设立青岛西海岸新区的请示》（鲁政呈〔2013〕26号），同意设立青岛西海岸新区。

2014年6月，经国务院同意，国家发展改革委印发了《青岛西海岸新区总体方案》（发改地区〔2014〕1318号），对西海岸新区的区域定位、重点发展方向做出了明确的指示。

2017年12月，经山东省第十二届人民代表大会常务委员会第三十三次会议审议通过，青岛西海岸新区管理委员会设置的工作机构与黄岛区人民政府工作部门合署，履行相应的经济社会管理职能。

2019年10月，山东省人民政府做出了《关于同意青岛市黄岛区藏南镇更名为藏马镇的批复》（鲁政字〔2019〕190号），同意藏南镇更名为藏马镇，其行政区域范围和镇政府驻地保持不变。

2020年6月，在山东省人民政府的批复下，西海岸新区的行政区划再次调整，撤销王台镇、张家楼镇，分别设立王台街道、张家楼街道。至此，黄岛区（西海岸新区）下辖行政区划调整为8镇14街道。

二、区域品牌经济发展基础雄厚，区位优势明显

西海岸新区位于胶州湾西岸，规划范围为青岛市黄岛区全域，陆域面积

---

① 西海岸新区的历史沿革最早可上溯到公元前一千多年西周时期的莒和琅琊邑，这里仅截取胶南市和黄岛区合并，西海岸新区所在地域作为统一行政区划后的阶段。

2096 平方公里，海域面积约 5000 平方公里，2019 年常住人口 160.82 万人。新区以海洋经济发展为主题，地理区位和海洋科技优势突出、产业基础雄厚、改革开放成效明显，具备推进陆海统筹、城乡一体的独特条件。

（一）地理区位条件优越

新区位于京津冀都市圈和长江三角洲地区紧密联系的中间地带，扼守京津海洋门户，是沿黄河流域主要出海通道和亚欧大陆桥东部重要端点，是沈（阳）海（口）、青（岛）银（川）国家东西、南北大通道的交会点；与朝鲜半岛、日本列岛隔海相望，与釜山、东京、旧金山等湾区城市处于同一黄金纬度，具有辐射内陆、连通南北、面向太平洋的战略区位优势。

（二）海洋科技优势突出

青岛是全国著名的海洋科学城，在青岛东部的即墨鳌山湾畔，国家级海洋创新平台——青岛蓝谷聚集了海洋试点国家实验室、国家深海基地等 20 多家涉海科研机构，全国知名高校科研院所 22 家，科研创新平台 44 个，超过 250 家科技型企业入驻，引进各类海洋人才 4500 余人，蓝谷因此被誉为"中国海洋科创大脑"。坐落于蓝谷的青岛海洋科学与技术试点国家实验室，联合澳大利亚、美国、俄罗斯等国建起海外研究中心，已搭建起国际海洋科研的"朋友圈"。海洋超算平台、"蓝色药库"、新型海洋高端装备等研究成果斐然，其中多项科研成果全球领先。目前，西海岸新区汇聚了全国 30% 的涉海院士、40% 的涉海高端研发平台和 50% 的海洋领域国际领跑技术，海洋科技未来发展潜力巨大。

（三）港口航运实力雄厚

西海岸因海而生，凭港而兴，拥有董家口港和前湾港这两大国家一类开放口岸，"世界上有多大的船，西海岸就有多大的港口"。目前，前湾港自动化码头单机作业效率已达每小时 43.23 自然箱；青岛港为 220.7 自然箱 / 小时，这些数字直观反映出青岛港的世界级作业效率，也吸引了世界上众多船运公司在青岛港开设航线。自 2018 年下半年开始，青岛港就率先启动了"改革创新、提升服务"专项行动，主动"降费、提速、减证"，带头优化口岸营商环境，使港口整体运作效率持续提升，还带动了整个口岸和相关产业链的服务升级，成为实现山东建设海洋强省、青岛加快建设国际海洋名城战略部署的新驱动力。

（四）产业集聚效应明显

依托港口优势，西海岸新区的产业集聚效应明显增强，港口资源优势逐步转化为经济优势，为西海岸新区经济发展注入了强劲新动能。以董家口港为例，近年来，董家口港迅猛发展，给众多临港企业创造了巨大的优势，营造了充满活力的发展环境。海湾化学公司在距离海湾化学厂区10公里左右的地方建起的液体化工码头，依托"前港后厂"的模式，每年仅原料运费就能节省三四千万元。港口建设发展带来的巨大便利吸引了精品钢基地、粮油加工和矿石贸易中心、原油分拨贸易中心等大批产业项目入驻，很多国外的资本、设备、技术和管理也加快落地，英国壳牌等世界著名跨国公司和马士基集团、迪拜港口等世界著名船运公司纷纷关注青岛港、落户西海岸。

三、区域布局合理，几大功能区各具特色

（一）青岛经济技术开发区

青岛经济技术开发区于1984年10月经国务院批准设立，1985年3月动工兴建，是首批14个国家级开发区之一。成立以来，开发区紧紧抓住西海岸新区开发建设上升为国家战略的历史机遇，以国务院办公厅《关于促进国家级经济技术开发区转型升级创新的若干意见》精神为指导，以"实施海洋战略、率先科学发展、建设美丽新区"为目标，全力推进开发区率先转型升级、创新发展。经过30多年的开发建设，开发区从一个小渔村逐步发展成为全市乃至全省开放型经济发展程度最高的现代化城区之一，综合发展水平评价连续13年居全国国家级开发区前列，成功获批国家智能化工业示范园区。

（二）青岛前湾保税港区

青岛前湾保税港区于2008年9月7日经国务院批复设立，由保税区、保税物流园区整合临近港口转型升级而成，规划面积9.72平方公里，建设码头泊位21个，享有"保税、免税、免证"和"境内关外"等特殊政策。经青岛市委、市政府研究决定，保税港区整合青岛西海岸出口加工区、青岛出口加工区，率先实现了保税区、保税港区、保税物流园区、出口加工区功能政策叠加、融

合发展，为全国海关特殊监管区域整合优化做出了示范。目前统筹管理范围规划总面积约 69.77 平方公里。2018 年全区实现税收（包括海关关税及代征税）49.1 亿元；完成公共财政预算收入 12.85 亿元。实现外贸进出口总额 882.84 亿元（125.96 亿美元），实现规模以上工业总产值 100.98 亿元，实现港口货物吞吐量 16134 万吨。

（三）董家口循环经济示范区

按照《山东半岛蓝色经济区发展规划》，董家口区域是青岛西海岸新区的重要组成部分。2013 年 11 月，《青岛董家口区域循环经济发展总体规划》获得国家发展改革委批准，标志着国家对青岛市以循环经济理念进行顶层设计，指导新区规划建设，全面深入推进循环经济发展的充分肯定。

作为新型园区，青岛董家口循环经济示范区从建区开始就导入循环经济理念，在区域之间、企业之间、企业内部构建大中小三个循环网络，打造国家级循环经济示范区，以世界眼光和国际标准来谋划和布局，以安全、环保、循环作为顶层设计指导，降低消耗、减少排放、拒绝污染。

董家口经济区在建设过程中高度重视生态文明建设，着力打造国家级循环经济示范区和临港产业区，有效实施"港城统筹、城乡统筹、海陆统筹"的发展思路，建设物流交易中心，实现"港城联动，城乡联动，运输与加工联动"，着力推进经济区绿色发展、循环发展、低碳发展，使经济区走上蓝色新兴、集约高效的科学发展之路。

品牌链接

青岛啤酒：落实环境责任，履行减排义务

作为食品生产企业，青岛啤酒从工厂选址的第一步开始，就本着对环境、社会负责任的态度，对工厂周边的生态环境、社区环境进行了充分的调研。在之后的配套基建中持续监测环境指标，努力将排污和废弃物的环境影响降至最低。

水源综合管理：青岛啤酒强化废水源头管控，2020 年修订发布《污水

源头控制准则》，借鉴 LEC 法，从冲击概率、预防的可能性、严重程度、修复难度四个维度评估源头物质影响程度，对源头物质分级管理，并制定管控措施。针对新冠肺炎疫情期间工厂污水运行情况，青岛啤酒发布工厂复工污水运行重点关注事项，试点应用 MST-EMB 超高速离子气浮、好氧旋混曝气器等新设备、新技术，改善、优化污水运行工艺。

温室气体管理：青岛啤酒严格执行《中华人民共和国大气污染防治法》等废气相关法规要求，大力推进煤改气使用清洁能源，2020 年度 2 家工厂淘汰燃煤锅炉，现已在 36 家工厂推广使用燃气锅炉，20 家工厂安装沼气锅炉，减少温室气体排放。青岛啤酒高度重视碳管理，有效管理温室气体排放。邀请有资质的第三方公司，每年开展全公司企业温室气体排查，摸清全公司温室气体排放数据，形成青岛啤酒公司《碳管理建议书》。为了减少生产过程碳排放，公司对发酵过程中产生的二氧化碳进行收集净化，再用于生产所需，既做到了循环利用，又减少了温室气体排放。

节能生产管理：青岛啤酒制定内部《能源管理制度》《生产统计管理制度》及相关运行标准，持续推进节能项目改造和节能新技术的应用。2020 年，通过完善能源管理制度、优化设备配置、细化过程管理，取得了显著的节能效果。新增 4 家工厂应用煮沸新工艺，降低蒸汽消耗，新增 3 家工厂应用酿造新技术，降低水、电、蒸汽消耗，10 家工厂实施新增小型空压机、用电控制系统、设备更新购置等节电项目。3 家工厂实施更新加热设备、热能平衡利用等节汽项目。5 家工厂完善二氧化碳回收设备配置，提高回收效率。持续推进节能项目的实施，细化运行参数，提高运行效果。18 家工厂优化制水冷热平衡，实现电耗、汽耗的双降低。

固废循环管理：青岛啤酒秉承"减量化、再利用、资源化"的循环经济 3R 原则，针对国家颁布的《中华人民共和国固体废物污染环境防治法》要求，重新修订完善了公司固体废物管理制度，增加了固体废物跨省转移备案要求，关注固体废物处置可追溯性，不断深化固体废物减量工作；2020 年积极识别国家危险废物名录，危险废物较 2019 年减少 12%，且所有危险废物委托有资质单位进行合法合规处置。通过不断减少污泥产生量、开展垃圾分类等措施，无害废物较 2019 年降低 6%。

（四）青岛国际经济合作区

青岛国际经济合作区的规划面积为 202 平方公里。截至目前，合作区内作为中德两国唯一政府间合作的园区——中德生态园进展顺利，商务部批准的国内唯一的中英地方合作园区——中英创新产业园已启动建设，此外，还设立了中法工商创新基地、中日韩创新产业园以及中芬（兰）中心、中瑞（士）中心、中俄地方合作园等。

园区正加速构建"3+N"引领产业体系。其中，"3"包含生命健康、智能制造、新能源新材料三大产业，"N"代表世界 500 强和隐形冠军企业集群。德国大陆集团旗下康迪泰克流体技术（中国）有限公司研发与生产中心、青岛华大基因研究院（国家海洋基因库）、国内首个协同式集成电路制造 CIDM 项目等一大批优质项目在此落地生根，众多智能化生产企业已开始与德国工程院、弗朗霍夫研究院等研发机构展开多方位合作，初步建立起一套从实验室（研究院）研发到产业化的一体化现代工业体系。

（五）青岛灵山湾影视文化产业区

青岛灵山湾影视文化产业区地处青岛（西海岸）黄岛新区核心区的中间地带，是新区"一核双港、九区联动"空间布局中核心区的中心区，以文化、商务、旅游为三大产业引领，以科技、人文、生态为三大发展特色，是新区实施文化引领战略的重要载体和平台，承担着西海岸新区核心区中部率先崛起的战略使命。

在 2021 年 3 月举行的中国（青岛）国际虚拟现实产业生态发展论坛上，美国科视、光峰科技、红燕影视等 11 家虚拟现实领域企业签约入驻青岛国际虚拟现实产业园，为灵山湾影视文化产业区虚拟现实产业高质量发展注入新生力量。此外，灵山湾影视文化产业区还围绕博鳌亚洲论坛全球健康论坛、建党 100 周年红色影片展映、2021 青岛国际影视博览会、第 18 届中国电影表演艺术学会奖颁奖典礼、中国影视数码剪辑大赛等活动，打造以 IP 为主导的文旅全产业链条，做大做强"电影之旅"品牌。

2021 年灵山湾影视文化产业区将攻坚文旅融合、数字经济、拓展文化保税等新业态，持续推进投资过千亿元的 27 个重点产业项目建设，完成固定资产投资 300 亿元，引进培育影视企业 150 家。未来，灵山湾影视文化产业区将运用平台思维，汇聚专业力量，持续推进产业链招商，不断深挖潜力、激发活力、突破瓶颈，谋划推动以影视文化、智慧科技为核心的重大产业链项目，着力打造新经济引领区。

（六）青岛西海岸国际旅游度假区

青岛西海岸国际旅游度假区涵盖凤凰岛旅游度假区、灵山湾旅游度假区、珠山国家森林公园、琅琊台风景区和灵山岛、竹岔岛、斋堂岛等岛屿。西海岸国际旅游度假区按照新区五大功能定位，以"一湾、两滩、一山、两岛"为重点，以旅游项目为支撑，以市场为导向，整合优质旅游资源，培育滨海休闲度假、海洋主题公园、游艇旅游、海岛旅游、水上运动、海洋节庆等旅游业态，推进度假区向观光、休闲、度假并重转变，创建具有国际一流标准的国家级旅游度假区。

借助绝佳的区位优势与丰富的旅游资源，青岛西海岸国际旅游度假区初步形成了生态旅游、高端酒店、节庆会展、文化创意、体育休闲、现代休闲渔业等产业。在生态旅游产业方面，形成了海上观光、餐饮、海岛生态观光、渔村休闲度假等旅游产品，将旅游、休闲、娱乐和海洋渔业有机结合为一体，构筑起旅游形式多样化的崭新发展格局，每年接待世界各地的游客超过 1000 万人次；在高端酒店产业方面，已有美国希尔顿、温德姆、喜来登，我国台湾涵碧楼以及凤凰岛温泉度假酒店、大唐银沙滩、红树林等 20 余家国内外著名的高端旅游酒店项目，形成了拥有 6500 间客房以上的高端休闲度假酒店群；在节庆会展产业方面，已成功举办世界蓝莓大会、中国国际儿童电影节、"金凤凰"颁奖盛典、博鳌亚洲论坛圆桌会议、全球服务业外包大会等国内国际著名的重大节庆会展活动，正全力打造青岛国际啤酒节（主会场）、青岛国际电影节等具有国际影响力的节庆产业；在文化创意产业方面，以北京电影学院、上海戏剧学院以及东方影都、青岛数媒中心等项目为骨干，形成了影视拍摄及制作、动漫制作、出版传媒、文化创意等现代文化产业集群；在体育休闲产业方面，依托青岛国际羽毛球交流中心、全民健身中心、唐岛湾游艇会等项目，形成集水上娱乐、水上运动、健身、体育休闲等初具规模的体育休闲产业。

（七）海洋高新区

海洋高新区是西海岸的"新区之心"，规划面积96.09平方公里，范围包括胶南经济开发区和青岛临港经济开发区两个省级开发区全域，重点打造海洋生物、微生物循环经济、智能煤机、营养健康食品、家电电子、装备制造、生物医药、汽车及零部件8大百亿级产业园，争创高新技术产业基地、统筹科技资源改革示范基地和新技术产业开发试验区3个国家级平台，总体形成"一带五心，双轴五片"的空间结构。高新区以海洋智慧小镇、海洋制造基地等项目建设为抓手，充分发挥龙头企业的牵引拉动作用，突出海洋制造和海洋生物这两个主导产业，加大"蓝高新"项目的引进力度，以更好地打造形成特色鲜明、实力强劲的海洋产业集群。截至2020年底，高新区已累计引进总投资2200亿元的大项目149个，外资到账11亿美元、利用内资210亿元，完成固定资产投资769亿元。

（八）西海岸现代农业示范区

青岛西海岸现代农业示范区成立于2014年8月。2017年2月，山东省政府批准在示范区核心区建设省级农业高新技术产业开发区，实行"管委会＋平台公司"的开发建设体制。示范区按照"规划先行、科技引领、要素集聚、产业带动"的发展战略，以促进乡村振兴、培育农业发展新动能为目标，以知识、技术、信息、数据等生产要素为支撑，以引进新技术、发展新产业、培育新业态、创建新模式为重点，积极推进一二三产业融合发展，着力打造乡村产业振兴的齐鲁样板。

按照"世界一流、国内领先"标准建设的青岛农业高新技术产业园，着力打造集蔬菜育种、农业新技术研发、高端蔬菜种植、蔬菜新品种新技术示范推广、农业人才培训、农产品质量检测、农业高新技术孵化于一体的现代农业科技园。2017年该园区被农业农村部评为首批国家级农村创业创新园区和国家首批新型职业农民培育示范基地。

示范区全力打造"绿色硅谷、智慧农业"品牌，不断创新体制机制，集聚农业科技要素，积极培育农业发展新动能。先后与中国农业大学、中国农科院、西北农林科技大学、山东农业大学、青岛农业大学等高校、院所开展合作，建立教授工作站、科研基地，并设立了现代农业示范区新旧动能转换智库，不断提升科技创新水平。示范区设立的赵春江院士工作站将搭建农业物联网、农业基础数据和农产品质量追溯3个服务平台，建设农业信息大数据系统和新型农机驿站，培育自主知识产权和自主品牌，助推新区智慧农业发展和农民增收；联合山东农业大学设立产学研创新合作基地和未来农业研究院，在农业科技创新、成果转化、技术服务和人才培养等方面进行战略合作。此外，示范区还与青岛农大合作，与农高集团共建，全力打造可复制、可推广的"农村双创示范园"。

（九）青岛西海岸交通商务区

便捷的交通条件是西海岸交通商务区的优势所在，青岛西海岸交通商务区自成立以来紧紧抓住西海岸新区获批的契机，认真贯彻落实区委、区政府"一线、一站、一区"战略部署，全面做好青连铁路、青岛西站、商务区的建设。

2016年6月，青岛西站客运枢纽项目被列为"十三五"综合客运枢纽工程示范项目，于2016年11月15日开工建设。2017年7月，在国家发展改革委发布的重大市政工程领域44个重点PPP项目中，青岛西站换乘中心及配套工程项目入列。2017年8月15日，青连铁路站房修改初步设计批复，青岛西站6台14线、站房60000平方米开工建设。2017年8月25日，交通商务区举行了重点项目集中签约仪式，总投资378亿元的8个重点项目落户。目前各项目推进明显加速，中农批、金茂小镇等企业多次到商务区对接设计方案、勘察项目选址，为新区西部发展注入了强大动力。

四、产业发展重点突出，九大产业链竞争优势明显

围绕传统优势产业，以延链、补链、强链为抓手，打造全产业链的综合竞争优势是青岛市区域经济发展的基本思路，也是西海岸新区产业建设的根本宗

旨。新区成立以来，借助国家政策机遇，基于新区的区位优势和产业基础，西海岸新区政府、企业和社会各界力量通力协作，在政策引导、资金扶持、"双招双引"、内生发展上发力，形成了包括新一代半导体产业、高端化工及新材料产业、海洋生物医药产业、船舶海工产业、智能家电产业、汽车产业、海洋冷链产业、影视文化产业和新经济产业在内的九大产业集群。

（一）新一代半导体产业

1. 发展现状

青岛西海岸新区是中国软件和信息服务业示范基地，是青岛市信息产业发展"东园、西谷、北城"战略的"西谷"，也是山东省首批大数据产业集聚区，形成了海信、海尔等以家电电子产品为骨干的产品生产体系和国内外知名品牌，并在智能电视、激光显示、高端仪器仪表、光电元器件、视频大数据和人工智能等细分领域处于国内领先水平。新区列入新一代信息技术产业统计的规模以上企业共有 57 家，2017 年产值 544.2 亿元（其中软件和信息技术服务企业 29 家，产值 49.9 亿元），同比增幅 20.3%。

新区于 2017 年底开始布局半导体产业，落户项目初步涵盖新一代半导体设计、制造、封测、材料和设备等领域。其中，已运营芯片设计类项目 2 个：宸芯科技芯片项目于 2019 年 12 月完成公司注册，主要从事特通领域、5G 的片上系统（SOC）研发设计，2020 年营业收入约 5800 万元；中微创芯项目主要从事 IGBT、FRD、光伏逆变器等新型电力电子器件产品及高端应用测试系统 / 装备 / 应用解决方案的开发，年营业收入约 1000 万元。在建制造业项目 4 个，包括芯恩（青岛）项目、富士康半导体高端封测项目、安润新一代半导体封装测试及研究中心项目以及众鹏芯片封测及 SMT 部品一体化研发生产项目。在谈项目 4 个，包括富士康八寸半导体制程、华润半导体健康芯片、华芯智存项目和赛微电子项目。

2. 产业发展优势

工业基础雄厚，市场空间广阔。青岛市是国内重要的家电生产基地，半导体产业发展具有较好的产业基础，海尔、海信、澳柯玛、中车四方、歌尔声学等大型制造企业已成为行业巨头，同时青岛市和山东省制造业企业共同面临着智能制造、新旧动能转换、传统产业升级换代等发展需求。研制智能家电、通信设备、汽车电子、工业控制、智能交通等领域关键专用新一代半导体，开发基于新业态、新应用的信息处理、传感器、新型存储等关键芯片，实现产业生态链向价值链高端拓展，是青岛市乃至山东省制造业的共同追求。

龙头项目带动，产业集聚效应明显。以芯恩（青岛）项目为例，该项目创新性地采用了CIDM（Commune Integrated Device Manufacturer）商业模式，即由设计企业、封测企业、原材料供应企业、终端产品需求企业、设备制造企业共同投资打造一个集成电路制造企业，实现产业链上下游多环节、多领域企业协同一致、联合生产。该模式使企业产品互补、分担投资、共享资源、共担风险，大大增强了产业内部协同创新和制造的能力，可吸引上游设计与材料公司、制造相关设备公司，下游封测公司、成品组装公司、应用客户、系统厂商等配套企业，共同打造新一代半导体产业集群。目前正在洽谈推进的产业链企业已达30余家。

产业环境不断优化。西海岸新区已于2019年和2020年分别出台《关于促进先进制造、科技创新、大数据和信息产业发展若干政策》（青西新管发〔2019〕44号）和《〈关于促进先进制造、科技创新、大数据和信息产业发展若干政策〉实施细则》（青西新工信字〔2020〕19号），其中第20条专项支持集成电路产业发展。芯恩公司与青岛大学正合作共建山东省唯一8寸芯片实训基地，合作共建的微纳技术学院加快建设，首期招生120人，目前正与青岛科技大学、中德双元大学洽谈推进合作培养专、本、硕、博芯片人才及设立研究院共同研发芯片材料，为国内首个芯片人才培养产学研合作双元教育模式。

（二）高端化工及新材料产业

1. 产业发展现状

新区的高端化工及新材料产业主要依托董家口化工产业园进行规划和发展。董家口化工产业园作为省政府批复的化工园区，具备发展高端化工及新材料产业的优越条件。园区以建设成为国内先进水平化工园区为目标，充分发挥港口物流优势，依托海外轻烃资源，以石化产业转型升级为主线，重点发展轻质原料制烯烃、化工新材料、高端化学品与专用化学品等项目。依托青岛海湾化学有限公司、阳煤集团青岛恒源化工有限公司、青岛双星轮胎工业有限公司，引进相关配套企业，延伸产业链条，全力建设成为具有国际先进水平的化工创新研发、生产基地。规划在 10～20 年内将青岛董家口经济区化工园区建设成以高端石化产品为主导的新型化工产业园。

经过近几年的发展，董家口化工产业园已成为山东省发展高端化工及新材料产业的重要力量。园区已入驻企业 27 家，投产企业 12 家，代表企业有海湾化学、双星轮胎、海力加化学、益凯新材料等。2019 年实现工业产值近 110 亿元。在建项目 15 个，总投资 406.2 亿元，已初步形成以化工新材料、橡胶加工制造、化工物流三大板块为依托的石化产业格局。

2. 产业发展优势

交通条件便利。董家口化工产业园位于青岛西海岸新区西南部，与日照毗邻，沈海高速公路、204 国道、滨海公路、青连铁路从园区经过，所在区域地势平坦、交通便利。紧邻董家口深水大港，腹地资源优势明显，尤其适合发展以临港化工原料加工等为特色的化工产业，是山东半岛蓝色经济区发展临港化工产业的重点区域。

基础设施完善。园区内水、电、气、石化管廊等基础设施配套完备，企业内部、行业间、区域间和公用设施间四大循环经济体系初步成形，石化企业间链接共生、原料互供、资源共享态势初步显现，具备发展高端化工及新材料产业的基础条件。

招引政策优惠。根据青岛市《关于加快民营经济发展的意见》，园区内企业可以获得以下方面的政策优惠：在土地使用方面，民营工业企业取得土地，可分期缴纳土地出让价款，期限原则上不超过 1 年，特殊项目可约定在 2 年内全部缴清。在转型升级方面，对获得国家、省、市著名商标和名牌产品企业分别给予 50 万元、10 万元、5 万元的奖励，对获得区长质量奖的企业给予 50 万元奖励，对主持制定国际标准、国家标准、行业标准和地方标准并发布实施的牵头企业分别给予 100 万元、50 万元、20 万元、10 万元的奖励。在集团化发展方面，对首次入选"世界 500 强""中国 500 强""山东省 100 强"的制造企业，分别给予一定的奖励。

（三）海洋生物医药产业

1. 产业发展现状

新区海洋生物产业主要集中在海洋高新区和国际经济合作区，主要发展方向是海洋生物医药、海洋生物制品、海洋生物原料等。海洋高新区规划建设了海洋生物产业园，位于海西路以西、世纪大道以北、风河以南、青连铁路以东，初步规划面积约 9550 亩，园区主导产业为海洋功能食品配料、海产品深加工、海洋化妆品、海洋医用敷料和海藻精深加工，现有明月海藻集团、聚大洋藻业、科海生物和东海药业 4 家重点企业；国际经济合作区主要有正大制药和华大基因两家企业，主导产业为海洋创新药物生产和海洋基因测序服务。

2. 产业发展优势

新区海洋生物医药产业发展基础良好，主导产业突出，科研实力雄厚，国家级海洋药物中试基地、海洋药物研发生产基地等项目已竣工投产，初步构建起包含基础研发、药物生产、药品流通、临床应用的海洋生命健康产业体系。全世界 15 个海洋药物中有 3 个诞生在青岛正大制药并在国内上市，分别为藻酸双酯钠片（PSS）、甘糖酯片和海麒疏肝胶囊。新区内现有 6 家高新技术企业，建设有 5 个国家级、8 个省级创新平台。其中，国家级企业技术中心 2 个、省级企业技术中心 3 个、国家级和省级重点实验室各 1 个、国家地方工程研究中心 2 个、省级工程技术研究中心 2 个。正大制药是全国唯一海洋药物中试基地。明月海藻集团海藻活性物质国家重点实验室先后建成了 8 个产学研联合实验室、3 个国家公共检测平台、1 个省级协同创新平台、2 个市级工程中心等系列科技支撑平台。

品牌链接

明月海藻：以"海藻+"带动海洋产业发展

明月海藻用 50 多年的时间，在海藻活性物质的深度开发和应用上下苦功，将海藻开发得淋漓尽致，成为国内海藻产业的龙头企业，有效带动了上下游关联产业的集群发展，引领着西海岸新区海洋产业的发展。集团拥有海藻活性物质国家重点实验室、农业农村部海藻类肥料重点实验室等高层次科研平台，总面积超千亩的两大产业基地。近20年来，集团从基础的海藻酸盐传统产业，转型延伸出海洋化妆品、海洋功能食品、海洋生物医用材料、海洋生物肥料等新兴产业。2020年，集团正式实现了组织工程级海藻酸钠的制备及产业化，成为全球第二家能够生产超高纯度海藻酸钠的企业。

围绕海藻活性物质的深度开发，明月海藻对褐藻多糖、岩藻多糖和褐藻寡糖等活性物质在功能食品、促细胞生长、组织工程、调节免疫力、清除幽门螺杆菌、抗肿瘤等方面的应用研究实现了突破性进展。岩藻多糖产品纯度达到国际先进水平，在清除幽门螺杆菌方面得到了大量的实践验证，藻酸盐组织材料目前已经实现产业化，一举打破国外技术垄断；围绕海藻活性物质的提取和应用，还拓展出现代海洋基础原料产业和海洋健康终端产品产业两大产业，主要包括褐藻胶、功能糖醇、海洋化妆品、海洋健康食品、海洋生物医用材料、海洋生物肥料等业务板块，推动了海洋生物产业的终端化、产业化发展。

（四）船舶海工产业

1. 产业发展现状

西海岸新区的船舶海工产业的主体是青岛海西湾船舶与海工产业基地，其主要发展方向为高技术和特种船舶研发设计制造、深海油气装备、深远海渔业装备等。该基地由中国船舶集团有限公司投资建设的"船舶产业基地"和中国海洋石油总公司、中国石油天然气集团公司投资建设的"海洋工程基地"组成。项目规划总投资 270 亿元，占地 8 平方公里，岸线总长 12 公里，平均码头水深 12 米，基本形成了以修造船、海洋工程装备制造为主的产业链条，是国家规划建设的三大造船基地之一。基地内有造修船坞 6 座，海洋工程滑道 11 条，生产工艺装备全国领先，全部达产后，造船能力 668 万载重吨，修船能力 200 余艘，海洋工程钢材加工能力 50 万吨。2019 年，基地内重点工业企业主营业务收入 106.18 亿元。目前，海西湾船舶海工产业基地已形成以造船为龙头、船舶配套和技术研发同步发展的船舶产业集群，推动新区海洋经济快速发展。

2. 产业发展优势

高端研发制造项目集聚。海西湾船舶海工产业基地拥有大型高端研发制造项目 13 个，主要包括北船重工造修船基地、海洋石油装备工程制造项目在内的 10 个投产项目，中船重工海洋装备研究院、712 所大型特种电机、船用发动机 3 个在建项目。

拥有顶尖产品制造能力。海西湾船舶海工产业基地先后交付了国内首个内转塔单点系泊系统流花 16-2FPSO；国内首座 1200 吨自航自升式风电安装平台；全球首台 6S35ME-B9.5EcoEGR 主机、W6X72-B 型柴油机；新型 32.5 万吨矿砂船系列船等。

市场前景持续向好。海西湾船舶海工产业基地正在建造国内首个圆筒型深水浮体项目企鹅 FPSO、世界最大 GCGV 乙二醇化工厂核心模块化项目、LNG 导管架陆地建造工程、自升式钻井平台续建等。北船重工与青岛国信签约建造全球首艘 10 万吨级大型海上养殖工船"国信一号"。中海油的生产订单已排满未来两年。

产业链不断完善。新区聚集了 50 余家船舶制造与海工企业及各类配套企业，初步形成了以船舶修造和海洋工程为龙头的产业集群。近年来，为应对船舶海工市场下滑形势，海西湾基地内企业开展战略合作，抱团发展，北船重工承担中海油"流花 16-2 油田联合开发项目 FPSO 船体建造"项目；中船重工集团柴油机有限公司加大与北船重工、海西重工合作力度，优先采购海西重工生产的发动机曲轴，同时为北船重工提供船舶发动机，逐渐形成互为龙头、互相配套的集群式发展模式。

（五）智能家电产业

1. 产业发展现状

新区家电产业集中在青岛经济技术开发区和国际经济合作区，主要发展方向是智能家电产品、建设家居和数字化、网络化、智能化、系统化智能家居。在智能家电领域，西海岸新区已形成集群发展优势：在青岛经济技术开发区，主要建设以海尔、海信、澳柯玛三个工业园区为主体的家电电子产业园，重点发展黑色家电、白色家电、新兴家电等主导家电业及其所需要的零配件和原材料等配套产业。在国际经济合作区，以海尔"工业 4.0"示范基地和澳柯玛智慧冷链物流装备产业园建设为主体，重点发展海尔商用空调和滚筒洗衣机智能制造、澳柯玛商用冷链产品智能化制造等项目，加快推进安润封测等项目建设，发展集成电路设计及装备制造、新型显示及超高清视频等全产业链，打造超高清视频终端及设备生产基地。

2. 产业发展优势

新区家电产业规模以上工业企业 37 家，已形成较为完整的产业链条，2020 年 1～11 月，完成产值 633.56 亿元，同比增长 9.31%，占规模以上工业总产值比重为 22.36%。产业链产品主要包括电视、冰箱、空调等家用电器产品及其配套零部件。其中，整机产品以海尔、海信、澳柯玛等龙头企业为依托，重点发展节能智能型和网络化冰箱、电视、空调、洗衣机、热水器等家用、商用电器；零部件配套企业围绕整机大力发展变频控制器、压缩机、电机、精密注塑等零部件。科技创新能力不断提升，拥有市级以上科研院所、重点实验室、企业工程（技术）研究中心等 30 个，其中国家级企业技术中心（澳柯玛）1 个，省级以上研发机构 7 个。2020 年新增青岛市技术创新中心 5 家，累计有 21 家企业成为青岛市工业互联网"555"认定项目，25 项成果获得青岛市级以上科学技术奖励。

（六）汽车产业

1. 产业发展现状

近年来，西海岸新区汽车产业发展步伐不断加快，逐步形成了以上汽通用五菱为龙头，配套发展专用车和零部件的汽车产业集群，并被认定为青岛市新型工业化产业示范基地。未来，西海岸新区的汽车产业将瞄准汽车产业智能化、网联化、电动化等发展方向，发展中高端新能源乘用车，做强新能源汽车产业。推进人工智能技术在汽车产品设计、生产制造及后市场全产业链网络化协同应用，提升汽车产业智能化水平。

在燃油汽车领域，西海岸新区形成了以上汽通用五菱为龙头，以华瑞丰机械、华瑞汽车零部件、五顺汽车模具、超凌顺机械、方鑫嘉诚装饰件、双林汽配、双英内饰等配套企业为支撑的产业体系，整车年生产能力为 70 万辆左右。

在专用车和特种车领域，主要以中集专用车、五菱专用车、中集环境保护设备和春田科技等企业为核心，主要生产半挂车、平板车、自卸车、环卫车、小型厢式货车等专用车和特种车，年生产能力1万辆左右。

新能源汽车以宏光MINIEV、新宝骏E300/PLUS、五菱荣光EV三款车型为主。力神、蓝科途等锂电池新能源汽车核心零配件已在新区落户，发展势头和前景较好。2020年1～10月，上汽通用五菱已在青岛市销售新能源汽车1497辆，山东省（不含青岛）销售7592辆。2020年6月16日，西海岸新区率先出台《汽车加氢站规划建设和运营管理暂行办法》（青西新管办发〔2020〕67号），对加氢站建设运营职责分工、规划与建设、经营与服务、安全管理和建设运营补助等进行明确。

2. 产业发展优势

新区化工副产氢资源丰富，董家口化工园区内集聚了金能科技、海湾化学等一批化工龙头企业。海湾化学的30万吨/年离子膜烧碱项目每年可贡献副产氢气1.1万吨；金能科技规划建设的2套90万吨/年丙烷脱氢装置，投产后每年可获得约7万吨高纯氢气；丽东化工每年副产氢气4万吨；青岛炼化年产氢气量约14万吨。在氢能产业发展方面，新区同时具备汽车、轨道交通、发电供热、港口码头等氢能应用示范全场景，未来发展潜力巨大。美锦氢能生态园项目加速推进中，计划总投资115亿元，打造集新能源（含燃料电池）商用车整车生产项目、燃料电池动力系统生产线、加氢站运营平台和全球性的氢能产学研用科创中心与燃料电池检测中心为一体的氢能源科技生态园。

（七）海洋冷链产业

西海岸新区的海洋冷链产业主要围绕以下几个方向展开。

冷链物流基地项目。冷链物流基地项目位于董家口港区胡家山作业区，规划面积12.26平方公里，计划总投资330亿元。其中，正在开发建设的胡家山作业区西区规划面积2.86平方公里，计划投资130亿元。该项目被列入全国首批17个国家骨干冷链物流基地建设名单，被列为山东省新旧动能转换重大项目和市重点项目。项目将重点构筑集远洋捕捞服务、水产品拍卖交易、冷链物流、加工配送等于一体的千亿级海洋经济产业链条，打造"中国北方渔都"和"世界深蓝渔港"。库容 15 万吨的冷库一期工程于 2019 年 6 月投入使用。投资 20 亿元的冷库二期、冷库三期和加工园项目（50 万吨冷库、年加工能力 10 万吨）正在按计划推进，其中，冷库二期于 2019 年 9 月开工建设。总投资 20 亿元的码头一期工程、总投资 11.5 亿元的防波堤工程正在进行前期规划。

海洋牧场建设。新区自 20 世纪 80 年代就在灵山岛周围投放石块开展人工鱼礁试验，2009 年开始规模化建设海洋牧场，总投资 16.48 亿元，规划建设总面积 5761.37 公顷。截至目前，全区创建省级以上海洋牧场 12 处，其中国家级海洋牧场示范区 10 处。投放各类人工鱼礁 90 万空方，建设海洋牧场观测网 6 套。依托海洋牧场发展休闲海钓等产业，建设休闲海钓船 30 艘，创建全国休闲渔业示范基地 3 处、山东省休闲海钓钓场 6 处，形成了竹岔岛—灵山岛—斋堂岛沿线海域海洋牧场群。

深远海渔业养殖项目。西海岸新区的深远海渔业主要围绕黄海冷水团鲑鳟鱼养殖项目展开。黄海冷水团鲑鳟鱼养殖项目由中国海洋大学于 2012 年提出，2015 年 5 月正式启动。2017 年 7 月我国首艘养殖工船"鲁青新渔养 60001"正式启用，2018 年 7 月世界最大的全潜式深远海钢构养殖网箱"深蓝 1 号"启用。2017 年 8 月，在养殖工船的配合下，黄海冷水团海域养殖鲑鳟鱼的技术路线得到成功验证。2019 年，"深蓝 1 号"网箱放养量超过 10 万尾，已经历了数次台风过境考验，于 2020 年春季捕捞上市。目前，17 万立方米的"深蓝 2 号"网箱已开工建设，黄海冷水团深远海鲑鳟鱼养殖即将进入规模化生产阶段。2020年 8 月，农业农村部渔业渔政局同意青岛市建设青岛国家深远海绿色养殖试验区。试验区总面积为 553.6 平方公里，将积极开展试验示范，拓展海水养殖发展空间，促进水产养殖业转型升级、绿色高质量发展，并探索深远海养殖重要领域和关键环节，形成可复制、可推广的经验模式。目前，山东省已经把黄海冷水团开发作为"海上粮仓"建设的重要内容。

品牌链接

中国海洋大学：名城造就名校，名校支撑名城

中国海洋大学是教育部直属重点综合性大学，是国家"985工程"和"211工程"重点建设高校，2017年9月入选国家"世界一流大学建设高校"（A类）。学校有崂山校区、鱼山校区和浮山校区3个校区，占地2400余亩，正在建设占地约2800亩的西海岸校区。设有21个学院和1个基础教学中心。学校遵循"通识为体，专业为用"的本科教育理念，实行有限条件的自主选课制度和学业识别与毕业专业识别确认制度，努力培养交叉型、复合型、高素质人才。毕业生中已有14人当选中国科学院或中国工程院院士。

学校构建了以海洋科学和水产两个A+一级学科为核心的世界一流综合性海洋学科体系，构建了我国海洋大型藻类、贝类等育种技术体系，培育海水养殖新品种15个，占全国1/5；引领或主要参与了海水养殖业的"五次浪潮"，推动我国发展成为世界第一水产大国。研制上市了以我国第一个现代海洋药物藻酸双酯钠（PSS）为代表的系列海洋糖类药物，开辟了我国海洋药物研究新领域，首倡"蓝色药库"开发计划。学校是我国海洋领域重大科技项目的重要发起和承担单位，提出的"透明海洋"和"蓝色粮仓"建设方案等相关建议被国家重大科技计划采纳。

青岛是中国沿海重要中心城市和滨海度假旅游城市、国际性港口城市、国家历史文化名城，正在努力打造全球海洋中心城市。海洋是青岛最鲜明的城市特色和最大的本土优势。作为青岛唯一一所土生土长的"双一流"建设大学，中国海洋大学始终以服务国家海洋强国建设、引领国家海洋科教事业发展、助力青岛社会经济腾飞为己任。共生、共荣、共赢的良性互动使中国海洋大学与青岛的城市发展始终相互促进、相得益彰。

2016年，中国海洋大学和青岛市科技局、崂山区政府签署合作协议，决定共建青岛海洋生物医药研究院。2019年6月，青岛市发布《青岛市人民政府关于支持"蓝色药库"开发计划的实施意见》，决定在项目、资金、平

台、人才等方面大力支持"蓝色药库"开发计划，支持研究院争创国家工程研究中心，创建山东省海洋生物医药科技创新中心和制造业创新中心。

中国海洋大学为青岛城市发展提供了创新动力和"海洋方案"。创新是推动一个城市向前发展的不竭动力，大学是创新的策源地。中国海洋大学始终围绕国家海洋事业发展需要、青岛经济社会发展需求，在"透明海洋"、"蓝色药库"、"蓝色粮仓"、"蓝色智库"、海洋生物资源高值化利用、海洋环境保护、海洋权益维护等领域开拓创新，锐意进取。

（八）影视文化产业

1. 产业发展现状

近年来，山东省委、省政府明确提出"建设青岛影视产业基地"，将青岛灵山湾影视文化产业区作为全省"1+N"影视基地（园区）布局的核心园区。青岛市把影视产业作为发起国际时尚城建设攻势的主打战役，建设全国领先、具有世界水平的"影视之都"。青岛西海岸新区打造"影视之都"国际化城市名片，以影视工业化发展为核心，聚拢和完善影视产业链条。总投资500亿元的青岛东方影都于2018年4月全面开业，总投资50亿元的藏马山影视外景地一期部分建成并投入使用，形成"东有灵山湾、西有藏马山"影视产业发展格局。中国广电·青岛5G高新视频实验园区打造世界级高新视频产业高地，进一步提升影视产业发展能级。截至目前，入驻东方影都影视企业突破500家，年拍摄国内外影视作品60余部，成功举办上合组织国家电影节、青岛国际影视博览会等节会活动，对全省影视产业发展起到显著引领作用。

2. 产业发展方向

建立影视工业化制作全产业链体系。聚力补链延链强链，理清产业链条，打造全球一流的影视工业化产业链、资金链、人才链、技术链。依托青岛东方影都国际一流建设标准拍摄基地，布局5G高新视频、数字拍摄等高精尖技术，打造以科幻影视作品生产为特色的高科技东方影都。搭建影视全产业资源大数据平台和影视产业与相关产业融合平台，将东方影都建设成为世界一流工业化制作基地。延伸和完善影视投融资、编剧、后期制作、发行、放映、宣传营销、版权开发、衍生品等短板，全面优化提升影视产业链发展能级，力争到2025年形成千亿级影视产业价值链。

打造世界一流影视产业发展生态。依托青岛"世界电影之都"优势，完善政策体系，优化管理服务，集聚生产要素，以东方影都为核心，以政策体系为引导，建立公开透明、便捷高效的公共服务体系，完善要素齐全、竞争有序的市场服务体系，打造世界一流影视发展生态，推动影视全产业链繁荣发展。加强与国内外影视基地、园区和城市的交流，深化影视行业与当地历史人文自然生态的融合，构建开放时尚、充满活力、和谐共荣的影视发展生态。

建设世界一流影视时尚高地。充分发掘影视版权的长尾效益，围绕核心创意形成价值增值体系。打通影视、文旅、游戏、动漫、戏剧、广告、短视频等多种文创业务领域，打造基于IP的多种文化创意产品体验的创新业态。全面塑造"青岛电影之旅"品牌，依托影视IP内容，开发沉浸式消费、实景演出、夜场灯光秀、海景休闲等多元场景模式，打造影视文旅核心吸引产品及配套产业。结合爆款影视作品和本土文化，开发更具青岛特色的高科技文创产品。推动"青岛设计中心"做大做强，以设计赋能为核心，引入影视设计产业资源，推动落地转化，提升影视IP价值。创新打造以影视为核心，以游戏软件开发、动漫、娱乐等为特色的产业集群，发展影视时尚，加速形成具备世界一流时尚创新体验的消费集群和世界一流影视时尚高地。

（九）新经济产业

西海岸新区成立了新经济发展促进工作领导小组，统筹新经济发展工作，进行新业态、新模式的研究、培育和发展，以制度创新推动资源要素集聚。西海岸新区确定了数字经济、网红经济、时尚经济等重点发展的新经济赛道，主要围绕工业互联网、在线医疗、在线教育、跨境电商、线上服务等方向展开。按照青岛出台的《关于新经济业态模式发展的意见》，青岛将打造1个国际领先、10个国内知名的工业互联网平台，建设10个左右具有行业影响力的电子商务和线上服务平台。经过多年的发展，西海岸新区形成了基础设施完善、产业布局合理、发展特色鲜明、竞争优势明显的新经济产业体系。目前，西海岸新区累计认定互联网工业平台3个、智能（互联）工厂12个、数字化车间21个、自动化生产线 41 个，山东省现代优势产业 + 人工智能项目 8 个，数量均居全市首位。

新区将平台作为构筑工业互联网生态的核心，先后打造了家电、手机、特钢、轮胎等行业互联网平台。海尔卡奥斯工业互联网平台是具有中国自主知识产权，全球首家引入用户全流程参与体验的工业互联网平台，上线注册规模以上工业企业 742 家、注册率达 95.5%，中小企业 3000 多家。2020 年以来，华为、富士康、京东方、科大讯飞、商汤科技等一大批境内外头部企业、独角兽企业或准独角兽企业先后落户，集聚海尔智研院、西门子（青岛）创新中心等 34 家工业互联网解决方案服务商，生态融合应用体系初步建成。

新区打造了"一园六中心、一区多功能"跨境电商载体格局，保税物流中心（B 型）保税仓库正式封关运营，跨境电商新零售体验中心开业，CW 澳洲大药房、小林制药、中德商通等 32 家企业入驻，线上商城"青岛自贸海外购"同步上线运营。跨境电商产业园就业创业中心投入使用，重庆大龙网、深圳沃飞等跨境电商企业入驻中心。深化中日韩区域经济合作，打造中日韩消费专区电商体验中心。开展精准招商，促进跨境电商企业集聚，豌豆公主、青云通跨境电商综合服务平台等 78 家跨境电商企业成功落户入驻新区。

智慧医疗方面，新区建设了"健共体"一体化管理及基层医疗机构信息系统项目，建成以远程医疗为载体的检验、影像、远程会诊、病理、消毒供应五大"共享中心"；建成了中医医院、第二中医医院两家互联网医院，人民医院掌上医院实现诊疗全流程手机运转。建设了科大讯飞、商汤科技等人工智能辅助诊断项目，语音电子病历在五个"健共体"牵头单位全部上线。

在线教育方面，完善了区教育公共服务平台，推进"一平台多应用"建设，实现与国家、省、市资源平台互联互通。启动"名师公益课堂"，录制区域精品名师公益课堂课例，部署上线 AI 云课堂。开启智慧教育示范区创建工作，通过人工智能、大数据等新一代信息技术与教育教学的深度融合，实现精准教学。

数字文旅方面，上线"声游西海岸""视界西海岸"，以音频、图片等媒介，打造听得见、看得着的新区文旅宣传新平台。筹建数字文化网站和微信平台，打造互动性双向平台。

网络直播方面，无锋科技青岛直播电商基地项目签约落地，拟在新区成立"培训＋品牌＋直播带货"全链条的一站式整合营销服务机构。"巨恩电商直播基地""中国农批·德道直播电商基地""青岛西海岸网红直播电商基地"等西海岸直播基地快速发展，赋能新区实体经济。

五、勇于先行先试，创新区域品牌建设实践

自 2014 年 6 月西海岸新区成立以来，包括政府、企业和社会公众在内的新区各界人士抓住外部战略机遇，结合自身区位优势和产业资源，以创新性的行动在区域品牌经济建设方面取得了有目共睹的成绩。其中的成功经验对全国其他区域的品牌建设具有重要的参考价值，也非常值得进行系统的梳理和总结。在本章编写的过程中，考虑到西海岸新区是青岛市贡献了经济总量 1/3 的战略区域，是青岛市的一系列重要区域品牌经济建设战略的核心承接区，全面归纳西海岸新区的区域品牌经济建设将与前文形成较大的重复。因此，这一章仅围绕西海岸新区的创新性做法，以一两个具体的项目展开阐述，而不追求对区域品牌经济建设实践的全面概括。经过分析，笔者认为西海岸新区在区域建设过程中的创新性举措包括以下几个方面。

（一）建立行之有效的顶层决策机制

"影视之都""音乐之岛""啤酒之城""会展之滨"四张名片是青岛市区域品牌形象的重要组成部分，也是西海岸新区承接的青岛市区域品牌经济发展战略的重要内容。在具体建设过程中，涉及的政府部门多，不同部门之间管理职能既有分工，又有重合，沟通协调难度大。各部门间如果不能有效配合，必将影响整体的工作效果。

为了保障步调统一、协调一致，形成发展的合力，青岛西海岸新区工委、管委协调各政府部门和企事业单位，成立了专门的青岛西海岸新区"四张名片"工作推进委员会，统筹推动"四张名片"的建设工作。推进委员会主任由青岛西海岸新区工委书记、区委书记兼任，副主任和委员会成员由新区主要领导、各政府职能部门负责人以及与"四张名片"建设工作直接相关的企业负责人组

成。推进委员会负责"四张名片"全面推进工作，研究制定相关政策措施，领导各指挥部开展工作。

同时，为了更好地分工协作，推进委员会下设了四个工作推进指挥部。其中，"影视之都"工作推进指挥部负责统筹协调"影视之都"整体工作，负责引进培育影视企业、项目，负责制定出台影视产业扶持政策，负责影视人才引进及培养，负责推进中国广电·青岛5G高新视频实验园区建设发展，负责筹办青岛国际影视博览会。值得一提的是，该指挥部的负责人并非政府职能部门领导，而是来自青岛西海岸发展（集团）有限公司。

"音乐之岛"工作推进指挥部负责统筹协调"音乐之岛"整体工作，下设音乐产业发展和凤凰音乐节2个工作专班。其中，音乐产业发展工作专班负责推进艺术和音乐学校建设，引进国内领军音乐企业、项目，发展音乐教育培训、音乐休闲旅游、音乐演艺、音乐制作和音乐设备制造等产业及配套产业，制定出台音乐产业扶持政策，争创国家级音乐产业基地的工作。凤凰音乐节工作专班负责筹办青岛凤凰音乐节，打造国内一流、国际知名的音乐节会品牌。

"啤酒之城"工作推进指挥部负责统筹协调"啤酒之城"整体工作；负责系统推动金沙滩啤酒城常态化运营，全面提升金沙滩啤酒城的社会效益、经济效益、文化效益、品牌效益；负责高水平办好青岛国际啤酒节。

"会展之滨"工作推进指挥部负责统筹协调"会展之滨"整体工作，下设会展产业发展和东亚海洋合作平台青岛论坛2个工作专班。其中，会展产业发展工作专班负责引进培育并举办大型商业展会，制定出台会展产业扶持政策，做好博鳌亚洲论坛全球健康论坛大会、中国农业机械展览会等服务保障工作。东亚海洋合作平台青岛论坛工作专班负责筹办东亚海洋合作平台青岛论坛、东亚海洋博览会。

（二）成立从事品牌推广工作的专业部门

随着党中央、国务院对品牌战略的重视，品牌建设和品牌推广在政府工作中的地位越来越重要。然而，现实中品牌工作是分散于政府各部门的，包括宣传、发改、商务、工信、市场监管等在内的政府部门都承担一定的品牌宣传、建设和推广工作。这种分散的组织结构一定程度上阻碍了区域品牌的高效发展。第一，品牌建设的相关工作职能分散于各个政府部门，很难有效协调，形成发展的合力；第二，对每一个部门而言，区域品牌建设仅仅是其全部工作的一部分，精力投入无法保障；第三，对政府部门而言，参与品牌建设推广的市场化行为可能存在非专长、不专业的问题，影响建设的效率。

为了有效地推动品牌建设工作，2018年2月，西海岸新区在全国范围内率先成立了专门从事品牌推广工作的政府直属正处级事业单位——西海岸新区品牌发展中心（原品牌推广办公室），其主要职能包括：1.拟订新区品牌创建推广的整体发展战略、政策措施、行动计划并组织实施，指导相关行业主管单位做好品牌创建工作；2.统筹全区品牌资源，深度挖掘品牌内涵和关联度，会同有关单位建立优质品牌资源库；3.统筹全区品牌宣传推广平台，建立健全信息共享及工作联动机制，服务企业品牌建设；4.牵头梳理宣传品牌创建推广相关政策，协调行业主管单位加强政策落实；5.加强品牌宣传推广工作研究，创新品牌推广方式，对成熟度较高的品牌，分类分步进行品牌推广；6.会同有关单位对外宣传推广新区，提升新区城市品牌形象；7.组织协调企业参加本地、国内外品牌推广活动，协助推动新区企业品牌在本地、国内外市场的发展；8.加强与国内外品牌促进机构的联系和合作，促进企业的交流、联谊和国际合作；9.加强宣传和教育，增强业界与公众的品牌意识，培养和营造"重视品牌、保护品牌"的社会氛围。

在品牌交流方面，区品牌发展中心与品牌西海岸智库承办了第三届品牌西海岸发展峰会，围绕"新经济、新品牌、新生态"主题，聚集品牌经济发展专家人才，共话新经济中区域品牌高质量发展。成立新区首个品牌专家工作站。

在线下品牌推广方面，区品牌发展中心、黄发集团、宝山镇三方携手与北京南站合作，整合新区品牌资源，建设立体化营销推广渠道。近30家本土知名企业100余种名特优产品，例如宝山蓝莓、宝山苹果、黄发集团"琅琊青、琅琊红"，金沙滩啤酒城系列文创产品等组团"出道"，入驻北京南站，助推新区品牌走向全国。开办以"青西争鲜"为主题的2020第三届青岛西海岸新区农业品牌展，贯彻落实"品牌兴区"战略，百家企业参展，展出80余个品类近200种农产品，同时线上建立透明直播间，邀请主播和相关负责人及参展企业进行直播推介，为农业品牌产业拓展提供发展平台，加快新区农业品牌建设。开展新区特色品牌展系列活动，组织10大类，300余种品牌产品参展。开展第三届"有礼西海岸"十佳伴手礼评选暨颁奖典礼活动，组织十佳伴手礼上榜企业参加2020年"青岛好礼"特色产品测评活动、2020东亚海洋博览会海洋食品展、第三届品牌西海岸发展峰会十佳伴手礼展等推介活动。

在线上品牌推广方面，品牌发展中心在唐岛湾南岸公园启动青岛西海岸新区2020中国品牌日·线上品牌节，通过央视频、人民视频、快手等平台实时直播，面向全国网友详细介绍青岛国际经济合作区的基本情况、产业优势以及空间布局等，并邀请相关领域专家学者分别就青岛国际经济合作区、东方影都、董家口港进行解读分析，让公众深入了解西海岸"开放之区""影视之都""活力之港"的城市品牌。推进为期26天的2020青岛西海岸新区首届品牌产品淘宝电商直播月，西海岸多领域的产品品牌走进淘宝直播间，进行企业互动推介。

在提高企业品牌意识方面，区品牌发展中心走进灵山岛组织品牌宣讲会，为当地企业负责人讲解有关品牌创建、发展的扶持政策，助力企业高质量发展。

经过不懈努力，西海岸新区的品牌创建工作取得了可喜可贺的结果。在传播渠道上，区品牌发展中心聚合了微信公众号、今日头条号、人民号、网易号、百家号、抖音号、大风号、搜狐号、企鹅号、知乎号等12个平台，全媒体推送"品牌西海岸"形象，2020年全媒体平台累计发文3200余篇，阅读量2068.6万篇次，微信公众号平台粉丝量峰值达24.8万。在品牌建设上，澳柯玛AUCMA和SAILUN等25个公司品牌已被认定为中国驰名商标；青岛明月海藻集团有限公司、双星集团有限责任公司和澳柯玛股份有限公司等5家公司已获得青岛市市长质量奖；琅琊青、康大牌兔肉和汉之林香菇等66个品牌已被认定为西海岸新区"琅琊农榜"知名农产品品牌；海尔冰箱、海信激光电视和澳柯玛冷柜等81个品牌已被认定为"琅琊榜"工业品牌；一站式国际名品直营奥特莱斯和尚客优等36个品牌已被认定为"琅琊榜"服务业品牌；青岛琅琊品牌集团有限公司和青岛不厌星光文化产业有限公司等10个企业成为品牌扶持政策企业；黄岛蓝莓、灵山岛海参和海青茶等14个品牌已被认定为区域公用品牌。

（三）设立服务于产业发展的专门机构

以影视产业为例，影视产业对建设和谐社会及增强文化自信都有极强的带动作用，也是西海岸新区的九大重要产业之一。我国的影视产业主要由中宣部、广电总局主管，在地方层面则由相应的政府部门负责承接。对照国家广电总局的主要职能可以发现，政府部门侧重对产业和产业内企业的规划、指导、监督，而在提供专业服务上往往力有不逮。

为了更好地促进影视产业的发展，西海岸新区专门成立了区影视产业发展中心，作为影视事务的服务管理主体，代表政府行使影视方面的公共事务管理和公共服务职能，与区文化与旅游局形成职能上的互补。区影视产业发展中心的主要职能包括影视产业发展规划和政策的制定落实、争取上级影视文化产业扶持政策、影视文化机构的公共事务管理、建立影视文化产业公共服务体系、承办重大影视节会活动、培育形成影视全产业链、影视行业招商引资与宣传推介、加强与国内外影视机构交流合作等方面的工作。

在实践中，作为地方影视管理服务机构，影视产业发展中心为剧组和企业提供"一窗受理、一站式服务、全流程跟进"服务。在2020年新冠肺炎疫情防控形势严峻的情况下，制定相关政策保障《我要上春晚》《爱奇艺·为爱尖叫》《浙江春晚》等影视综艺节目顺利拍摄。2019年，联合山东卫视、中广联演员委员会等共同发起《群演公社》项目，沉淀形成1.2万余人的群演资源库，孵化落地"群演公社"公共服务实体平台，已为《封神三部曲》《冰糖炖雪梨》等剧组提供群演9000余人次。

在提升影视产业能级方面，以打造"东有灵山湾、西有藏马山"的联动发展格局为新区影视产业发展的基调。东方影都目前已建成40个国际化标准影棚，拥有1万平方米摄影棚、亚洲最大的室内外合一水下影棚。推动影视与科技融合。中国广电首个5G高新视频产业园区落地，同华为联合建设国内首个影视工业化云制作平台，提供拍摄、制作、渲染、传输、发布等全流程专业化云服务。

在增强影视品牌影响力方面，先后成功举办电影表演艺术学会奖颁奖典礼、全国院线国产影片推介会暨青岛电影交博会等节会活动。2020年举办了以

"梦圆小康、光影同行"为主题的青岛影视博览会。其间，总投资额达 151 亿元的 5G 高新视频应用安全重点实验室、人民日报品牌研究院等 20 家企业和机构正式入驻中国广电·青岛 5G 高新视频实验园区；签约落地影视剧组和项目共 30 个，为东方影都后续发展奠定了平台优势。

在提升科研能力方面，大力建设影视虚拟化制作平台，为专业影视虚拟化拍摄制作的高度定制化的高科技影棚，同时也适用于非影视行业的 CG 内容制作需求。以中国广电·青岛 5G 高新视频实验园区为引领，加快推进创智产业园、影视产业园、VR 产业园、星创岛、"科产教"融合园"一区五园"布局发展。依托产教融合基地引进培育优秀人才，实现人才培养闭环，夯实东方影都制作中心人才基础，优化提升影视制作配套价值链。

经过努力，新区整体影视发展情况取得了可喜的成绩。2020 年新区先后接待北京、上海、广东、浙江等地影视企业线上咨询 2000 余次，实地考察 500 余次，新入驻影视企业 200 余家，入区拍摄剧组 60 个，其中包括《独行月球》《舍我其谁》等工业化大制作，东方影都四季度影棚出租率高达 95%。2020 年，全区限额以上影视企业营业收入达到 7 亿元，东方影都知名度迅速提升，新华社、经济日报、山东卫视等近百家中央、省、市级主流媒体和中国广播电视、影视产业观察等一批行业头部媒体多次对新区影视产业政策进行大篇幅深度专题报道，全网转发量超千万次，形成高密度、大范围的宣传态势。

为推动影视产业的发展，新区出台了相关政策由区影视产业发展中心执行落实，这些政策涵盖了影视全产业链、全业态，进一步完善影视工业化全产业生产链条，包括《青岛西海岸新区促进影视产业发展的若干政策》《青岛西海岸新区促进影视产业发展的若干政策实施细则》《青岛西海岸新区文化艺术领域高层次人才引进和培育办法》《青岛西海岸新区文化艺术领域高层次人才评价认定实施细则》《中国广电·青岛 5G 高新视频实验园区产业发展扶持办法（试行）及其实施细则》《青岛西海岸新区支持影视产业健康平稳发展的政策措施》《青岛西海岸新区支持在线新经济运营机构的若干政策》《青岛东方影都影视产业发展专项补贴优秀影视作品制作成本补贴细则》《青岛东方影都影视产业发展专项补贴优秀影视作品制作成本补贴基准核定标准（试行）》等。

（四）通篇布局、细节着手，塑造区域品牌推广新动能

区域经济和品牌经济建设既紧密配合，又有所区别。其中，区域经济建设水平的衡量标准是区域经济的总量和整体竞争优势，在建设过程中可以采用大企业、大项目、大投入、大市场的方式，在"双招双引"工作中虽然也有宣传推广需求，但面向的通常是有限的特定主体。而区域品牌建设的衡量标准是公众对于区域品牌的认识度、美誉度和忠诚度，在建设过程中面向的是不特定的公众，需要从"眼球经济"出发，首先吸引公众对区域的关注，然后在相互的交流互动中进一步输出品牌形象。除了区域整体的经济发展水平，公众很容易对于区域在"衣、食、住、行"等细分领域的鲜明特色产生兴趣和尝试的欲望。以"食"为例，西海岸新区围绕着餐饮行业的发展，在发展大型餐饮服务企业的同时，致力于推动小摊经济、小店经济和夜经济，在全国范围内产生了较大的影响，在与交通、旅游、会展等产业协同发展的同时，也为新区的品牌形象提供了新的活力。

面向新区内部公众，全力打造早餐示范工程。为了让市民可以在社区买到卫生、便捷、平价的早餐，新区制定了早餐示范工程实施方案，通过公开透明的形式筛选了一批经营规范、卫生良好、价格亲民的早餐门店，并给予一定补贴，鼓励其在社区内设立分店，方便广大市民的早餐消费。

面向全国市场，发展餐饮聚集区，打造新区"美食地标"。新区打造了一系列餐饮休闲街区，利用大众点评、小红书等媒体平台，提高特色餐饮热度，推出"网红打卡"店，塑造有地域特色的新区"美食地标"。重点培育发展积米崖渔人码头、海上嘉年华品牌餐饮店、新城吾悦、永旺梦乐城、融创茂特色餐饮店，以及欢乐海湾酒吧街、繁华里等具有地域特色和时尚气息的美食餐饮业；在居民区周边大力推进大众化、多元化餐饮聚集区，主打海鲜大排档、小吃街等方便、干净、精致、便宜、温馨的餐饮系列。包罗百味，满足食客们的各种餐饮美食需求。

挖掘美食文化内涵，着力打造产业品牌。以新区内的历史文化名镇为主导，以人文底蕴和历史文化为主线，对新区特色菜品及其文化内涵进行整理挖掘和提升，并对地方的饮食文化资源进行系统、全面的收集整理，落实特色非

物质文化遗产的挖掘整理和申报工作。截至目前，新区已经有泊里烧肉、胡家烧鸡制作技艺、胶河塔桥全羊烹制工艺、炸翻花、王台增聚回饼、海水豆腐制作工艺、手工粉条制作技艺、瓮城烧鸡制作技艺等10余个美食项目列入非物质文化遗产名录，获评非遗代表性传承人9名。

举办特色美食活动，以打造新区美食名片。2020年，新区联合区内知名餐饮企业推出"嗨吃西海岸"2020美食季活动，开展线上"吃播"、线下体验等活动；青岛啤酒节期间，区商务局结合时尚消费主题，联合新区各大商家推出"城市购物节"，在餐饮板块推出各类让利优惠、打折促销、品尝试吃等活动；10月，联合餐饮业协会策划组织举办美食大赛，通过大赛评选新区"十大美食名吃""十大餐饮名店"等文旅特色品牌。通过系列与美食相关的活动、赛事的举办，大力推广美食、活跃气氛，拓宽美食产品销售半径，寻求美食合作商机。通过甄选具有代表性的地方美食，寻找"新区味道"，塑造新区"美食名片"，以平台推美食，借活动造美誉，提升新区地方特色美食的知名度和影响力。

建设"食安山东"推动传统餐饮企业转型升级。通过鼓励"食安山东"餐饮品牌中华老字号和知名大型餐馆在当地餐饮领域发挥示范引领作用，促进餐饮产业转型升级。新区挖掘、保护和培育了一批大众餐饮连锁、餐饮中华老字号和地方风味名吃。从2014年至今，新区已创建"食安山东"餐饮服务品牌示范街6条，示范店9家，餐饮中华老字号1家，知名大型餐馆1家。

减税降费，优化服务，助力餐饮企业发展。根据《关于实施小微企业普惠性税收减免政策的通知》以及新区出台的《鼓励商贸服务业加快发展暂行办法》等政策，新区对于符合条件的餐饮企业，由财政、税务部门牵头，积极落实兑现相关减税降费政策，不断优化政策流程，向企业提供高效便捷的政务服务，优化营商环境，完善行业协会发展建设，对企业加强引导培训，多方面多渠道为餐饮企业助力服务。

下一步新区将继续挖掘地方特色美食的人文特性、传统工艺和历史故事，加强宣传保护，树立地方美食品牌，不断增强地方特色美食的美誉度和市场竞争力，沿袭2020年的活动理念与政策，挖掘更多特色美食，打造更多餐饮类品牌活动，以达到用"吃"吸引游客、留住游客，打造西海岸新区充满活力的生动品牌形象。

（五）以"招项"促招商，推动产业集群发展

传统的"双招双引"通常以龙头企业落户为标志，利用优惠政策和配套激励，吸引龙头企业在当地投资设厂，进而发展配套产业，最终形成产业链的聚集，带动区域经济增长。这种模式存在几个弊端：首先，以优惠政策为吸引，容易形成区域间的同质化、低效率竞争，造成产业资源的浪费和财政收入的流失，甚至为偷税漏税等不法行为提供庇护。其次，由于资源禀赋、区位优势和产业发展政策的差异，即使提供了足够优秀的政策，也并不是所有的区域都适合龙头企业的入驻，区域经济的发展面临先天的制约。最后，从优惠政策制定、招商引资到龙头企业投资建厂、形成产能，最终带动配套产业的发展和产业集群的形成，需要的时间周期较长，不利于抓住转瞬即逝的发展窗口，容易错失发展机会。

西海岸新区在发展的过程中也面临类似的问题，为了克服上述问题，新区在发展的过程中并不一味追求龙头企业在当地投资建厂，而是在做好基础设施建设的基础上，吸引优势项目把"事"落在西海岸，进而以具体事项带动配套产业发展，最终形成对企业的反向吸引。现以西海岸新区发展影视产业和金融业为例，对其创新性举措进行介绍。

"影视之都"是青岛市和西海岸新区重点打造的"四张名片"之一。东方影都自运营以来，在基础设施建设方面进行了大量的投入。已建成的东方影都影视产业园拥有40个符合国际标准的摄影棚、32个置景车间，以及1万平方米高科技单体摄影棚、亚洲最大室内外合一水下制作中心和全流程后期制作数字影音中心，联合华为建设国内领先的影视工业化云平台一期已上线运营，建成国内一流的影视虚拟化制作平台；总投资50亿元在藏马山旅游度假区建设占地1500亩的影视外景地，集影视拍摄、旅游、实景互动体验及商业功能于一体，先行启动区占地500亩，主要建设欧美街区、民国老北平街区、老上海街区等五大功能板块，与影视产业园影棚内景拍摄、后期制作等功能形成联动配套。

但是影视产业的发展除了高质量的基础设施建设，还需要让已经形成的资产高效地利用起来，这就需要吸引优质企业入驻。而西海岸影视产业发展相对较晚，起步之初与西部影视城、东阳横店影视基地和无锡中视影视基地等成名已久的拍摄基地在上下游产业、人才技术储备等方面有很大的差距，政策优惠也很难与影视产业税收洼地相比。同时，影视产业是典型的资金密集、技术密集和人才密集产业，对于厂房、设备、办公等的要求反而不高。以上因素的存在使西海岸新区在发展影视产业中面临诸多限制，很难吸引龙头影视企业搬迁至西海岸。

基于以上判断，西海岸新区在影视产业发展的过程中，一方面继续重视吸引影视企业，出台了有针对性的《青岛灵山湾影视文化产业区影视产业发展专项资金管理办法》；另一方面将重心聚焦于剧组，出台了《青岛东方影都影视产业发展专项补贴优秀影视作品制作成本补贴基准核定标准（试行）》。对于拍摄制作费用至少50%发生在灵山湾影视文化产业区的影视作品，西海岸新区将对其制作成本进行专项补贴。其中，影视作品的制作成本是最核心的补贴基准，包括租用场地费用，搭建、拆除布景费用，租赁设备、物品费用，特殊拍摄制作费用，服装化妆费用，道具费用，食宿交通费用，通信费，动物购买、租赁费用，人员聘用费用，物流费用，后期制作费用，办公用品费用以及符合条件的其他费用等影视作品发生于当地的费用。专项补贴规模为50亿元人民币，自2017年开始，分5年投入，每年投入资金最高10亿元，当年若有剩余资金额度，自动转入下一年累计。对于符合要求的境内外电影、电视作品，按实际发生成本的数额，分别给予30%～40%的成本补贴。

众所周知，制作成本在影视作品制作发行过程的总成本费用中占有很高的比例，通过对制作成本的定向补贴，一方面显著降低了影视作品制作的实际成本，而且与其他地区基于影视企业的优惠政策不产生冲突，对于影视项目而言，有极大的吸引力。另一方面，定向补贴以发生在灵山湾影视文化产业区的费用作为补贴的依据，表面上看是西海岸新区向新区外的影视企业提供了高额补贴，事实上接受补贴的项目在30%～40%补贴率的基础上将更多的资金用于在新区范围内的投资，形成了财政补贴的乘数效应。此外，大量优质影视项目的入驻在提升东方影都知名度的同时，也带动了相关配套产业的发展。

在一系列针对性政策的扶持下，西海岸新区的影视产业迅速发展。截至

2020年，青岛东方影都聚集影视市场主体500余家，年拍摄影视作品60余部，制作出《流浪地球》《疯狂的外星人》等超人气作品，影片票房累计超过100亿元。2020年以来，国家脱贫攻坚题材重点电视剧《温暖的味道》等50余部影视剧在青岛东方影都顺利杀青，《超能一家人》《独行月球》《舍我其谁》等8部影视剧在拍在筹；华谊兄弟、大地电影、英皇娱乐、MOREVFX等10余个头部影视企业落户青岛东方影都。新区影视企业还将生产一系列重点影视作品，包括国家广电总局百部重点电视剧《空中突击》，中宣部"建党一百周年献礼"重点电视剧《永恒的使命》《中国缉毒秘密战》等，东方影都正成为国内重要工业化影视基地。

新区先后引入清华青岛艺术与科学创新研究院、山东工艺美术学院青岛校区、山东艺术学院影视学院等专业院校，并建设了青岛大学影视文化产教融合基地，形成了系统的影视人才培养体系。

青岛西海岸发展集团实施北京文化、北京电影学院现代创意媒体学院并购，联手社会资本优化东方影都产业布局，搭建"六个一"体系，即影视产业园和外景地、以北京电影学院现代创意媒体学院为核心的产教融合基地、以北京文化为主体的"1+N"上市公司、影视科技平台、基于工业化体系的5G高新视频园区、50亿元的影视产业基金，"科创 + 文创"双轮驱动，打造影视供应链生态圈，与5G高新视频产业联动发展、一体化推进，构建完善的影视工业化体系，影视供应链生态圈不断完善。

新区先后成功举办了电影表演艺术学会奖颁奖典礼、全国院线国产影片推介会暨青岛电影交博会等节会活动。在2018年、2019年相继成功举办上合组织国家电影节和新中国成立70周年国产优秀电视剧电影大型集中展播展映青岛国际影视博览会的基础上，"影视之都"品牌影响力不断增强。

在金融业的发展上，西海岸新区采用了类似的发展策略。众所周知，青岛市近年来金融业发展迅猛，青岛银行、青岛农商行等先后上市，光大银行理财子公司落户青岛，国际财富管理中心城市、世界创投风投中心建设如火如荼。但是，根据青岛市错位发展、协同发展、优势互补、良性互动的整体产业布局理念，青岛市的主要金融机构聚集于市南区和崂山区，西海岸新区的金融机构数量极其有限。为了更好地服务于西海岸新区的企业发展，新区同时采取了引项目而非引企业的做法。

新区地方金融监督管理局与青岛金企通公司共同开发了青岛西海岸金融服务平台。该平台依托互联网、大数据技术，全面整合涉企数据、金融机构产品、惠企政策等资源，免费为中小微企业提供一站式综合金融服务。平台自2020年9月1日上线以来，截至2021年4月，已汇聚了30家银行144款融资产品，采取银企直接对接模式，由银行发布产品信息并派驻线上客户经理，新区企业注册账户并发布融资需求，平台会根据企业提报情况自动匹配在线银行及贷款产品，企业确认提交融资需求后，平台会将申报信息自动推送至对应银行驻平台客户经理，银行客户经理采取"抢单"模式，开启贷款审批流程。

第七章

区域品牌经济发展中的代表性企业

纵观全球各主要经济体及经济发展模式，无一不经历过模式转型、周期更迭以及劳动要素发展的不同阶段，也同样孕育出带有区域特色的品牌经济之花。青岛是享誉世界的品牌经济城市，产生了一批知名度较高的企业，早在20世纪80年代，海尔、海信、青啤、双星、澳柯玛"五朵金花"就为青岛赢得了中国"品牌之都"的称号。在深厚积淀的基础上，青岛市的传统优势品牌和优势企业在长期发展建设过程中进一步升级、优化，取得了丰硕的成果，"五朵金花"在保持原有优势的基础上持续发展壮大，品牌形象不断升级。

进入"十四五"新的发展阶段后，无论是"消费升级"的内生需求驱动，还是"双循环发展"的时代要求，都要求区域品牌经济的建设者站在更高的时代维度，思考如何把握好人民日益增长的美好生活需要和不平衡不充分的发展之间的矛盾这一命题，"品牌崛起"应运而生。在青岛，一大批新企业依托当地完备的工业基础、完善的产业链以及丰富的人力资本和金融资源，在品牌化的过程中突飞猛进，新一代"青岛金花"品牌不断涌现，为青岛市的区域品牌形象增添了新活力。值得关注的是，青岛市在发展区域品牌经济的过程中，依托国资改革的政策窗口，建设和打造以"城市运营商"为定位的国资平台公司，以平台公司引领优化产业布局、完善城市基础设施、提升区域竞争力。为了形象地展示青岛市区域品牌经济的成果，《研究报告》选取了15家典型企业，分三个层次进行介绍。

一、传统的也是未来的："五朵金花"持续绽放，品牌形象历久弥新

"五朵金花"是青岛市在工业化建设时代区域品牌经济工作取得的标志性成果之一，也是青岛区域品牌经济建设重要的历史底蕴。进入数字化、信息化时代以来，传统"五朵金花"并没有故步自封，而是不断与时俱进，紧跟、引领甚至创造行业潮流，在保持企业竞争优势的同时，为青岛市的整体区域品牌形象贡献了新的力量。本节以海尔、青啤和海信为例，对青岛传统优势企业在品牌建设中的新成就进行介绍。

（一）海尔集团：由产品品牌走向生态品牌

海尔集团创立于 1984 年，是全球领先的美好生活解决方案服务商。从濒临倒闭的工厂壮大成全球知名品牌，海尔 37 年创牌历程折射出中国品牌崛起的艰辛历程。随着时代的更迭、技术的进步和用户需求的改变，企业的核心竞争优势也在不断发生变化，从产品创新、技术创新逐渐过渡到品牌综合竞争力和影响力。海尔集团不断踏准时代节拍，以用户为中心，基于物联网技术，从"电器"到"网器"再到"场景生态"不断转型升级，不断打破企业边界、行业边界，率先提出生态品牌的概念，在品牌的各个接触点上提供优异的体验，开辟了一条高质量发展的新路径。

在物联网时代，体验经济、社群经济、共享经济涌现，呈现出"产品会被场景替代，行业会被生态覆盖"的发展趋势。在这样的背景下，海尔集团在全球首创了生态品牌，通过与用户、合作伙伴联合共创，不断提供无界且持续迭代的整体价值体验，最终实现终身用户及生态各方共赢共生，为社会创造价值循环。2021 年，海尔集团作为全球唯一物联网生态品牌连续 3 年荣登 BrandZ 最具价值全球品牌百强榜。海尔集团已形成海尔智家（股票代码：600690，市值超过 2400 亿元）、海尔生物（股票代码：688139，市值 300 亿元）、盈康生命（股票代码：300143，市值 150 亿元）三家上市物联网生态企业，裂变出卡奥斯、日日顺物流、有屋智能等百亿级的独角兽企业，涌现出 10 个十亿级、35 个过

亿级的物联网新生态，构建了一个覆盖千行百业生生不息的物联网生态体系。

37年来，海尔集团在国家及地方政府的引导和关注下，始终秉持为用户创造最佳体验的初心，坚持自主创牌，踏准时代节拍，不仅成为青岛的骄傲，映射出中国品牌的崛起，更成为全球品牌进化的引领者。未来，海尔集团将继续携手全球一流生态合作方，持续建设高端品牌、场景品牌与生态品牌，加速生态品牌在世界的腾飞。

1.高端品质，铸海尔品牌之基

消费升级新时代下，用户开始追求更高品质的生活，在这个过程中对于"品质"也有了全新的定义，从单纯地追求产品质量向看重服务质量、使用体验和个性化定制过渡。基于这一趋势，海尔集团创造性地将消费互联网与工业互联网有机融合，打造出了具有时代特色的垂直工业互联网平台，在用户端实现"个性化定制"，在企业端实现"智能化制造""网络化协同""个性化设计""服务化延伸"以及"数字化管理"，为每位用户创造高品质生活，满足个性化需求。

以一台海尔冰箱的个性化定制生产全流程为例，通过海尔智家的入口，用户可以将自己个性化的需求与工业互联网平台下的互联工厂对联。工厂直接接收用户订单后，智能制造系统会自动排产，并将信息传递给所有的模块商，由平台上的设计商、模块供应商共同参与，最快满足用户个性化的需求。产品生产完成下线后并不入库，而是通过物流直接送达用户家中。在整个定制过程中，用户能够与各个环节零距离对话，并可通过多种终端查看产品"诞生"的过程。

制造工艺的升级并没有局限海尔对卓越品质的追求。海尔旗下高端品牌卡萨帝（Casarte）凭借满足用户需求的初心而转化来的巨大动力，以其在家电高端领域多年的积累，研发出一机双筒的双子云裳洗衣机，真正攻克了行业30年前就看到却无法解决的难题。从2006年创立至今，卡萨帝的每一款产品都具有鲜明的辨识度，从早期打破传统冰箱设计理念的法式对开门冰箱和意式抽屉式冰箱，到被行业广泛模仿的"分区洗""空气洗"等洗衣机创新概念。

进入海尔生态品牌战略阶段，卡萨帝开始了新一轮升级迭代，发布了包括智慧护理、健康饮食、舒适住居、娱乐互联四个维度，涵盖衣食住娱全场景的高端生态解决方案，由高端的单品进化成高端的场景和高端的生态，为用户创新出更高品质的艺术生活体验。

2. 场景体验，凝海尔品牌之魂

智慧家庭行业存在五个阶段，即单品智能、协同智能、决策智能、高度主动智能和泛在智能。物联网时代，随着用户需求的多元化、个性化，产品正在被场景取代。用户关心的不再是某一个产品，而是它能否融入家庭生活，创造有价值的场景。2020年9月，海尔集团正式发布全球首个场景品牌"三翼鸟"，用"场景思维"取代传统"产品思维"，从用户需求出发，为用户提供了前所未有的体验。当行业内大多数企业还停留在单品智能和协同智能的阶段时，海尔集团率先进入了"决策智能"阶段；当大多数企业还停留在被动服务的时候，海尔集团已经做到智能设备主动感知、学习、决策，基于场景为用户主动服务。

"三翼鸟"着眼于与家庭相关的所有场景和生活需求，通过整合各种资源打造无界生态，为用户提供全流程无缝的智慧体验。"三翼鸟"通过整合上万家企业，不断迭代衣食住娱行的新体验，目前已拥有2万余款组件、300多种场景方案、200余种服务，可以为用户提供全球最专业的智慧阳台、智慧厨房、智慧卧室、智慧浴室、全屋空气等全屋全场景方案。在平台方面，"三翼鸟"打造的体验云平台，通过对线上线下门店的布局，为体验云的建立提供条件和基础。

以阳台场景为例，"三翼鸟"打破了传统阳台只能储物晾衣的功能，打造出休闲、健身、亲子、宠物、品茶等37个场景。2020年1—8月，已经有26.5万个用户在智家体验云平台定制了智慧阳台场景方案。"三翼鸟"上海体验中心001号店的客单价已达到22万元，堪比一辆汽车的价格。

"三翼鸟"承载着海尔集团的生态场景战略，背靠强大的技术、平台、生态能力，围绕不同用户群体的细分需求，为用户打造了一套美好生活的愿景图，为物联网时代的智慧生活绘制了蓝本。

3. 无界生态，聚海尔品牌之势

自2012年美国通用电气（GE）公司率先提出工业互联网概念以来，全球工业互联网竞争日趋激烈。然而，由于工业场景的复杂性和各国发展的差异性，国际上尚未形成统一的工业互联网标准。尽早打造优质成熟的工业互联网应用标准和生态链，是企业在国际制造业中抢占话语权、获得主导地位的关键。

2012 年，海尔集团就开启了对工业互联网的思考，进行了智能化、网络化和信息化三化改造；2017 年，海尔集团正式提出建立和打造工业互联网平台，生态品牌卡奥斯应势而生，卡奥斯围绕用户体验，通过与用户、合作伙伴联合共创，不断提供无界且持续迭代的整体价值体验，通过生态共创为社会创造价值循环，帮助众多企业实现从"企业数字化"到"数字化企业"的转型。

目前，海尔的卡奥斯平台、美国通用电气 Predix 平台和德国西门子 MindSphere 平台，被业界誉为最有代表性的全球三大工业互联网平台。卡奥斯平台被国家工信部认定为跨行业、跨领域的工业互联网十大"双跨"平台之首，并先后主导和参与了 36 项国家标准、5 项国际标准的制定，是唯一被 IEEE、ISO、IEC 三大国际组织批准牵头制定大规模定制模式标准的单位。

2020 年，青岛提出了"发力工业互联网建设，着力打造世界工业互联网之都"的目标，其中，卡奥斯作为青岛工业互联网的"主峰"，是青岛打造世界工业互联网之都的核心优势，必将在青岛的区域品牌经济建设中发挥越来越大的作用。

品牌是商业竞争的风向标和晴雨表。在传统工业时代，企业要么成为世界品牌，要么为世界品牌代工；互联网时代要么拥有平台，要么被平台拥有；而在物联网时代，要么建成生态，要么成为生态的一部分。回顾品牌发展的百年历程，当传统时代的产品品牌和互联网浪潮中的平台品牌纷纷陷入"红海"，海尔集团通过开放共赢的生态品牌脱颖而出，凭借其强大的创造力和开放性迅速成长为物联网时代的新生力量，开启品牌的下一个纪元。

（二）青岛啤酒：百年齐鲁酒厂，孕育世界品牌

青岛啤酒是中国历史最悠久的啤酒制造厂商，前身是 1903 年 8 月由德国商人和英国商人合资在青岛创建的日耳曼啤酒公司青岛股份公司。1993 年 7 月 15 日，青岛啤酒股票在香港交易所上市；同年 8 月 27 日，青岛啤酒在上海证券交易所上市，成为中国首家在两地同时上市的公司。目前青岛啤酒是世界第五大啤酒厂，在全国 20 个省（区、市）拥有 60 多家啤酒生产企业，公司规模和市场份额居国内啤酒行业领先地位。青岛啤酒自 1948 年开始出口，是中国最早的啤酒出口品牌之一。目前，青岛啤酒远销美国、加拿大、英国、法国、德国、意大利、澳大利亚、韩国、日本、丹麦、俄罗斯等世界 100 多个国家，构建了以欧洲、北美、东南亚为铁三角，覆盖"一带一路"沿线国家的全球性战略版图。2020 年，青岛啤酒品牌价值达到 1792.85 亿元，位列世界品牌 500 强。

1. 品质创新塑造百年品牌

企业品牌是"消费者不假思索的信任"，品牌力量更是一个国家软实力的象征。青岛啤酒坚持品质为基、创新驱动、文化为根、产业协同，努力培育面向世界的高端品牌。在创造良好经济价值和社会价值的同时，提升了中国品牌的国际化高端形象。

（1）品质为基，高端定位，培育品牌形象

一个享誉全球的国际化品牌，应具有以下"四度"：一是要有品质的厚度，以"做专、做精、做细、做实"的工匠精神心无旁骛地打造品质；二是历史的长度，必须要经得起历史和时间的检验；三是覆盖的广度，让全球消费者都能接触和体验到优质的产品；四是定位的高度，必须以国际化视野推动行业进步、引领消费需求。为了实现上述"四度"，青岛啤酒确立了"三高"的国际化品牌定位——"高品质""高价格""高可见度"。

在高品质上，青岛啤酒始终传承和坚守"好人酿好酒"理念，每一瓶青岛啤酒都要经历 1800 道关键质量控制点的"千锤百炼"。青岛啤酒在欧美日等地定位于进口高端产品，经得起欧盟、美国、日本等世界上最严苛的食品安全质量检验标准检验。

在高价格上，青岛啤酒凭借高品质和差异化风味坚守国际市场高端定位，尤其是在西欧、北美市场，产品定价一直比肩国际高端品牌，通过在国际市场保持一流品质和价格，持续塑造和提升中国"质造"高端形象。

在高可见度上，青岛啤酒每年生产 180 亿瓶啤酒，并通过专业化的渠道运营保持着较高的区域市场可见度和终端可见度。除了美国、德国、英国、日本、韩国等发达国家市场，在位于加勒比海的多米尼加共和国、位于南太平洋的斐济、位于印度洋的法属马约特岛等地也能见到青岛啤酒的身影。近年来青岛啤酒积极响应国家"一带一路"倡议，开发沿线国家新兴市场，重点突破有区域影响力、有辐射带动力、有长远发展潜力的区域据点市场，成功开发了白俄罗斯、马尔代夫、坦桑尼亚等多个市场。

（2）创新驱动，面向世界，拓展品牌运营

青岛啤酒始终坚持创新为第一发展动力，系统实施了覆盖生产、产品、渠道、供应链、组织、管理、机制七位一体的创新，以全球化视野进行全球资源配置，让产品超出消费者期望，增强品牌忠诚度。

作为中国品牌，青岛啤酒始终以中华传统优秀文化为根，向世界传递来自中国民族品牌的友好问候。青岛啤酒持续在美国纽约时代广场、英国伦敦皮卡迪利广场、澳大利亚悉尼国际机场等海外地标投放户外广告，面向世界展示品牌。在新媒体运营上，青岛啤酒的五大全球主流社交媒体（Facebook、Twitter、LinkedIn、Instagram、YouTube）吸引了来自64个国家100多万粉丝的关注。2019年12月，青岛啤酒还将青岛国际啤酒节开到了"一带一路"沿线国家，打造了以"青岛啤酒节＋城市推广＋商旅文化"为主题的国际品牌营销新模式。在打造强势品牌的基础上，青岛啤酒更好地发挥品牌的扩张功能，促进产品全球化生产经营，实现国际化企业成长和价值增值。

（3）文化为根，国潮助力，推动品牌传播

青岛啤酒每年都根据不同区域的不同文化及消费习惯，围绕鲜明品牌个性推出不同的品牌营销活动，以讲好"中国故事"为目标引领消费潮流，以"国潮"彰显中国制造、中国品牌的崛起，彰显中国情怀、中国自信的闪耀。在中国传统重要的节庆日如春节、中秋节等，结合中国深厚的历史文化内涵，青岛啤酒推出符合国际化、时尚化、年轻化品牌特点的中国特色产品。例如，青岛啤酒每年都会在海外市场推出"生肖"产品和中国年活动，"中国结"元素、"青花瓷"设计等广受好评；开展"一带一路跟着中国品牌看中国"活动，邀请各国消费者来到中国、走进中国，跟着青岛啤酒看中国。

通过国潮产品和中国文化共同发力，青岛啤酒构建起了线上线下、国内国外互联互通的立体化品牌传播体系。近年来青岛啤酒频频亮相于亚太经济合作组织（APEC）、二十国集团领导人峰会、金砖国家峰会、上合组织峰会等国宴餐桌，形成强大的广告传播效应。2017—2019年，青岛啤酒海外市场年均复合增长率达到 6.6%，打出了鲜明的中国品牌旗帜。

（4）产业协同，多维营销，提升品牌活力

在新冠肺炎疫情冲击下，全球产业内向化趋势明显，国内产业集群与国内市场需求的产业联系有望得到改善。把握住这样的契机，青岛啤酒围绕产业链上下游，打造了一个板块间深度关联、跨界融合、利他共生的"啤酒＋"产业生态圈系统。同时，面对我国消费市场长期稳定增长和加快转型升级的发展态势，青岛啤酒拓展多维营销，在销售模式上，积极发展线上线下融合消费新模式，促进传统销售和服务转型升级；在销售环节上，建设了覆盖互联网电子商务和新零售的全渠道营销；在消费场景上，布局了全国 60 多个城市、200 多家时尚体验酒吧和啤酒节的 IP。通过由产品到场景延伸，由制造业向服务业转型，由行业到生态拓展，由单赛道到多赛道跨越，由传统制造业向工业互联网转型，持续为品牌发展提升活力。

2. 智能制造助推产业升级

无形的品牌背后是具象的产业。在国内啤酒产业竞争加剧、国外啤酒市场趋于饱和的背景下，青岛啤酒通过产品升级和消费升级，筑牢产业地基，不断提升品牌竞争力和产品利润率。从定制生产到数字化营销，从实验室研发到质检品控，引领着行业的创新和变革。

（1）定制生产，数字转型，引领行业发展

2021 年 3 月 15 日，青岛啤酒成为全球首家啤酒饮料行业工业互联网"灯塔工厂"。"灯塔工厂"被称为"世界上最先进的工厂"，截至目前，在全球有 44 家，是由达沃斯世界经济论坛和麦肯锡咨询公司共同遴选的"数字化制造"和"全球化 4.0"示范者。"灯塔工厂"不仅解决了行业生产周期长、生产预测难等痛点，而且填补了啤酒饮料行业的空白，具备行业引领性，对传统制造业转型更有推广复制的现实意义。2020 年，青岛啤酒定制化啤酒的份额和营收分别增加了 33% 和 14%，产品交付周期也从 45 天缩短到 20 天，扫描二维码就可以查验真伪、获知原料供应商等信息，产品实现 100% 可追溯。

上游定制门槛的降低，对青岛啤酒的下游营销协同能力提出了更高的要求。青岛啤酒 10 年来一直在转型数字化，已经建立起完善的电商系统和终端系统，不仅有天猫、京东等大型电商平台，美团、饿了么等大型外卖平台，还抓住零售新趋势，拓展社区团购平台，借助阿里、京东2B端的通路，让产品进入各社区小店，可触达全国近400万个销售终端。青岛啤酒的订单系统，能够精确自动分析出未来40天之后，哪个市场、哪个产品需要做多少量；全国60多个工厂，150条生产线，哪一条生产线、哪个产品送到哪个市场是最经济的。上下游协同让"定制生产"通过"数字物流"，高效地走进千家万户。

（2）加速研发，口味解码，满足消费需求

在产品研发方面，青岛啤酒依托酿酒行业唯一的"啤酒生物发酵工程"国家重点实验室，创新推出"三叠加三解码"的产品研发平台，通过数字化实现了消费者需求解码、产品解码、工艺解码。青岛啤酒科研中心已经把近400种啤酒风味物质形成了数字标准。数字化驱动让青岛啤酒的研发效率提高了3倍，可以快速满足消费者个性化口味需求。青岛啤酒独创的风味图谱解析能力，可以把消费者模糊的口味需求，转化为数字化指标，从而实现对消费者"素描画像"到"精准画像"的过程，将数字化指标转化为青岛啤酒独特配方和酿造技术，满足消费者多元化、个性化需求。

在研究领域，青岛啤酒从实践中升华技术，成为企业里学术创新的典范。2020年6月，琥珀拉格啤酒荣获2019年中国酒业协会新品类啤酒"青酌奖"；9月申报项目《上面发酵白啤酒酿造关键技术的研究与应用》荣获青岛市科技进步一等奖；10月，在2020中国国际啤酒挑战赛中，青岛啤酒1903荣获天禄四星奖，青岛啤酒白啤荣获天禄一星奖；11月18日，青岛啤酒博士后工作站选送项目《"苦爽回甘"皮尔森啤酒的开发及产业化》荣获2020年博士后创新创业成果大赛金奖。研究是创新的起点，研发是创新的中点，在创新路上，青岛啤酒没有终点。

（3）严格质检，优化品控，确保食品安全

在质检品控方面，青岛啤酒建立起质量监控体系，按照原料、生产、物流、终端的顺序，从供应原料、质检标准到包装系统、供应链管理乃至在售问题产品召回，层层严格把关，实施产品全生命周期的质检品控。

青岛啤酒拥有超过1800个国际认证的啤酒生产质量检测点，所有与酒液直接接触材料，包括啤酒瓶盖垫片、刷瓶水等全部纳入品评范围。青岛啤酒还制定了"三化四统一"的供应链管理体系，通过订单下达便捷化、生产排程精准化、物流配送准时化和统一订单提报、统一订单管理、统一生产排程、统一物流配送，保证终端产品新鲜、安全。已出厂、在售的青岛啤酒，按照规定定期抽样品评，保证啤酒在货架期内的质量。对市场销售的不安全产品，依据国家发布的《食品召回管理办法》实施召回。

对于原料，青岛啤酒使用的酿造水经过 7 级处理及 100 多项指标的监控；使用拥有德国纯正血统的啤酒酵母；对大麦种植基地土壤、水、空气等环境以及生长全程进行监控。对于供应商，青岛啤酒严格实施供方准入管理，对于在资质管理、产品监控、现场审计方面出现问题的供方实行"一票否决"机制。

在食品安全方面，青岛啤酒坚守"筑牢舌尖上的安全堤坝"的质量安全管理理念，实施全供应链的质量管理，建立了从源头物料、生产过程及物流销售等产品全生命周期的食品安全管理制度，涵盖生产过程危害分析、食品安全防护管理等 30 多个管理流程。实施食品安全红黄牌管理制度，推进食品安全清单式管理，落实食品安全主体责任，促进公司高质量跨越式发展。

（4）体验升级，延伸场景，打造文化生态

任何产品体验升级都需要打造文化生态圈。为了让每一瓶青岛啤酒都焕发出更大的魅力，构成一个有情怀、有温度、有文化、有魅力的消费场景，青岛啤酒打造了三大板块——快乐板块（啤酒）、健康板块（水及相关）、时尚板块（博物馆、酒吧），在产品的基础上做场景延伸。除了遍布全国的 TSINGTAO1903 青岛啤酒吧，青岛啤酒每年还在全国 50 多座城市举办啤酒节，拥有遍布全国 60 多家工厂的工业旅游基地。

2020 年，青岛啤酒在全国开设了 200 多家 TSINGTAO1903 青岛啤酒吧，以消费者体验为中心，注重消费的环境、便利、舒适度体验，在不断提升产品新鲜度的前提下，开展多维度特色体验活动，引领啤酒时尚消费新模式。目前已覆盖北京、上海、深圳、珠海、西安、大连、济南、厦门、长沙、哈尔滨等 60 多座城市，延伸当地时尚经济产业链，助力夜经济建设、繁荣夜间消费。

打造"啤酒节城市"属于青岛啤酒的文化战略。从 1991 年举办第一届青岛国际啤酒节开始，青岛啤酒节从青岛走向全国，从海内潮涌海外，扎根于每一座城市。2020年青岛啤酒节从山东半岛到辽东半岛鞍山、营口；从西北的甘肃定西、平凉，陕西延安、宝鸡，到天府之国四川成都；从黄河之滨山西太原、运城、大同、长治，到京津走廊明珠河北廊坊；从内蒙古呼伦贝尔大草原到浙江建德、江西武功山高山草甸……以啤酒为媒，形成商贸、旅游、文化、产业深度互动，成为拉动区域经济发展的活力文化产业。

青岛啤酒作为啤酒行业的领先企业，以"成为拥有全球影响力品牌的国际化大公司"为愿景，不断创新，高度重视可持续发展，制定可持续发展战略，全面推动能源变革，践行绿色、低碳、循环、可持续的生产生活方式。作为具有117年历史的民族品牌，通过创新引领、质量驱动，培育世界一流企业，持续打造具有全球竞争力的企业品牌，为振兴民族品牌贡献力量。

（三）海信集团：为青岛制造业赋能智慧、科技

海信集团成立于1969年，坚持"诚实正直、务实创新、用户至上、永续经营"的核心价值观和"技术立企、稳健经营"的发展战略。目前，公司以彩电为核心的B2C产业全球领先，并在智慧交通、精准医疗和光通信等新动能B2B产业快速发展。海信集团拥有海信视像、海信家电和三电控股三家在上海、深圳、香港、东京四地上市的公司，旗下有海信（Hisense）、古洛尼（Gorenje）、科龙（KELON）、容声（Ronshen）与雅士高（ASKO）等多个品牌。

智能制造与核心研发是快速发展的原动力，海信集团拥有青岛、顺德、湖州、捷克、南非、墨西哥等16个工业园区，在青岛、深圳、美国、德国等共设有16个研发中心，拥有研发人员6000余人，其中，硕士3000余人，博士100余人，初步建立了全球协同的研发体系。海信集团已在上合组织国家及"一带一路"沿线布局20余年，产品远销160多个国家和地区，海外品牌知名度不断提升，海外收入已占到集团收入的40%。2020年，海信集团收购东芝电视成功开拓日本市场，入选中国外文局2020中国企业海外形象建设"十大优秀案例"；海信扎根南非25年，成为当地家喻户晓的品牌，并带动当地经济发展，入选联合国南南合作典型案例。家电板块与科技板块相得益彰，海信集团正在实现由传统"家电公司"向"高科技公司"的华丽转身。

1. 从家电企业到综合性高科技企业

海信集团以显示和图像处理技术为核心，在视像产业生态链纵深布局，打通了从底层技术、终端设备、场景应用、云端支撑到内容服务的全产业链条；在 ULED 动态背光分区控制技术、激光显示技术上世界领先，同时深耕芯片技术，在 8K 超高清显示画质处理芯片、电视 SoC 芯片、AI 芯片方面不断突破；在城市智能交通市场占有率保持多年国内第一，产品和解决方案应用于全国147 个城市，2011—2020 年城市智能交通最终用户订单合计规模第一；以海信CAS（计算机辅助手术系统）为代表的精准医疗产业，已服务全国百余家三级及以上医院，海信彩色超声产品 HD60 泰山系列填补山东省空白。

（1）显示领域核心技术创新，引领电视行业发展

2007 年 9 月，中国第一条电视液晶模组线在海信集团投产，打破了我国液晶模组几乎全部依赖外企的状况，由此海信集团在国内首次实现液晶模组自制，为整个国内电视行业争取了生存空间。2013 年，海信集团历时 3 年自主研发的 ULED 技术正式发布，通过背光多分区动态控制技术、峰值亮度控制技术和背光扫描控制技术，把液晶显示的画质效果提升到世界一流水平，主持制定了LED 背光国际标准以及激光电视技术标准。2016 年 7 月，海信集团发布全球首款 DLP 超短焦 4K 激光电视，2018 年又推出 L5 激光电视系列新品，首次将 80英寸 4K 激光电视价格拉至 2 万元以下，用技术革新带来产品优化，锁定全球彩电产业在下一代显示技术竞争的主动权。

（2）打造完整产业链，引领光通信领域核心技术创新

2005 年，中国首块拥有自主知识产权并产业化的数字视频处理芯片——信芯在海信集团诞生，结束了我国年产 7000 万台彩电而无"中国芯"的历史，彻底打破了国外芯片的垄断地位。2013 年海信集团又研制了国内首款网络多媒体电视 SoC 主芯片，并实现量产。2015 年，海信发布 Hi-View Pro 画质引擎芯片，正式比肩行业巨头三星和索尼，成为中国唯一拥有自主高端画质芯片的电视机企业。海信集团已实现芯片、模块、终端三大板块产品布局。目前，接入网光模块连续 10 年全球第一，光融合终端连续 2 年行业第一，直播星产品连续 12年国内第一。

（3）海信"云脑"技术创新，促进科技进步和产业升级

图像与视频数据处理技术作为核心技术，是海信集团转型"云脑"的动力和信心。海信集团基于电视和显示技术的研究积累，一步步延伸到智能交通、医疗电子等新兴产业，自1998年就开始涉足智能交通领域。海信没有选择国外产品计算"交通流量"的算法，而是针对中国的道路交通特点独创了计算"交通强度"的算法，并且不断完善。

海信城市"云脑"是一个开放的平台，不但可支撑海信集团自建的智能交通、公共安全、智慧建筑、智慧住建、智慧应急、智慧街区、智慧发改、智慧医疗等10大业务系统，还可拓展至合作伙伴建设的业务系统，与合作伙伴共享数据与业务算法，为城市管理者提供全场景、全领域、全维度的智慧管理服务解决方案，让市民享受"智慧城市"带来的智能与便捷。

（4）从变频技术到新风技术，始终引领核心技术创新

海信集团是国内最早致力于变频空调研发、生产和推广普及的企业，自1997年研发、生产、销售中国第一台变频空调以来，持续进行核心技术创新，完全自主掌握了变频的核心控制技术，包括直流压机驱动核心算法、PFC功率校正控制算法、压机参数自适应算法；同时不断地进行整机的高效换热器翅片技术、高效送风技术、制冷系统冷媒节流技术等关键技术创新。2020年3月18日，中国产学研合作促进会首次发布《带新风功能的房间空气调节器》团体标准，规定了"新风空调器"的定义、产品分类、技术要求等，海信空调牵头发布该标准。在中央空调领域，子公司海信日立旗下"日立""海信""约克"品牌多联机中央空调产品以领先的技术水平享誉市场，是国内多联机中央空调的市场领军企业。

（5）海信计算机辅助手术设备系统，实现精准医疗

2014年，海信集团成立了医疗设备有限公司，专攻数字医学领域。海信医疗承担了国家"十二五"科技支撑计划课题"小儿肝脏肿瘤手术治疗临床决策系统开发"，青岛市自主创新重大专项"计算机辅助手术工作站的研发与装备产业化"，科技部国际合作项目"低剂量CT高清成像及模拟手术系统合作研发"的研发工作，开发的"海信计算机辅助手术设备（Hisense CAS）"已成功应用

于临床。2019年12月，青岛大学附属医院、海信医疗与复旦大学附属儿科医院共同完成的"基于小儿肝胆胰计算机辅助手术系统研发、临床应用及产业化"项目，荣获2019年度国家科技进步二等奖。

2. 从区域、行业性品牌出海，走向全球化

海信集团是中国最早"走出去"的企业之一，从1985年开始对外贸易业务。1998年，海信进出口有限公司正式注册成立，将"国际化"列入集团的核心战略；2003年，整合所有海外市场和业务，正式开始了国际化征程；2005年，进一步明确"将海信品牌打造成为国际知名品牌"的战略目标；2006年，提出"海信未来发展'大头在海外'"的战略，将科龙的冰箱、空调等海外业务正式并入，成立了青岛海信国际营销公司，构建了实力强大的海外销售平台。

与很多出海企业采取"OEM代工"或者产品出口的方式开发国际市场不同，海信集团一开始就选择了打造自主品牌的道路，树立自主品牌并进入高端市场，重塑企业形象并维持长久竞争力。此外，海信集团通过并购借力出海，拓展全球版图。2015年海信集团在美洲收购夏普墨西哥电视工厂及其电视业务，双方在技术、产品、市场等方面优势互补，在北美的市场份额得到进一步提升；2017年11月，海信集团收购东芝电视，进一步巩固海信电视业务在全球的领先地位；2021年5月31日，海信家电发布公告称，正式成为三电控股的控股股东，高起点进入汽车电子和新能源汽车产业。已经在智能显示、智能家电与智能交通积累深厚的海信集团将和三电控股共同开展新能源汽车综合热管理、车辆网络连接和人工智能空调控制技术，进一步强化自己从家庭到社区再到城市的智慧新生活战略的护城河与优势。

目前，海信已在海外建有18个分公司，实施本土化经营，覆盖欧洲、美洲、非洲、中东、澳大利亚及东南亚等地市场；海外建有3个生产基地实施区域化生产，产品远销130多个国家和地区；在全球设立12个研发机构，面向全球引进高端人才，提升技术产品研发能力。海信冰箱在南非占据市场第一的位置，海信冰箱、海信电视在澳大利亚市场占有率第一，海信品牌在美国及欧洲市场也呈现两位数高速增长态势，在日本市场也是本土品牌之外市场份额最大的品牌。让世界重新认识中国，海信集团正在扮演越来越重要的角色。

3. 引领区域经济，持续走高质量发展道路

2012 年，为了落实青岛市委市政府的要求，支持青岛本地产业发展，海信集团将北京、营口、南京三地的冰箱生产基地搬迁至平度。2013 年 8 月，海信集团投资建设了占地面积 1214 亩且拥有近 30 万平方米厂房的海信（山东）家电产业园。随后，海信集团又将江门、顺德等南方基地的出口生产迁移至平度。自此，平度生产基地成为海信集团在国内最大的家电制造基地。

2019 年 6 月，为积极响应和配合青岛市委市政府"突破平度莱西攻势"在平度落地，加大对平度市的帮扶力度，海信集团克服困难，将浙江湖州的产能转到了平度，投资 1 亿元增加了波轮、滚筒生产线各一条，投产后年增加产能约 210 万台，新增产值约 15.1 亿元，新增税收约 3000 万元。另外，海信集团还将部分商用冷链业务由广东顺德转至山东平度，并且拓展了专业医疗柜、深冷柜产品，年增加产能约 40 万台、产值约 9.6 亿元、税收约 1900 万元。此外，海信集团将继续在平度扩大产能，预计每年增加冰洗产能约 22 万台、产值约 12 亿元、税收约 2000 万元。2019 年，海信空调公司投入技改资金 6000 多万元，技改后空调年增加产能 50 万台套、产值 10 亿元、税收 2000 万元。完成以上产能转移和产业升级后，园区在满产情况下共计增加产值约 46.7 亿元、税收约 8900 万元。海信集团研究发展中心在全球建有 16 个中心，但将总部落在青岛市崂山区松岭路 399 号，是国家创新体系试点企业研发中心、国家级企业技术中心，拥有数字多媒体技术国家重点实验室、国家城市道路交通装备智能化工程技术研究中心、国家级博士后科研工作站、光电器件关键技术国家地方联合工程实验室、国家级工业设计中心，是国际科技合作基地、国家 863 计划成果产业化基地。

海信研发中心现已建成国内较为完善的研发平台体系，包括应用基础研究中心（国家级科研平台）、产品开发中心、工业设计中心、模具开发中心、检测中心、中试中心、数据信息中心、技术培训与学术交流中心、产学研合作基地（联合实验室、联合研发中心）。海信研发中心设有数字显示技术、智能多媒体技术、数字电视技术、光学投影技术、智能家电技术、移动通信技术、智能交通技术、网络安全技术、计算机技术、光电子通信技术、医疗设备技术等研究

机构。研发中心承担着海信核心技术与前端技术的研发、新产品的开发与产业升级、产品结构调整的重任。

"全面开展质量提升行动，推进与国际先进水平对标达标，弘扬工匠精神，来一场中国制造的品质革命。"跨越千亿元门槛之后，海信集团抓住供给侧改革、新旧动能转换的有利时机，通过改革创新坚持走高质量发展道路。海信集团坚持技术立企、稳健经营，旧引擎不断加速，新供给动能强劲，以青岛为中心，以深化改革为动力，昂首阔步迈向世界级企业。

二、经济执舵者、城市运营商、品牌策划人：国资平台行稳致远、龙马躬行

"城市运营商"是青岛对国有资本投资、运营公司在区域发展中的明确定位，它们也承担了区域品牌经济发展中的中流砥柱使命。国资平台公司不仅仅是城市经济点火启航的执舵者，更是城市产业的运营商；不仅自身要实现品牌化，保障公司发展壮大和持续盈利，还要为城市整体形象的提升和区域品牌的建设贡献力量。准确定位区域内国有资本投资公司、运营公司新的战略历史方位，有助于对区域品牌经济主要矛盾的新变化做出科学判断。这一科学判断，也有利于反映区域发展的实际状况，揭示制约区域品牌经济发展的症结所在，对于找准解决当代区域品牌经济发展问题的根本着力点，更好促进青岛的品牌经济升级具有重大理论和实践意义。基于这一原则，青岛市几大国资平台公司先后成立，并在区域产业发展、城市改造升级和区域品牌建设中发挥了重要的作用。现以其中的四家代表性平台为例，对"城市运营商"在区域品牌经济发展中取得的成果进行介绍。

（一）青岛城投：筑基区域经济，打造城市品牌

青岛城市建设投资（集团）有限责任公司（简称青岛城投）成立于2008年，由青岛市人民政府国有资产监督管理委员会以青岛东奥开发建设集团公司、青岛开发投资有限公司和青岛市城市建设投资中心依法占有使用的净资产出资，设立的青岛最大国有独资公司，承担着青岛市的土地一级开发、地产开发、基

础设施建设、金融、贸易等职能，是青岛市最重要的国有资产经营和基础设施投资运营主体。成立初始，青岛城投主攻城乡基础设施建设服务，在土地整理、地产和产业园区开发、市政及交通基础设施建设等领域积极承担重大任务，至今累计投入上千亿元。2015 年，青岛城投进行市场化转型，在实业方面进军光伏发电和风电产业，提前布局新能源并实施碳中和国家战略；在金融方面参股地方银行、布局基金投资、实施资产证券化，逐步充实地方金融业态；聚焦半导体、高端装备、医养健康等新兴产业，形成资产和资本的相互撬动。2019 年 3 月，青岛城投成为青岛市四家国有资本投资运营公司改革试点企业之一，以市场化、法治化、专业化管控运营为导向，全面加快国有资本投资运营公司改组组建，实现由"管企业"向"管资本＋产业协同"转变。

青岛城投运用资本市场手段，将行政资源转化为市场资源乃至金融资源，由传统政府投融平台改革为区域经济的筑基者，推动新产业、新模式及新人才的聚合，塑造出青岛市的新城市品牌模式。青岛城投的资产总额从 2015 年的 1000 亿元增加到 2020 年的 3375 亿元，增长近 2.4 倍；营业收入从 63 亿元增加到 335 亿元，增长约 4.3 倍；利润从 2015 年 8 亿元，再到如今 34.5 亿元，增长约 3.3 倍，已经在全国城投类企业排名中稳居前十。

青岛城投在企业经营及未来的发展中，紧紧围绕青岛市委、市政府战略部署，牢固树立平台思维、资本思维、生态思维，聚焦主业、瘦身健体，推动高质量发展，力争成为有规模、有品牌、有影响力、有承载能力的优质国有资本投资运营平台。

1. 坚持以城市发展为己任，持续增强承载能力

青岛城投围绕青岛市委、市政府"双招双引"发展战略和产业布局，创新出资本招商、基金招商、金融招商等模式，按照输出管理、品牌和资本的方式建设一批产业落地及园区建设项目。

（1）承接城市规划重任，提升城市价值

城市改造及土地升值是青岛城投的基础业务。在青岛钢铁整体搬迁后，青岛城投坚持高点定位、综合施策，运用市场化手段，妥善解决了青岛钢铁片区的总体规划、工业遗存和产业布局的相关工作，消除了区域污染，改善了周边

环境。青岛城投还为胶东新国际机场的建设和转场工作提供切实保障，包括为征迁项目提供了近 200 亿元的融资支持，助推了周边环境的提升和改善，完成了仙山路，提前实现主线通车，实现了世界最大跨度耐候钢跨铁路钢箱梁成功转体，为新机场按时转场争取了时间。

青岛城投明确了非住宅物业管理、资产运营、酒店及实体项目投资等投资方向，近年来推进墨常黄沟岔项目、胶州少海项目、云南路项目安置工作等，完成八大关宾馆、市军休综合服务楼等改造建设任务，建设齐鲁医院二期、青岛大学附属医院等一批市级重点项目。在胶东一体化推进中，青岛城投与平度市、莱西市、威海南海新区、蓬莱市等 11 个相关区市开展战略合作，搭建平台公司并提升信用等级，助其熟悉资本市场和金融工具，改善其融资渠道及能力；以生态主导型产业为支撑打造产业园区，通过整体规划、产业共建及资本配套等方式接引产业落地，加快区域发展。

青岛城投将在传统基建领域落实好青岛市的重大交通、产业园建设任务，持续完善重点民生和公益项目建设；在新基建领域，以天地一体化卫星网络等高新技术产业为龙头，与中国电科、中卫汇通等企业合作，系统打造卫星制造、卫星通信以及以车联网为范本的工业互联网产业项目，加快卫星互联网、车联网以及人工智能产业布局，助力数字城市和智慧城市建设。

（2）打造区域发展品牌，推进产业升级

青岛城投按照输出管理、品牌和资本的模式，与地方政府共同出资，建设胶州航空产业园、莱西姜山产业新城、即墨汽车产业新城、市北人工智能产业园等一批产城融合新区。通过产业并购的方式，青岛城投出资 190 多亿元入股奇瑞汽车，参与其新一轮股改，双方达成协议，在青岛落地奇瑞乘用车和新能源商务车项目。奇瑞青岛基地项目总投资 230 亿元、占地 1600 亩，预计年产能 60 万辆以上，与双星集团、锦湖轮胎形成产业链的延展，可吸引上下游关联企业入驻园区，将为青岛市打造全球新能源汽车产业基地提供助力。

通过基金投资及双招双引的方式，青岛城投引进了一批新兴产业项目。其中有天地一体化、启迪、万丰钻石飞机等城市战略项目，有芯恩、磷酸铁锂电池等一批硬科技项目，也有云天励飞、创新奇智、飞天联合等科技领域领先企业，还有开普影像、瑞华康源等一批医疗龙头，为青岛各区市补足产业短板，抢占未来产业制高点打下了坚实基础。

青岛城投落实平度莱西攻势，积极建设平度西部新城和莱西南部新城，在土地购置、资产盘活和历史遗留问题解决上取得突破进展，并落地万丰钻石通航飞机制造，推动国轩电池、北京汽车制造厂等项目落户；以新国际机场建设及控股青岛航空为契机，全面参与胶东临空区商务核心区 10 平方公里的开发，高效购置项目平衡地块 105 亩住宅地；启动红岛高新区高端医疗器械产业园建设，将开普影像、乐普医疗等上市公司引入园区，并与 10 余个准备上市的明星企业签订了入园合作意向；通过多年来在半导体行业积累的产业对接能力，不仅在即墨达产泰睿斯、氮化镓等项目，还与华登国际等著名投资机构合作，和德国 DM、芯梦达等芯片和封测项目达成合作意向，接引它们在西海岸中德生态园落地，进一步打造青岛半导体产业生态圈。

短短数年时间，青岛城投按照"市场逻辑、资本力量、平台思维、产业支撑"的思路，以资本盘活资产，带动区域经济的产业链式发展，激活新兴产业的集群协作效应，打造青岛"双招双引"区域产业发展的品牌形象。

（3）落实国企改革攻势，引领国资转型

青岛城投积极响应青岛市国资委国资国企改革攻势，以市场化、法治化、专业化管控运营为导向，全面加快国有资本投资运营公司改组组建。在与国有企业产业整合中，青岛城投顺利完成青岛第一家国企改制，从"管资本"和"产业协同"两个层面，理顺与双星集团的股权划转及混改工作，帮助双星与奇瑞以及一些化工企业打通了产业协同渠道。为了贯彻落实国资委总体改革思路，青岛城投从产业战略上给予完善，从资源调动中给予支持，从制度建设中给予提升，创造出了行之有效的市场化运营模式，激发了双星集团内部经营活力，2020 年实现利润 2 亿元，同比增长 13 倍，尤其是下半年收入同比增长 25%，利润同比增长近 30 倍。

青岛市国资委还将持续把优质资产注入青岛城投，科学研究股权、资产、人员的划转方案，已顺利完成青岛交通发展集团划转工作，真正实现了用市场配置资源、用企业协同产业的战略。青岛城投将按照《国企改革三年行动方案》

的时间表和路线图，进一步推进机场集团、能源集团、水务集团、市政空间集团 4 家市直企业股权划转工作，强化资本协同，帮助相关企业降低负债率，提高融资能力；在业务层面，按照市场化原则，通过优势资源互补、渠道互通，加强产业协同，切实履行国有资本投资运营公司的责任、使命和担当。

2. 坚持以稳健经营为目标，持续聚集优质产业

（1）推进碳中和，加快发展能源板块

青岛城投从 2015 年开始布局光伏发电和风电产业，与国家碳达峰碳中和战略思想高度吻合。目前青岛城投已在全国 18 个省份投资 70 余座光伏电站，装机总规模超过 3GW，新纳入国补项目 37 个，2020 年累计发电 25.75 亿度，初步测算累计减排二氧化碳近千万吨级，实现收入 15 亿元，净利润 5 亿元。

青岛城投抢抓行业平价上网政策机遇，与行业龙头企业及地方政府积极接洽，提前锁定行业优质资源，目前已储备拟收购电站项目共计 2GW；在风力电站方面，与乌兰察布市、阿拉善左旗人民政府合作，累计储备项目 8GW。随着项目的持续落地，青岛城投将跻身全国新能源投资企业前列，有望在这一领域成为地方国有企业中的头部企业。与此同时，青岛城投持续提升新能源板块的资产管理水平，借助行业专业运维技术团队，不断加强建设运营风险管理，运维成本下降 26.3%，发电效益稳步提升；抢抓"新基建"和数字经济发展机遇，设立产业投资基金，探索进入数据中心（IDC）行业，聚焦大湾区、长三角等核心区域，为未来发展打造优良底层资产。

（2）聚焦大健康，持续发展医养板块

青岛城投通过导入政府资源，转向医养健康产业的投资运营，运用资本手段撬动先进医疗资源，打造大健康产业平台。比如推进高新区高端医疗器械产业园建设，引进了开普影像、瑞华康源、神州细胞等一批明星企业，涉及 CT 设备、手术机器人等多个高端医疗领域。围绕老有所养，青岛城投与青岛圣德医养康复集团共同打造"城投圣德医养产业投资运营平台"，城投圣德嘉朗颐养中心正式开业，以医养结合模式为失能、失智老人提供全方位、专业化系统服务；围绕病有所医，青岛城投与青岛大学附属医院、长江健康合作开办春晖长江妇幼医院，逐步形成春晖系列的医疗运营资产；围绕教有所学，青岛城投理

顺教育板块股权关系，完成青岛大学附属中学的校董会换届，华青教育获批九年一贯制办学，与智荣教育合作搭建幼教产业运营平台，通过管理互通、文化同建、资源共享等集团化措施，打造综合性教育集团。

（3）发力航空业，稳健发展交通板块

每一个城市都渴望拥有以自己名字命名的航空公司，因历史原因，青岛航空一度"飞离"青岛，但青岛城投始终关注和谋划着青岛本土航空的未来发展。在青岛市委、市政府的战略决策下，青岛城投于 2020 年 9 月 16 日完成资产交接，顺利成为青岛航空的全资股东，将以青岛的新国际机场为依托，提升在全国航线网络的地位。

完成控股后，青岛城投全面赋能航空产业发展及打造全要素集聚的航空产业园。青岛城投将为青岛航空加快开展航线资源、经营管理、产业配套合作，公务机、飞行培训、航空物流、机械维修等航空产业项目落地，积极引入战略投资，力争在"十四五"期间打造立足青岛，辐射全国，面向东北亚，联通东南亚的区域性航空枢纽。围绕新机场多元化运营布局，切合胶州打造临空经济区的需要，青岛城投做好了相关产业链引进的各项准备工作，通过将青岛航空股份公司、公务机基地、航校培训等板块迁入临空经济区，打造航空培训基地、公务机基地、智慧航空物流平台、航空配套服务中心、航空金融服务中心、航空孵化基地等航空全产业生态链。

在通用航空领域，青岛城投收购了万丰飞机工业有限公司 35% 股权，成为上市公司浙江万丰奥威汽轮股份有限公司之后的第二大股东，并迅速在莱西落地了万丰莱西通航产业园，计划总投资 20 亿元。

3. 坚持以资本运营为主线，持续迸发创投活力

（1）优化资本市场形象，提升资产质量

青岛城投充分运用股权及债权的融资工具，扩展多融资渠道，广泛与金融机构展开合作，持续提升资本市场品牌形象。近年来，青岛城投稳妥开展定增、大宗交易、可转债业务，逐步缩减债权类业务规模，通过证券化逐步实现去杠杆。与此同时，青岛城投推进子公司的资产充实及业务经营，整体融资能力全面提升。其中，青岛城投全资控股的青岛城市投资金融控股集团有限公司填补

山东省内金控类企业 AAA 主体信用评级空白，有效提升了行业影响力和自主融资能力；控股 90% 的青岛城乡社区建设融资担保有限公司成为山东省首家 AAA 级融资担保机构，跻身全国融资担保行业"第一梯队"。

上市公司平台是实现"资源资产化，资产资本化，资本证券化"的重要载体。青岛城投目前已拥有三家上市公司：青岛控股、青岛中程以及青岛双星。其中青岛控股将通过前期培育涵养的系列优质项目，择机以股票增发、资产注入等方式，增强持续盈利能力、融资能力和资产变现能力；青岛中程依托印尼产业园丰富的镍矿资源，正加快推进园区镍电项目，并获得国家发展改革委批复立项；青岛双星已于 2018 年成为韩国锦湖轮胎的第一大股东，双方实现产品、生产、研发、销售的优势互补，还将在新能源汽车项目的助力下实现业绩的持续增长。同时，青岛城投在融资租赁、新能源、青岛航空、医疗康养等产业板块均制订了上市计划，切实增强资产的流动性。

（2）强化金融业务管理，赋能产业集群

通过多年布局，青岛城投积极形成完整的金融产业链，开拓了融资担保、小额贷款、融资租赁、互联网金融、资产管理、民间资本管理、商业保理等领域。其中，城乡担保公司综合指标居全省首位，自 2015 年以来担保发生额、年末在保余额均居青岛市担保行业首位；城乡小贷公司综合指标居全省第一；城乡融资租赁公司不良率低于 1%，优良率全省第一，进入全国百强行列；汇泉财富公司逾期兑付率为零。青岛城投的金融板块贡献利润 27 亿元，累计扶持中小微企业超过 4000 家；拓展供应链金融业务，成立商业保理公司，"诚 e 贷"智慧供应链金融系统正式上线，为产业链金融及消费金融发展奠定基础。

经过 7 年的发展，青岛城投的金融板块从无到有、由弱到强，未来将积极引进期货、信托、寿险等金融牌照，筹备财务公司，丰富金融业态，打造多层次、多元化的资本市场运作平台，加快传统金融向新金融转变。

（3）运用基金创投工具，导入优质产业

青岛城投把资本闭合运行作为基金创投的基本逻辑，以资本化、证券化打通资本链条，在资本层面化解风险、实现收益。目前，青岛城投已出资组建 45 只基金，投资项目规模超过 150 个，实缴规模超过 600 亿元，占全市基金实缴规模的一半以上，形成了一个汇聚 PE、并购基金、创投风投等多种类型，涉及集成电路、生物医疗、新基建等多领域的优质基金群。

按照市场化原则，加强流动性管理，青岛城投重点推动项目退出及资金回流，豪威科技、力源信息、北京君正、怡康医药等多个项目实现退出，已退出项目内部收益率达 40% 以上，在业内赢得了良好的口碑。青岛城投旗下的基金和参与的项目也在"双招双引"攻势中发挥了重要作用，对接了大批高端产业资源，筛选出符合青岛产业战略方向的优质产业招引，再以资本力量和有关区市合作，打造产业园区，最终达到承载项目落地的目的。

未来，青岛城投将深入学习基金管理经验，强化和华登国际、鲲鹏资本、光远资本、前海母基金、山蓝资本等著名投资机构的合作，引进和培育一批专业人才，增强基金管理队伍，不断壮大基金规模，在继续增强财务收益的基础上，通过基金触角，对接行业龙头，争取把更多优质产业引入青岛。

（二）海发集团：智慧经略城市，擘画美好未来

青岛西海岸发展（集团）有限公司（以下简称海发集团）是青岛市委、市政府批准成立的市直大型国有企业，2012 年 3 月正式组建，注册资本金 100 亿元，总资产突破 1000 亿元。2019 年 12 月，青岛市政府批准确定海发集团为青岛国有资本投资运营公司改革试点企业，支持海发集团构建覆盖青岛全市乃至更大范围的业务布局，建设具有市场化核心竞争力的一流国有资本投资运营公司。

1. 探索创新——创出全省功能区开发典型模式

海发集团在山东省青岛市率先探索以企业为主导功能区市场化开发模式，建立了"指挥部＋公司"运作机制，创新形成"产城融合、产融结合、迭代循环"发展模式，通过三轮开发实现城市价值提升、功能升级。首轮主要实施一级整理，提升土地价值；第二轮导入新兴产业，提升城市综合功能；第三轮通过资产证券化，实现产业链优化布局、资产再增值。

（1）闯出新路子

在不动用西海岸新区财政存量资金前提下，海发集团发挥市场化投融资平台优势，累计投入 350 余亿元，其中财政陆续返还土地出让金等收入 160 余亿元，有力支撑保障区域开发快速推进实施。从投资、土地一级整理、规划建设到管理运营，"标准＋模式＋团队"成为最大的核心竞争力。例如，藏马山初期以民营房地产公司为主开发旅游度假区，由于资金实力不强举步维艰。为此，西海岸新区工委、管委在藏马山设立指挥部，但由于缺乏强有力的投资运作平台，指挥部的作用和功能也难以得到有效发挥。2018 年 8 月，新区工委、管委作出让海发集团挺进藏马山的决定，全面复制输出灵山湾成熟市场化开发模式，坚持"政府引导、国企主导、市场运作"，以打造藏马山田园文旅综合体为抓手，通过市场活力全面激发乡村振兴的创新动力。

（2）拼出新速度

海发集团开发区域累计完成固定资产投资超过 1500 亿元，每年固定资产投资占到西海岸新区的 10% 以上，形成了"东有灵山湾、西有藏马山"双城联动的发展格局。海发集团用 5 年时间使灵山湾从偏远小渔村转变为世界级影视新城，成为青岛最亮丽的"城市名片"；用 2 年打造出具有藏马山特色的乡村振兴齐鲁样板，总投资 200 亿元的 10 个产业项目全面推进实施，28 公里的开城路拓宽工程 1 年建成通车，藏马山居一年半时间建成，创出青岛西海岸新区安置房建设新标杆。近年来，海发集团搬迁 21 个村庄，建设 8 大安置区，新修建道路 180 公里，敷设市政管线 460 公里，新建 4 座变电站、3 所学校，拆迁清理土地 3 万亩、海域 5 万亩，使区域村庄建设、基础配套、城市面貌均有显著变化和质的飞跃。

（3）聚出新产业

海发集团加快项目集聚、产业培育。海发集团在灵山湾重点布局影视文化、智慧科技、休闲旅游、医疗康养四大产业板块，创建山东省重点文化产业园区、服务贸易特色服务出口基地；在藏马山加快发展"农业＋旅游＋影视＋康养＋休闲"产业。开发区域入驻产业项目总投资超过 3000 亿元，其中东方影都引领中国电影工业化发展，落户国家广电总局在全国唯一布局 5G 高新视频实验园区，建设 VR 虚拟现实产业园、科创中心、青岛影视外景地、京东方智慧系统创新中心等一批重点项目，成功举办上合组织国家电影节、青岛国际影视博览会等重大节会活动。

2.破局求变——打造国资市场化运作专业平台

海发集团牢固树立破局思维,大胆试大胆闯,全面启动国有资本投资运营公司改革试点,发挥好改革"冲击钻"作用,担当国有资本"操盘手"。

（1）成为国企改革开路先锋

坚持"以管资本为主"导向,以市场逻辑、资本力量、人才推动贯穿改革发展主脉络,深入实施"创新驱动＋人才"战略,积极构建"集团总部＋产业集团＋运营公司"三级管控体系,搭建产业协同、资源配置、资本撬动新平台,成功实施三宝科技、东方影都等8项重大股权投资,控股或参股上市企业达到5家,建设具有市场化核心竞争力的一流国有资本投资运营公司。

（2）实现裂变和超常规发展

2020年初在应对新冠肺炎疫情期间,海发集团谋划实施"数字海发"和股权投资运作两大战略。启动实施"数字海发"战略,推动业务数据化、数据业务化、数据资产化,构建与"1+3+7"战略发展实际需要相匹配的三级管理体系和数字化智能体系平台;加快推进股权投资与资本运作,迎难而上制定实施超常规的发展目标和措施,各项经营指标翻番式增长,实现裂变发展,总资产由2020年初的300亿元跃升超过1000亿元,实现营收143亿元、增长595%,利润总额25.23亿元、增长551%,冲进全市20强企业行列,获评AAA级企业。

（3）发挥资本力量,促进"双招双引"

海发集团发起并参与设立齐鲁前海、智慧互联等产业基金超过6只、首期募集资金总规模200亿元以上,通过基金的合理布局,精准引入七大产业集群上下游企业,构建产业发展生态。2020年,海发集团主导开发区域新增注册企业1000家,新引进影视企业200家、影视剧组60个,"双招双引"到账外资2.16亿美元,占市属企业的30%,总量排名第一。

3.乘势而上——着力打造新经济引领区

海发集团紧扣功能定位和主业方向,发力"世界工业互联网之都"建设,谋划推动以影视文化、智慧科技为核心的重大产业链项目,着力打造新经济引领区。

（1）打造全省影视产业发展的"金色名片"

海发集团始终将影视产业作为青岛国际时尚城建设的核心抓手，坚持以引领国内影视工业化、全链条发展为己任。海发集团主导开发的青岛灵山湾影视文化产业区，作为青岛新旧动能转换先行区、产城融合创新示范区，具备丰富的影视文化资源以及产业辐射效应。2018 年，海发集团联合融创集团组建东方影都产业控股集团，将东方影都影视产业园打造为全球投资规模最大的影视产业综合项目，覆盖影视产业全产业链。海发集团通过导入内容制作、产教融合、会展旅游等优质资源，重点搭建"六个一"影视供应链体系：东方影都影视产业园和青岛影视外景地、以青岛电影学院为核心的一流的影视"科产教"融合基地、以北京文化为主体的"1+N"上市公司、以大数据和区块链为依托的影视科技平台、基于工业化体系的 5G 高新视频园区以及 50 亿元的影视产业基金。通过构建影视全产业链生态圈，全面提升东方影都的产业能级和品牌影响力，将其打造为影视行业领军企业，成为山东省"1+N"影视产业基地布局的核心园区。

（2）加快打造世界级高新视频产业集群高地

海发集团围绕"打造世界工业互联网之都"的目标，坚持政府主导、省部共建、企业运营、内容为核、标准引领的原则，瞄准全球产业链谋划布局高新视频产业生态。2019 年 8 月，中国广电·青岛 5G 高新视频实验园区揭牌设立，由国家广电总局和山东省政府、青岛市政府三方共建，由海发集团负责实施建设运营，是推动广播电视供给侧结构性改革、山东省新旧动能转换和青岛国际时尚城建设的重要平台。园区总体规划为"一区五园"，一区即 5G 高新视频实验园区，五园即创智产业园、影视产业园、VR 产业园、科创中心、"科产教"融合园。以内容生产为核心，以科技创新为支撑，重点发展内容产品创新、高新视频云、软硬件设备研发生产、应用集成创新、内容监测监管与数字版权服务五大高新视频产业板块，建设涵盖高新视频生产、传播和服务的端到端产业链。

目前园区签约入驻华为、京东方等企业 80 余家，落地国家广播电视网工程技术研究中心、5G 高新视频应用安全重点实验室，建设国内最大的高端人才产业云平台独角兽企业冰鉴科技全国总部，面向全国发布沉浸式视频、VR 视频、互动视频和云游戏 5G 高新视频的系列技术白皮书。

（3）全力推动现代产业园区开发运营

海发集团充分发挥国有资本市场化运作的专业平台功能，通过一个产业一个供应链体系，形成"功能区开发＋现代产业园区建设运营＋金融投控＋上市平台＋供应链体系"五位一体的商业模式，以七大产业集群为核心，加快布局影视文化、智慧科技、高端医疗、"新基建"等现代产业园区，重点推动总开发运营面积超过 600 万平方米的 16 个现代产业园区建设发展，以平台化、生态化、链条化方式，促进新兴产业集聚发展。海发集团依托大数据、区块链核心技术支撑和供应链运营体系优势，与青岛自贸片区签约共建供应链管理服务和线上智能化管理平台，实现"投贸贷＋贸运融＋采仓配"联动发展，促进货物吞吐量、货物贸易"双提升"和税收、数据"双留存"，全面助力国家级进口贸易促进创新示范区建设发展。

4. 未来规划——向世界一流企业行列迈进

"十四五"时期，海发集团精心谋划战略发展布局，确定"服务城市发展战略，引领国有资本战略布局和结构调整，紧扣三大主业创新'产城融合、产融结合、迭代循环'三级联动模式，培育发展前瞻性、战略性新兴产业，成为具有市场化核心竞争力的一流国有资本投资运营公司"的总体发展定位，制定"2021 年实现'16-1-2'工作目标，即资产总额突破 1600 亿元，实现营业收入 1000 亿元、利润总额 20 亿元；到 2023 年实现'20-2-4'发展目标，即资产总额突破 2000 亿元，实现营业收入 2000 亿元、利润总额 40 亿元以上，控股和参股上市公司 8 家以上；至'十四五'时期末，各项主要指标实现高速增长，跨入世界一流企业行列"的总体发展目标。

（三）青岛国信：市场化产融结合型城市投资运营商

青岛国信发展（集团）有限责任公司（以下简称青岛国信）前身是 1992 年成立的青岛国际信托投资公司，于 2008 年 2 月经青岛市人民政府批准组建设立，注册资本人民币 30 亿元，主要职能是作为国有资本投资与运营主体，运营国有资本，经营国有资产，以市场化方式进行投资融资、资本运作和资产管理，确保国有资产保值增值。青岛国信成立以来，始终紧跟城市发展战略、服务城市发展大局，承载着城市发展的重大职责；同时也抓住了城市发展带来的重大机遇，逐步摸索出一条国有投资公司市场化改革发展之路，明确了城市专业投资运营商的定位和"提升城市运营效率、提升城市运营品质、降低城市运营成本"的目标，形成了综合金融、城市功能开发、城市运营服务和现代海洋、城市信息科技产业的"3+2"主业架构。

2013 年，青岛国信做出实施"二次创业"的战略决策，新一轮重大项目建设全面铺开，"6T"精益价值管理体系逐步建立，成为中国投资协会国有投资公司专业委员会常务理事单位，荣获"全国文明单位"称号，迈入了向更高层次发展的新阶段。截至 2020 年底，青岛国信全面完成了总资产超千亿、收入超百亿、利润超十亿级的历史性跨越。"十四五"期间，青岛国信将进入高质量发展的新阶段，打造"内生自驱型、服务生态型、集约高效型、运营创新型、活力进取型、开放共益型"的"六型企业"，为城市发展做出更大贡献。

1. 升级城市运营功能，打造青岛城市品牌形象

我国城市发展已由外延扩张阶段进入内涵提升阶段。作为新型城市专业投资运营商，青岛国信通过一系列公共基础设施、科技园区、商业中心、文体中心、会展中心等项目建设，承担了青岛国际化都市的基建升级和功能提升，实现了城市资源的配置聚集和高效利用，通过自身品牌建设持续推进青岛国际时尚城市开放、现代、时尚、活力的品牌形象。

2005 年 9 月，青岛市政府批准青岛国信建设"青黄相连、东西同城"的青岛胶州湾隧道，这在当时是中国第一、世界第三长的海底公路隧道，开挖跨度和建设规模均居世界之最。4 年后，青岛胶州湾隧道全线贯通，2014 年通过竣工验收，先后获得"中国土木工程詹天佑奖"和"中国建设工程鲁班奖"。青岛国信在隧道建设中攻克了水文地质异常复杂、覆盖层薄、开挖断面大等世界性难题，运用科技手段创造了整体规模、建设进度、单位造价、技术标准等 6 项全新纪录，14 项技术创造了世界海底隧道建设史上的先例。为了保证运行高效，青岛国信于 2016 年自主研发了国内首个互联网不停车智慧通行系统——"国信隧 e 通"，实现了从人工缴费到不停车收费再到移动无线支付的跨越，开启了我

国隧道互联网移动支付新时代。

2019 年 5 月，青岛国信建设运营的中国·红岛国际会议展览中心正式开馆并投入使用，与现有的青岛国际会展中心形成高端会展产业集群。"双馆运营"后的会展中心展馆面积达 21 万平方米，占青岛市总展览面积的 47%，青岛国信成为青岛乃至山东省最大的展会运营商。中国·红岛国际会议展览中心定位于环渤海地区最有竞争力的第五代会展经济综合体，承办国内外及青岛市蓝色经济、财富管理、商贸合作、文化创意、国际轨道交通展等大型主题展会，完善青岛市大型专业展会的承办功能。

青岛国信通过承担首个国家级海洋实验中心——青岛海洋科学与技术试点国家实验室的园区建设，促进山东半岛蓝色经济发展和青岛市蓝谷的发展。园区设计定位"世界眼光、国际标准、本土优势"，力求塑造现代、绿色、生态、开放、共享的品牌形象。

青岛国信承建运营的青岛大剧院是青岛公共文化设施的标志性建筑，成为城市艺术的"文化水塔"，彰显了青岛文化的时尚特色。青岛大剧院是青岛市功能最全、规模最大、档次最高的综合性剧院，具备接待世界一流艺术表演团体演出的条件和能力。自 2010 年营业以来，青岛大剧院坚持秉承"艺术的殿堂、人民的剧院"宗旨，承接青岛市约 70% 的高端文化演出活动，年均演出 300 余场，接待观众 25 万人次。作为青岛城市现代艺术的重要载体，青岛大剧院圆满完成了国内外重大演出活动的开闭幕式接待保障工作，成为青岛对外文化交流和合作的重要窗口。

青岛国信承建运营的青岛体育中心是青岛市目前规模最大、功能最全、档次最高的体育设施建筑组群和现代化综合性体育中心。自 2009 年投入使用以来，青岛体育中心以"重大赛事载体，独特城市景观，主题市民公园"为功能定位，打造全民健身城市公共空间，提升了城市形象和城市综合竞争力。青岛体育中心先后承办了第十一届全运会、2011 年苏迪曼杯世界羽毛球混合团体锦标赛、2017 年全国游泳冠军赛、2020 年 CBA 复赛及 2021 年 CBA 全明星赛等一系列国际国内重大赛事和文化演出活动，年均举办大型赛事活动 70 余场。2017 年，青岛国信持有双星篮球俱乐部 90% 股权，年投入近亿元支持青岛市篮球事业发展，开创"内容＋场馆"的职业篮球俱乐部运营新模式。

青岛国信探索并实践解决城市土地集约高效利用、现代高端产业复合集聚、区域空间价值最大化等城市发展能级的难点。2020年6月，青岛国信金融中心作为"青岛市楼宇经济发展研究会"的核心运营载体启动运行，逐步建成集金融企业总部、金融商务楼、高端购物MALL及配套酒店等多元业态于一体的"金融会展综合体"。青岛国信金融中心通过专业金融全链的打造，吸引大型金融企业总部、金融上下游服务机构等核心企业入驻，打造青岛市财富管理金融综合改革试验区的新地标和新引擎。

2. 聚焦海洋信息产业，推进蓝色经济智慧城市建设

青岛国信对接海洋强国战略和青岛市国际海洋名城建设，依托青岛市海洋科研优势，遵循"科技＋资本＋产业"的发展模式，力争用5年时间发展成为省内最大、国内领先的海洋产业平台，带动形成百亿级海洋产业集群。主要项目是通过即墨海域的30万亩现代海洋牧场，依托 产、拉动二产、撬动三产，打造集现代化都市型海洋牧场、海洋食品精深加工、国际水产品交易平台、冷链物流中心、滨海旅游度假、海上观光垂钓、主题公园等在内的海洋产业链条。海洋牧场规划开发海域30万亩，陆地、岛屿配套6000余亩土地。陆域配套基地以海域为载体，坚持陆海统筹开发，引进水产种质领域相关科研单位，配套建设涵盖苗种保育繁育与推广、工厂化养殖、研发中心、管理基地、产品暂养净化、物流仓储、水产品交易、海洋食品检测检验以及科技展示与培训等。休闲海钓、海岛旅游产业依托海洋牧场、渔港经济建设及悠久的田横岛历史文化，以"海洋＋文化＋旅游＋城镇化"为发展理念，建设岛链综合旅游、特色渔村、滨海度假、海洋主题公园、海洋体验馆、海钓基地、文化体育、休闲娱乐等内容的海洋主题旅游基地。海洋产业园计划建设海洋生物医药、海洋功能性食品、工业化中餐以及海洋装备材料及仪器等精深加工品牌，同时，发展成为蓝色硅谷、驻青高校、科研院所等海洋科技成果生产转化基地。智慧渔业大型养殖工船项目以工业化养殖技术、海洋工程装备技术为基础，进行系统集成与模式创新，形成集海上规模化绿色养殖、名优苗种繁育、水产品海上初加工与分类储藏、海上休闲旅游、海上渔业科考台站、信息通信服务、海上应急救援等为一

体的渔业生产平台，形成智慧渔业大型养殖工船的建造和养殖标准，实现智慧渔业大型养殖工船平台、海洋国防监测平台、智慧海洋科研平台的结合，加快推进"智慧海洋"工程建设。

国信·海创基地位于青岛蓝谷核心区滨海公路以东的 CBD 核心区域，紧临青岛海洋科学与技术试点国家实验室。国信·海创基地通过搭建创客等新型创业模式承载平台，致力于成为连接科技研发和技术成果产业化的纽带。项目将促进青岛蓝谷海洋产业企业孵化和培育，释放人才、资本、信息、技术、创业等要素活力，带动区域产业发展和社会就业，为青岛蓝谷产业发展提供有效支撑。海创基地下设六大平台：海洋产业孵化平台、海洋产业成果交易平台、海洋成果展示平台、海洋相关企业科普展示平台、海洋产业资金扶持平台、大学生创新创业平台。

依托《青岛市推进便捷支付城市建设工作实施方案（2018—2020 年）》，青岛国信作为青岛市便捷支付城市建设及运营主体，围绕服务居民、企业、社会需求，聚焦交通出行、商业服务、旅游文化、教育医疗、政务服务等几大重点领域，打通业务壁垒，整合形成集成支付和统一账户，搭建全市统一的市民服务和便捷支付平台。

2018 年 10 月 25 日，青岛国信自主研发的青岛市综合支付云平台"便捷青岛"正式上线。刷脸支付、生活缴费、社保服务、智慧出行四大便民功能正式开启。平台将依靠积累的海量政务数据与市民数据，以数据的共享、融合为核心，深化数据分析，释放数据价值，为政府科学决策提供准确、全面、高效的一体化信息支撑；同时将进一步衍生出数据分析、征信管理和信息通信等关联产业，形成以便捷支付为核心的云计算、物联网等智慧产业链式发展新局面，推动青岛市产业结构调整和新旧动能转换。

3. 完善金融领域广度，实现财富中心建设目标

青岛国信在金融板块逐步扩展了银行、信托、保险、证券等金融牌照。2005 年，青岛国信入资青岛银行，帮助其化解不良风险，并通过增资及国有股转持支持其 A+H 股上市。2011 年，青岛国信作为发起人，推进 9 家农信社以新设合并方式成立青岛农商银行，于 2018 年在 A 股成功上市。2009 年，上海陆家嘴金融发展有限公司重组青岛海协信托。2011 年 9 月，青岛国信受让青岛本地股东的相关股权，重组及增资陆家嘴信托，将其注册地保留在青岛。2013年，青岛国信主导发起设立青岛市首家地方法人财险公司——中路交通财产保险，仅用两年多时间便完成全部筹建工作。2021 年 4 月，青岛国信发布公告，计划通过受让股份及认购增资方式控股国融证券。

2013 年，青岛国信组建青岛国信金融控股有限公司，打造青岛市首家金融牌照最全、资本实力最强、市场化程度最高、区域影响力最大的地方国有金控平台，平台业务辐射山东、北京、上海、香港等 20 余个省份及地区。目前，青岛金控管理资产规模近 400 亿元，设立基金规模近 200 亿元，先后助力威奥轨道、康方生物、孚能科技、冠中生态等 9 家公司上市；与中欧企业家峰会建立战略合作关系，发起设立青岛首只中欧跨境产业投资基金；与青岛市引导基金、城阳阳光创投共同发起设立 20 亿元规模专项基金；投资独角兽企业每日优鲜，支持每日优鲜总部落户青岛，并推动其赴美上市；青岛市金融服务信息支持平台顺利上线，与相关区市落地"政银企对接"，与 37 家金融机构开展合作；联合青岛港集团、青岛上合发展集团设立山东港信期货有限公司，这是中国证监会时隔 20 多年批准设立的青岛市第一家期货公司；与意大利圣保罗银行等合作，推进青岛市首家中外合资证券公司设立。

2014 年，青岛国信与招商银行合作成立青岛市首只定增基金，规模 20亿元；2015 年，与招商证券股份有限公司合作设立 10 亿元规模的创投基金；2015 年，与胶州市政府合作成立 20 亿元规模的金融发展基金，支持地方经济发展；2016 年，与双星集团有限责任公司等企业发起设立 35 亿元规模的产业并购基金，完成收购韩国锦湖轮胎，助力本土企业走向海外；2017 年，与青岛市市级创业投资引导基金、高新区创业投资引导基金、招商证券共同发起设立5.5 亿元规模的大众创业母基金，推进"大众创业、万众创新"深入发展；2018年，发起设立总规模 100 亿元、山东省规模最大的海洋产业投资母基金，创新"科技＋资本＋产业"产融发展模式。此外,2016 年，青岛国信通过成立海天（香港）金融发展有限公司，搭建起国际化战略运营平台和境内外企业交流合作平台；2017 年，发行 4 亿元高级别美元债券，是同时期认购倍数高、发行利率低、可比企业中评级高的美元债券。2018 年，青岛国信与央企国新集团合作设立海外产业投资基金，投资的信达生物成功在港交所挂牌上市。

青岛国信的产业布局及自身的快速发展也支撑了上下游产业链、区域优质中小企业的金融需求。一方面，国信金控通过担保、小额贷款、融资租赁等工具围绕核心客户开展供应链金融服务，推出链易保、供应贷、信易贷等产品，有效解决中小企业融资困境；另一方面，国信金控通过创投、证券投资、产业基金、并购基金等方式，满足企业发展全生命周期的金融服务需求。

与此同时，国信金控通过创投等股权投资方式支持科技企业成长，投资孚能科技、信达生物等科技企业，发挥资本效应，赋能科技企业发展。2016 年，国信金控发起设立 15 亿元规模的大健康并购基金，投资的深圳迈瑞生物医疗实现创业板有史以来最大规模 IPO 上市。2018 年，国信金控与海洋国家实验室合作搭建科技成果转化基金，助力海洋科研成果产业化。

4.“二次创业”，打造新型产融结合型城市综合投资运营商

青岛国信集团《关于深入推进集团“二次创业”的决定》中提到青岛国信在新时代的新目标、新愿景：以“二次创业”统领集团发展全局，发展成为青岛领先、省内前列、全国一流的市场化产融结合型城市综合投资运营商。

在城市功能开发板块上做出“新特色”。匹配城市空间布局战略，围绕城市综合服务功能提升，培育以产业导入和项目驱动为核心的区域开发模式，全力打造“储备—开发—销售—储备”循环链条和“规划设计—投资融资—项目管理—开发建设—商业运营”业务链，打造市场化城市功能开发综合服务商。

在城市运营服务板块上做出“新模式”。围绕高端服务业开展“延链”“扩链”“强链”，构建“文体—会展—酒店—交通—物业”城市运营服务链。提升标准化、专业化、品牌化、智慧化运营能力，强化客户引流、资源整合、信息共享，形成闭环综合服务生态链，建成高品质的城市运营服务生态圈。

在现代海洋链条板块上做出“新空间”。坚持“科研＋产业＋资本”发展模式，推进一二三产融合发展、陆海统筹布局，创建海洋经济新旧动能转换示范区和“新六产”融合发展先导区。争创国家级海洋牧场，依托海洋产业基金在海洋生物医药等领域前瞻性布局，积极推进特色海洋旅游，打造“众创空

间—孵化器—产业聚集区"的科技孵化链条。

在城市智慧信息板块上做出"新高度"。围绕交通出行、商业服务、旅游文化、教育医疗、政务服务等领域，搭建全市统一的市民服务和便捷支付平台。推进政务大数据与市民大数据整合共享，强化数据存储、数据分析、数据应用与数据安全等关键环节，打造城市大数据中枢，打造智慧城市建设的平台中枢。

在综合金融产业板块上做出"新能级"。围绕完善构建"融、投、贷、保、服"一体化全产业链布局，推动金融业务向新兴金融和主动金融转变，大力发展产业金融、科技金融和普惠金融，打造一站式、个性化金融服务体系，全力提升金融板块核心竞争力、市场运作力、品牌号召力，构建具有区域影响力的综合金融服务平台。

青岛国信坚持以市场化企业为追求目标和发展方向，在城市经济社会发展的关键领域发挥国有资本引导力和影响力；坚持以产促融、以融带产、产融协同，努力实现金融资本与实体经济"产融双驱"的协同发展模式；坚持与城市发展战略相匹配，在"3+2"产业上科学布局、高端定位、纵深发展；坚持以"投资、运营双轮驱动"作为企业发展的主要运作手段，强化国有资本投资运营平台的资本运作、投资融资、产业运营等综合能力。在 2025 年全面完成"二次创业"后，青岛国信综合实力将实现大幅提升。

（四）青岛华通：产业筑基，资本逐梦

青岛华通国有资本运营（集团）有限责任公司（以下简称青岛华通）于 2008 年 2 月经青岛市人民政府批准，由青岛市企业发展投资有限公司、弘信公司、经济开发投资有限公司整建制合并组建，注册资本为人民币 20 亿元，主要职能是作为国有资本投资与运营主体，运营国有资本，经营国有资产，以市场化方式进行投资融资、资本运作和资产管理，确保国有资产保值增值。

2011 ~ 2015 年，青岛华通先后接收了青岛市委、市政府划转的市机械总公司、益青国有资产控股有限公司、市二轻总公司、市集体企业联社、市纺织总公司 5 家市直单位及所属企业。2019 年，青岛华通成为青岛市国有资本投资运营公司改革试点企业，于 2020 年划归管理海信集团有限公司 100% 股权。围绕青岛市国资委批复的"智能化先进制造业股权投资、资本运营及产融服务和工业园区开发运营"主业，青岛华通以优化国有资本布局、提高运营效率为目标，通过智能化要素嫁接存量制造业资源，创新模式投资建设运营新型工业园区，培育产业生态；围绕智能化先进制造业相关业务，通过股权投资、资本运营、产融服务等方式，解决历史遗留问题，盘活存量资产，培育上市公司；立足现有产业基础，加快产业整合，加强内外部产业协同，着力构建"产业＋园区＋基金＋产融服务"四位一体运作模式，打造实业、物业、资本运作、数字四大产业板块，建设资本结构合理、商业模式清晰、优势产业突出的智能化先进制造业投资运营集团。

1. 推进传统制造业向智能化转型

青岛华通的传统产业包括机械工业和消费品制造，其中机械工业产业涉及基础零部件、电力电子设备和部件、铸造装备、海工装备等细分领域，涉及企业多，产品类型广。青岛华通在瘦身基础上健体，推动资源向主业聚集，注重建链补链强链，通过资本和数字赋能，发展智能化先进制造业，加快转型升级，推动企业全面融入城市发展战略、服务城市发展大局。

青岛华通积极落实青岛市"高端制造业＋人工智能"攻势。一是根据行业及产品属性整合青岛铸造机械有限公司、尼欧迪克（青岛）除尘设备有限公司、昆格瓦格纳（青岛）机械有限公司、无锡锡南铸造机械股份有限公司等行业重点企业，打造出青岛青铸装备有限公司和青岛海纳重工集团有限公司两大铸造装备产业主体。二是落实"经略海洋"攻势，以青岛造船厂有限公司作为海工装备板块主体，联合央企电力集团，共同推进青岛深远海200万千瓦海上风电融合示范风电场项目，使青岛造船厂从传统船企向高端装备产业转型，延伸海工装备产业链，为青岛市经略海洋战略服务。

在消费品制造领域，青岛华通加快推动青岛食品股份有限公司（简称青食股份）转型发展。青食股份前身是20世纪50年代设立的青岛市手工业生产合作社联合社，主要从事青食品牌饼干与海友品牌花生酱等休闲食品的研发、生产及销售，2011年正式划入青岛华通。通过内涵式发展和并购扩张向上下游产业链延伸，青岛华通将青食股份打造成为全国知名品牌和民族工业品牌。2021年6月24日，青食股份IPO首发申请顺利过会，即将登陆深交所主板，成为华通集团旗下首家控股上市公司。除了青食股份，华通集团子公司青岛海益塑业有限责任公司还将启动混合所有制改革，最终实现上市目标。

2. 整合既有老厂区向工业园转型

青岛华通作为青岛市唯一一家以工业园区开发运营为主业的市属国有资本投资运营公司，坚持平台思维、生态思维，围绕智能化先进制造业股权投资、资本运营及产融服务，实施工业园区精细化开发运营，进一步加大在高端装备与人工智能、新一代信息技术、高端消费等领域的投资力度，加快建立"园区 + 实业 + 产业金融"的结合发展模式。青岛华通以都市产业园区和工业园区建设发展为依托，重点打造青岛华通都市产业园投资运营（集团）有限责任公司和青岛华通工业产业园运营投资（集团）有限责任公司两大主体，对内优化产业结构布局，对外做好招商引资，夯实可持续发展的资产"底座"，形成底层资产。

青岛华通落实"城市品质改善提升"攻势，与青岛中联恒业不动产管理服务有限公司合作成立合资公司，开展都市产业园改造提升项目。面向城市更新领域，专业从事城市存量资产盘活及运营，打造业态多元、产业多样的城市运营产业群，在推进老城区品质提升的同时，解决核心区市产业空心化问题。通过科学规划和品牌运营，实现收益持续增长并对接资本市场。

青岛华通落实"双招双引"攻势，以产业基金模式建设产业园区，引进中国深圳、美国等科技园区基金落户西海岸新区。在青岛胶东临空经济开发区，青岛华通与工业产业园运营商联东集团合作成立合资公司，打造"华通·联东青岛临空国际智造港"。项目规划用地 500 亩，总投资 20 亿元，将结合青岛胶东临空经济示范区独有的产业优势，依托优良的区域制造基因，围绕 2+2 临空产业集群，重点以临空智造、大健康、总部商贸、科技金融为核心，以国家支持的战略性新兴产业及生产服务业为辅助，建设成为青岛空港以企业总部、加速器、产业化基地为主体，集生产、展示交易和科技服务为一体的高新技术产业综合体，打造功能复合、集约高效、持续创新的青岛空港产业创新高地。

3. 激活沉淀重资产向新资本转型

青岛华通按照"资本 + 产业"的运作模式，充分利用多层次资本市场，以加快转变发展方式、提升核心竞争力为中心，以上市为目标，针对实体产业板块内具有良好发展前景的参控股企业，通过加大投资、扩大产能、兼并重组等方式，充分发挥资本的导向作用，完善产业链条，实现产业升级和资源优化配置；同时，充分发挥公司自身产业优势，以存量引增量，积极引进战略合作伙伴，转变经营机制，提升国有资本流动性，通过上市或者股权出让，获得更大的资金实力来推动多元产业布局，形成多元产业生态化发展的良性格局。

青岛华通整合了青岛华通金融控股有限责任公司、青岛华通创业投资有限责任公司及青岛华通资产管理有限责任公司，以资本力量推动产业链整合、融合发展。青岛华通与海尔海创汇、国家开发银行等合作，依托海创汇平台聚集产业链，以开放式额度为链上企业提供批发式贷款，解决小微企业融资难、融资贵问题；加速"投贷联动"转型，在供应链产融领域，着力打造青岛及周边地区的应收账款周转枢纽及区域性保函输出中心；在资产管理业务方面，助力主城区更新改造，优化整合工业用地交付区级政府用于城市更新建设。

青岛华通目前持股上市公司市值 142.69 亿元，资产证券化率达 30.68%；参控股上市公司包括海信视像、海信家电、澳柯玛股份有限公司、苏州中来光伏新材股份有限公司、烟台东诚药业集团股份有限公司、克劳斯玛菲、北京辰安科技股份有限公司、青岛高测科技股份有限公司等。青岛华通未来将加大对新金融工具的研究，以资本的力量推动产业链整合和资产证券化水平。青岛华通已将青食股份成功推向主板，并推进泰德股份转新三板精选层工作，持续梳理和挖掘公司内优质企业对接资本市场；拟推动尼欧迪克（青岛）除尘设备有限公司和青岛中科华通能源工程有限公司两家企业挂牌新三板，通过挂牌上市引入优质外部资金和资源，提升企业知名度。

青岛华通致力于青岛市多层次金融要素市场体系建设，持有青岛蓝海股权交易中心 20% 股权；拥有融资担保、小额贷款、典当、融资租赁、民间资本管理等丰富金融业态，为 1500 多家中小微企业提供多层次金融服务；发起设立母基金，打造市场化基金群，发展全生命周期的基金服务链，引入国家级、省级和市级引导基金；发起设立多只基金，拥有青岛市首家国有独资的科技风险投资公司；与上市公司华铁股份合作，在青岛市发起设立 20 亿元双 GP 的轨道交通产业投资基金，引入培育装备制造业新型高成长产业，重点投向轨道交通行业电控电器、高铁轮对、关键部件等领域，拉动产业链本地化配套。

4. 突破信息壁垒向数字化转型

青岛华通整合青岛华通智能科技研究院有限公司、青岛华通专网运营有限公司、青岛华睿互联科技有限责任公司、青岛华创智能数字信息科技有限公司等数字企业，加快工业互联网运用，面向供需结构两端发力。在供给侧对接海尔卡奥斯，加强与铸造装备板块产业协同；需求侧对接阿里巴巴，加快青食股份信息化数字化智能化转型，打造快消品示范标杆和可复制的新零售升级模式。

近年来，青岛华通加快战略布局新基建、人工智能等新兴产业，在数字城市建设领域动作频频。2021 年 3 月，青岛华通子公司华通科技投资有限责任公司携手青岛海信网络科技、青岛启迪大数据、深圳市腾讯产业创投有限公司成立数字青岛建设有限公司，推进数字青岛建设方面的合作，加强数字安全领域的合作。青岛华通与国家广电系企业战略合作，推动投资建设青岛市 5G 超高清视频数据中心；积极参与数字青岛建设，加快 1.4Ghz 频段公共安全无线宽带政务专网试验网在全市推广应用；通过参股国投聚力并购股权投资基金，间接持有上市公司北京辰安科技股份有限公司股权。辰安科技是清华大学公共安全研究院的科技成果转化单位，专注于为政府、行业部门等提供综合应急管理、城市安全等服务，打造智慧安全城市。

青岛华通在即墨蓝谷建设 5G 智能视听产业园，以 IDC、5G 网络、工业互联网等为圆心，开展各类数字经济业务，如 5G 应用、人工智能、4K/8K 超高清视频制播体系（直播、点播、电商等节目制作、内容生产、数字发行）、数字娱乐、版权交易、VR/AR、大数据、内容审核、直播电商等各种业务形态，同时带动周边产业纷纷落地，构建全要素、全产业链、全价值链、全面连接的新型数字经济体系。

青岛华通将充分发挥国有平台的资源优势和已有项目的布局积累，作为新一代信息基础设施的建设者，面向新基建，打造可持续、可推广、可扩展的实用型青岛新基建模式，加快推动青岛市新旧动能转换，培育数字经济发展新动能，全面支撑青岛建设数字中国样板区与工业互联网之都等工作。

5. 国资品牌觉醒，引领区域新品牌建设

围绕"聚焦主业，夯实基础"和"开放活企、创新兴企、人才强企"三大动能转换工程的指导思想，促进全集团思想融合，青岛华通成功跨越不同的发展时期，形成统一的华通品牌文化。青岛华通依托创新融合发展，践行品牌发展之路，在"以质量打造品牌、以品牌引领高质量发展"企业品牌建设理念的指导下，深入贯彻国家创新驱动发展战略，以"搭平台、拓市场、建生态、谋协同"总体思路推进战略。目前，青岛华通拥有青岛名牌7个，青岛著名商标4个，山东名牌2个，山东著名商标3个，山东老字号1个；青食商标被评为"中国驰名商标"，"金锚"和"孚德"被评为"中华老字号"。

工匠精神筑实品牌底蕴。围绕青岛市"品牌之都 工匠之城"精神，青岛华通坚持实业报国，以不断提升科技研发和工艺水平、研发投入比例夯实产业基础，累计申请专利百余项，多项专利成果获得省市级科技奖励，完成国家标准、食品行业标准和省市级标准的制定。质量是保证品牌形象的基础。青岛华通坚持以高质量发展为指引，强化质量建设环节过程管控，优化经济运行指标，落实质量主体责任，夯实质量和生产安全基础，加快推动科研生产和质量管控的数字化、人工智能化发展。近年来，集团所属近百家企业无重大质量和生产安全问题，产品质量赢得了客户广泛信赖和好评。技术创新是品牌可持续发展的必要保证。青岛华通坚持以技术创新作为发展的核心动力，深化企业产品创新工作，增强企业核心竞争力，支持建立企业技术中心等创新平台。集团所属青食股份争创国家级制造业创新中心，青岛电站阀门公司争创省级制造业创新中心，不断进行技术创新、工艺创新、材料创新。利用现有企业资源或项目，加大招商引资力度，开展国内外单位产学研合作，提升企业创新能力，华通加快信息化数字化智能化转型步伐。

青岛华通按照集团主业确定的方向，持续进行1+N品牌体系建设，即"华通资本"加所属企业品牌群建设，突出整体品牌战略和形成系统的品牌管理体系。引导重点培育企业在品牌战略导入方面继续深化，全面实现预期目标并取得成效；持续发挥品牌基金引导作用，支持部分有需求的企业在行业市场研究资源和能力方面深度提质的研究和咨询项目，同高等院校（山东大学、中国海洋大学及青岛大学等）及智库机构进行项目课题合作，推进企业高质量发展；推动企业品牌建设与标准化结合起来，开展质量提升行动，提升企业标准化水平，推动管理方式和工作模式的转变，推动企业现代化管理标准、信息化标准、金融科技标准及安全生产标准工作实现更高质量的全面提升。在青岛市打造开放、现代、活力、时尚之城的过程中，华通践行品牌战略，树立良好品牌形象，提升品牌价值，助力青岛彰显"品牌之都"的风采。

产业和资本是青岛华通作为投资运营公司的两大重要资源。产业是青岛华通的重要特色，也是整个社会和国家发展的根基。聚焦主业，打造实业、物业、资本运作、数字四大产业板块，就是夯实华通的发展根基；善于投资，善用资本，通过资本运作、股权投资、产融结合等方式，实现对优势产业的资本赋能、技术赋能、转型升级和金融支撑，最终又以实业创造的价值反哺资本，形成良性循环。

"十四五"期间，青岛华通秉承"产业筑基，资本逐梦，打造一流国企"的使命目标，将深入践行两类公司改革试点，紧抓新基建、双循环的历史机遇，发挥国有资本的带动作用，提高资源配置效率；推动数字技术产业化、传统产业数字化，以数字经济"赋能"内外循环；引入社会资本和头部企业，形成开放发展格局，全面提升"造血"能力、增长能力、创新能力、风控能力，全面提升国有资本运营效率；充分利用产业和资本的力量，努力建设一个资本结构合理、商业模式清晰、优势产业突出的智能化先进制造业投资运营集团，最终实现打造一流国企的目标。

三、品牌新星光，生态有朝气：青岛区域品牌"新势力"

青岛市是我国传统的工业强市，品牌建设在工业化时代一直处于前列。但进入互联网时代后，青岛市相关产业的发展相对落后，并未取得与其传统行业相对应的地位。这一缺憾的影响一直持续到现在，在整体产业布局中，新经济一直是青岛市的短板。面对这一现实，青岛市及时转变了发展思路，在新经济的浪潮中奋起直追，涌现出了一批具有行业领导力的新经济企业和品牌，在完善区域经济结构的同时，也为青岛的区域品牌形象注入了生机与活力。现以其中的八家代表性企业为例，对青岛市在新经济业态下区域品牌经济发展的成果进行介绍。

（一）经控集团：服务国家战略，贡献国企智慧

青岛经济技术开发区投资控股集团有限公司（简称经控集团）成立于2017年，是第九个国家级新区青岛西海岸新区直属国有企业，注册资本50亿元，是青岛和西海岸新区实施融合创新、功能区开发建设和体制机制改革等国家战略的主要平台。主营开发建设、融合创新、双招双引、园区运营、贸易、金融投资等业务。现有青岛融发集团、青岛开发区投资建设集团（开投集团）、招商集团、园区运营管理集团、国际贸易集团、金融投资集团6家一级子集团，控股参股石大胜华、中康国际2家上市公司和昆仑绿建、德盛利、中科航星等5家拟上市公司。

成立4年来，经控集团深度融入国家战略，服从和服务于省市和新区发展大局，强化品牌统领，推动重大项目，加快市场运营，取得了突破性进展。经控集团承担青岛经济技术开发区、古镇口核心区和王台新动能产业基地等区域开发建设任务；建成全国一流舰船修造基地、特种装备修造基地，服务融合创新国家战略；建成中国北方地区最大的木材交易中心和全国一流跨境电商综合服务平台青云通。经控集团总资产由成立之初的5000万元增至600亿元，累计实现营业收入300亿元、利税13亿元。

1. 全力推动国家级功能区开发建设

在青岛，功能区是承接国家战略、建设国际化大都市、支撑带动全域开发开放的主战场和主阵地，事关经济社会发展大局。经控集团旗下的融发集团和开投集团分别承担青岛经济技术开发区和国家（青岛）融合创新示范区古镇口核心区2个国家级功能区的开发建设和投融资任务；开发建设总面积116万平方公里，总投资超过1000亿元，在建项目建筑面积超过600万平方米，其中有13个省市重点项目，体量和数量排名全市国企前列。4年来，经控集团通过推进实施收购、并购、混改、股权投资和实施土地一级开发及招商等方式，不断做大做强，切实增强开发建设能力；累计完工项目110余个，已投入使用建筑面积超过 200 万平方米，完成固定资产投资近 500 亿元。

经控集团联合青岛经济技术开发区管委探索实施"管委会 + 平台公司""小管委 + 大公司"运营机制。平台公司负责开发建设、双招双引、园区运营管理、国际国内贸易、资本运作、土地整理等工作，开发区管委会负责为平台公司提供相应的发展规划、政策扶持、要素支撑、业务指导、行政审批等方面的管理与服务。平台公司累计承担建设项目 123 个，投资总额近 600 亿元，已完成投资超过 260 亿元。2019 年，双方联合在全省开发区率先成立专业化招商集团，吸引高端项目落户，已累计利用外资 6.7 亿美元、内资 125 亿元。

经控集团以园区集团为载体，坚持产融结合，通过与 MAX 科技园等产业园区领域头部企业的合资合作，借助外部资源，盘活存量、收购增量，加快布局园区产业载体资源，搭建产业投资、规划建设、招商运营、企业服务四位一体的产业资源共享体系，构建含运营、管理、金融、资源、服务、孵化、引导等要素的平台或生态圈，形成全方位产业园区开发运营服务能力，吸引大型创新型科技企业和中小型创业企业集聚，不断提升园区资产价值。力争到 2025 年，实现管理服务产业园区面积达到 100 万平方米，园区内主导产业集聚度达到 70% 以上。

同时，经控集团走出西海岸新区，在青岛、烟台、蓬莱等地积极承接旧村改造、基础设施配套、重大工程等城市更新任务，联合全国城市更新领域的央企、国企和行业领军企业进行市场化开发，在改善城市人居环境、投资环境的同时，对旧城旧村中的老工业企业、中小微企业实施"关停并转"，通过对存量土地的二次开发及整体改造，推动腾笼换鸟、新旧动能转换。

2. 凝心聚力推动区域新旧动能转换

经控集团整合区域优质土地、产业、研发、金融等资源，助力产业链"固链、补链、延链、强链"。依托招商集团，整合开投集团、融发集团现有资源，通过经控大厦、融发大厦、开投大厦、海尔信息谷（经控科创园）、民营经济产业园、王台新动能产业基地总部办公中心等载体以及市场化地产项目，综合运用以商招商、产业链招商、第三方招商、产业基金招商、园区联合招商、以投促商等招商手段，吸引高新技术、智能制造、新能源新材料、航运、金融等符合新区"2+14"产业体系的项目落户，加快推进产业集聚进程，赋能新区工业经济。

经控集团与中科院工程热物理研究所合作成立中科航星、中科睿航、中科国晟、中科方舟4家公司，推动总投资近20亿元的轻型航空动力发动机、舰船发动机、40MW级燃气轮机等高端项目落户山东；引进中国科学院工程热物理研究所，引入中科院院士2名。经控集团参股的中科航星、中科睿航、中科国晟、中科方舟4家公司中，2个项目入选省市重大项目，1家企业正筹划上市，获山东省科技进步奖1项。

在青岛前湾港，经控集团整合木材、小宗农产品、冷链产品、跨境电商等贸易企业600家，年吞吐量40万～50万立方米，年交易额60亿～70亿元，其中，以水泥熟料为代表的建材产品，在全国市场份额达到10%以上；芝麻进口、加工及出口等占全国近20%市场份额，有效促进了本地纳税纳统和产业升级。经控集团将以国际贸易集团为载体，在芝麻、建材、木材等品类上，巩固和增加市场份额，不断提升产业影响力、行业引领力，打造千亿级贸易产业集群；学习对标厦门国贸、厦门建发等国内顶级国际贸易平台，以金融手段整合青岛贸易企业和资源，打造北方木材交易中心、小宗农产品交易中心、智慧冷链产业交易中心、国际航运中心。

2021年初，经控集团组建西海岸新区跨境电商综合服务平台青云通，协同西海岸保税物流中心，开展跨境电商的保税展示、线上线下交易进出口综合服务，带动直播、培训、创新创业、产业基金、供应链金融等综合业态发展，推动山东跨境电商产业转型升级。青云通在2021年一季度累计实现业务量35亿元，占2020年全年业务量50亿元的70%，占青岛的90%以上，力争成为全国跨境电商产业示范基地。预计跨境电商产业3年内可累计实现新增进出口业务量不低于6000万单，将引进跨境电商企业不低于100家，新增进出口业务量不低于6000万单，进出口额不低于100亿元，助力青岛港、前湾港向贸易港、金融结算港转型。

经控集团所属多个企业成为动能转换领域龙头企业：融发集团成为全国知名融合创新企业；京鲁船业成为全国一流的舰船修造企业、山东省制造业高端品牌培育企业；石大胜华成为全球最大的锂电溶剂 DMC 生产商；昆仑绿建成为全国木结构建筑标准领军企业、国家火炬计划重点高新技术企业。

3. 创新融资模式，破解融资难题

资金是企业的血液和发展的基础。在防风险、去杠杆的背景下，地方国有企业融资难问题凸显。国企改革，市场化是唯一出路，经控集团一成立就把市场化看作企业发展的重中之重。经控集团抢抓央企聚焦主业、瘦身健体的机遇，成立初期即收购大唐集团旗下华欧集团并迅速推动其扭亏为盈；抢抓造船业整合机遇，控股蓬莱京鲁船业并迅速推动其扭亏为盈；抢抓高校剥离校属企业机遇，接收整合中国石油大学（华东）旗下石大控股优质资产。目前，经控集团拥有 2 家上市公司、5 家拟上市公司、7 家高新技术企业，参股中科院 4 家高科技企业；与保利、融创、中交、中建、正和岛等 50 余家央企、国企和行业头部企业进行战略合作。

一是利用新旧动能转换、融合创新、产业转型等政策，获取国家开发银行、中国农业发展银行和中国进出口银行等政策银行的资金支持。其中，利用古镇口核心区融合创新项目、青岛经济技术开发区转型发展区殷家河片区改造项目、王台新动能产业基地等省市重点项目，积极沟通国家开发银行开展项目授信工作，一次性获批国开行授信 60 亿元，期限 15 ~ 20 年，保障了项目的顺利推进。

二是通过市场化运营，与央企、大型国企、行业头部企业等机构开展战略合作等方式，拓展金融投资、贸易、城市开发等主营业务，迅速做大集团资产规模，提升企业经营效益，所属 3 个企业获得 AA+ 主体信用评级，打通资本市场直接融资渠道，有效降低企业的资金成本。

三是通过获批股权基金、证券基金等金融牌照，积极参与和引导各类基金投资新区。经控集团发起设立新旧动能转换等基金，在投基金规模 150 亿元，带动社会资本为融合创新、"十强"产业和"四新"经济等领域投资超过 200 亿元。

经控集团将加快金融投资集团的市场化运营，对标股权投资领域、证券投资领域的优秀企业，依托西海岸新区及青岛市的经济体量和财富管理需求，承接资产管理、资本运营业务。通过企业并购、股权投资、混改等方式，入股一批上市公司，提高资本运作水平。加强拟上市企业的培育与引导，投资入股一批高精尖企业，助力企业实现上市、利用资本市场做大做强。发挥国有资本引领带动作用，继续做好民资借贷业务、融资租赁业务，并通过设立有关基金、发债、混改、股权投资等方式，支持区域内中小企业发展和创新成果转化落地，解决其融资难题，服务新区高质量发展。

4. 践行社会责任，推进区域品质升级

经控集团不仅以产业兴区，还积极践行社会责任，承担山东省棚改项目殷家河片区改造工程，总规划面积约7.26平方公里，总投资约208亿元，规划建设1个三甲医院、1个长途汽车站、1个大型商业综合体、2处文体活动中心、3个地铁站、14所学校和科技类产业总部办公中心以及9条道路管网，快速通达胶州湾第二海底隧道和青岛胶州国际机场。项目按现有进度在2021年底前即可竣工交付，比原计划提前1年。此项目被山东省住建厅棚改专项检查组评价为全省棚改项目典范，被青岛市"十五大攻势"检查组评价为全市进度最快、管理最完善的棚改项目。

经控集团内引外联，招才引智，设立山东省院士工作站、山东省船舶与海洋工程装备创新中心等5个省级研发创新平台；引进6名中国两院院士，1名新西兰工程院院士，1名泰山产业领军人才工程蓝色人才专项人选，1名国外船舶专家，1名长江学者特聘教授。经控集团与各科研院所合作，建设青岛天河制造业转型升级研究院，为山东制造业企业转型升级提供技术服务；累计为50余家制造业企业提供转型升级技术服务，获得2020中国科协海外人才创新创业大赛三等奖、2020全国商业科技进步奖一等奖、山东省优秀软件产品等奖项。

"十四五"时期，经控集团将旗帜鲜明抓党建，认真履行"第一责任人"职责，发扬"激情、高效、创新、共赢"企业精神，筑牢国企发展的精神大厦。经控集团紧紧围绕国家战略和城市发展大局，以打造国内一流专业化国有投资运营平台为目标，树立平台思维和市场化理念，聚焦主责主业，深入推进资源整合、产业集聚、资本运作，全面提升投融资能力、开发建设能力、产业发展能力和园区运营服务能力，打造一个主业突出、核心竞争力强的紧密管理型控股集团公司，引导和带动社会资本共同服务区域经济社会高质量发展。

（二）财富公司：改革创新谋发展，乘势而上开新局

青岛全球财富中心开发建设有限公司（简称财富公司）成立于 2010 年 6 月，注册资本 45 亿元，是崂山区规模最大的区属国有独资企业，是青岛市和崂山区实施金融综合改革、金融区开发建设和融合创新等国家战略的主要平台，主营金融投资、开发建设、资产运营、综合配套等业务。

2014 年 2 月，青岛财富管理金融综合改革试验区经国务院批复成立，成为国内唯一以财富管理为主题的金融综合改革试验区。同年 9 月，为深入发挥重点功能区的示范带动作用，经上级批准，青岛金家岭金融聚集区管委会组建成立。金家岭之于青岛，正如陆家嘴之于上海，它不仅是金融核心区，更是这座美丽滨海城市一张崭新的名片，一处新的城市地标。

作为青岛市财富管理金融综合改革试验区的核心区和主阵地，金家岭金融区承担着探索形成财富管理发展的新模式和新途径，构建具有中国特色的财富管理体系的重要使命。财富公司作为崂山区重要的投融资主体和资产管理平台，紧紧围绕崂山区委、区政府"南提北进"战略，积极服务省市和全区经济社会发展大局，立足区域优势，积极探索创新市场化、集团化、专业化、国际化运营，不断优化发展思路，逐步形成"以资本链接资源、以资产聚合资源、以资金盘活资源"的商业运作模式。

1. 以稳健布局为目标，全力助推区域产业升级

财富公司依托崂山区独有的政策支持和金融资源，秉承"专业、稳健、卓越、共享"的理念，创新金融融合生态，形成上市公司、金控平台、产业投资、基金投资、财富产品交易中心和商业保理 6 大金融投资板块，将金融业态聚集和财源建设效应发扬光大，致力于打造"专业领先、产融结合、服务一流"的国有资本金融控股集团。

（1）增资联储证券，布局全牌照金控集团

为吸引全牌照券商总部落户崂山区，财富公司紧抓财富管理金融综合改革试验区发展机遇，根据崂山区委、区政府统一部署，拟出资 16.5 亿元增资入股联储证券。2021 年 5 月，联储证券将注册地址正式迁址崂山区，成为青岛市首

家、山东省第二家全牌照券商。

财富公司于2019年1月参与盈科创新资产管理有限公司（简称盈科资本）股权融资。2020年，盈科资本在清科中国创业投资机构排名从2019年的第22位大幅提升到第12位，估值已超100亿元。财富公司通过对其股权投资后，与其进行了多方面的业务联动，包括部分股权及基金资源的共享，同时通过其加深了与其他金融机构的沟通交流，促进了财富公司业务在金融领域的深化，加快了优质金融机构在崂山区落户。

同时，财富公司积极推进基金管理业务，已取得私募股权基金牌照，公募基金牌照正在审批中。财富公司先后投资了一批优质私募基金项目，包括齐鲁前海基金、中信金石泓信基金、孚惠成长基金以及自管基金兴瑞智新等。其中，前海母基金团队前期与财富公司已在各个层面上开展合作，取得了良好成效。前海方舟协同深圳市科技创业促进会，协助青岛组织创新创业大赛，金融投资行业活动，并积极对接7家优秀企业（极视角、聚玻网、竹云科技等）落户崂山区。齐鲁前海基金当前储备项目中有5家位于崂山区，拟投金额达5.5亿元，可为崂山区重点项目和招商引资项目提供配套资金支持，吸引其他投资机构和已投优质项目落户崂山区，支持崂山区新旧动能转换，实现相关产业聚集及发展。

（2）并购上市公司，引导资本嫁接优质资源

为迅速做大做强，发挥崂山区国有投资平台功能，完善、优化和丰富区域产业链，财富公司通过并购上市公司等方式，深入整合崂山区优质资源，嫁接资本市场，灵活地进行资本运作。

2017年1月～2018年2月，财富公司以自有资金，通过上海证券交易所大宗交易系统、集中竞价交易系统增持天目药业（600671），成为该公司第二大股东。财富公司拟择机取得该公司实际控制权，利用上市公司平台，与国内外一流投资机构合作，筛选优质企业，通过并购重组和产业基金，引导优质企业落户崂山区，同时将崂山区优质医药企业择机注入，使崂山区生物医药产业实现跨越式发展。

2018年9月，财富公司通过协议转让方式举牌并购腾信股份（300392），拟进一步增持成为该公司第一大股东；目前拥有5个董事席位表决权（共9个），

并派驻上市公司董事长、财务总监和会计主管（2018 年 12 月 20 日公告），根据协议安排已对上市公司形成控制。收购腾信股份，将有助于加快 TMT 产业布局，有效推动和服务区域经济结构优化调整。

此外，财富公司还出资收购山东国信（1697.HK）、青岛农商银行（002958）股权，并已陆续取得丰厚股权投资增值收益。

（3）引入新经济业态，打造数字营销产业链

财富公司探索数字营销及直播电商这类新经济业态，采取"产业 + 资本 + 技术"的新模式，致力于整合新媒体产业链，加快打造直播电商经济集群。2020 年，财富公司与中视传媒合作在崂山区设立子公司镇华传媒，实现营业收入 5.4 亿元，占全区广告业收入的 70%，全市的 36%，已发展成为崂山区乃至全市的广告业龙头公司。2021 年 5 月，财富公司成功引进数字营销业内领军企业中视传媒总部迁址崂山区。中视传媒已经与腾讯广告、今日头条等主流互联网媒体建立了紧密的战略合作关系，打通了数字营销行业采购、运营、销售全广告链条，并在积极拓展短视频、直播带货等新兴领域，打造短视频运营和直播电商领域的全案服务商。

（4）打好运作"组合拳"，助推区域产业升级

在区域产业组织过程中，财富公司探索形成了"以资本链接资源、以资产聚合资源、以资金盘活资源"的运作模式，融合"股权直投 + 基金"两种方式，通过股权投资引导符合崂山区 6+1 产业方向的优质项目落户，助推区域产业升级。后续通过投资项目 IPO、并购重组等方式退出，以期获取投资收益。其中股权投资比较有代表性的有能链集团、木牛科技、盈科资本等项目。

为加速优质企业落户崂山，促进微电子产业集聚发展，财富公司于 2021 年 5 月参与了北京木牛领航科技有限公司（简称木牛科技）的 B 轮融资。木牛科技于 2015 年 7 月成立，是中关村及国家高新技术企业，专注于毫米波雷达技术创新及其在无人系统、智能系统中的应用，涉及汽车、智慧城市、无人机、数字体育、工业等领域，是国内领先的智能雷达技术和方案提供商。木牛科技研发团队来自顶级雷达研究机构和雷达巨头公司，长期从事雷达系统、信号处理、遥感等方面的科研和工作。木牛科技成立 6 年间已与全球最大汽车零部件供应

商之一的世界500强企业麦格纳、城市物联网服务商达实智能、全球排名领先的紧凑型机械车辆制造商Bobcat等多个业内领先的头部公司合作，且即将与全球领先的汽车零部件供应商ADAC成立合资公司，共同推进海外市场拓展。财富公司通过股权投资方式助力木牛科技进一步发展的同时，将尽快促进木牛科技将销售子公司落地崂山区，丰富崂山区微电子业态，构建崂山区微电子发展新格局。

财富公司2018年12月注册出资成立青岛财富产品交易中心有限公司，业务范围包括地方资产管理公司不良资产转让业务、金融机构服务实体经济耦合业务、地方金融监管领域的金融产品交易业务等，以搭建安全、公开、透明的财富产品流转平台为目标，推动财富产品的有效流动和金融资源的合理配置，逐步打造一家全国性的财富产品专业化交易平台。

财富公司还参股投资了蓝海股权交易中心、山东金融资产交易中心、青岛国富金融资产交易中心、青岛软交所等金融机构，以期加快推进金融业务布局，促进金融业集聚发展。此外，财富公司与山东海洋金融控股有限公司合作，共同发起设立青岛金岭晟桥国际融资租赁有限公司，促进双方资源共享、优势互补，为双方后期广泛合作奠定了基础。

2.以提质增效为重点，有力提升资产盈利能力

财富公司以资产增值最大化为目标，打造"地产开发＋物业经营＋增值服务"运营模式，通过长期持有、独立运营等多种途径优化配置，提高资产运营效率，实现物业增值，促进公司在市场竞争中不断发展壮大。

财富公司全面对接与服务全区招商引资项目，积极落实崂山区"双招双引"政策，为光大理财总部、青岛科创母基金项目、青岛创业投资引导基金项目、中植集团项目、能链项目、联储证券项目等40余个市、区重点招商引资项目落户提供办公载体，用实际行动服务全区招商引资，为崂山区营商环境的不断优化升级践行着自己的使命与担当。

财富公司通过股东划拨注入、购买、自建等方式持有较多商业物业，其中，崂山区核心区域商业物业面积53万余平方米，包括青岛金融中心大厦、青岛大荣中心综合楼、财经中心综合楼、海洋大厦、永业大厦、白金广场、金领

广场、协信广场 2 号楼、上实中心 T4 号楼等高端商业楼宇。另外，除自持和运营商业物业并取得租赁收入外，财富公司还通过出售部分楼宇资产以实现优化资产结构、快速回笼资金的目的。

3. 以项目建设为抓手，聚力服务"南提北进"战略

政府规划助力、地产巨头操刀、品牌项目领衔……这些关键词都是青岛崂山金家岭金融区迅速崛起背后的重要因素。财富公司以创造高端城市综合体品牌为目标，建设风格鲜明、功能齐全、设备设施完善的金融综合体，致力于把金家岭金融核心区雕琢成有市场需求、有理念创新、有品牌形象的高端财富载体，倾情助力财富管理改革试验区迅速崛起。

在建项目鑫海财富大厦，位于崂山区银川东路 49 号，总投资 8.9 亿元，规划建筑面积 6.6 万平方米。随着鑫海财富大厦的成长，其周边大量的商业体量逐步入市并投入使用，"崂山区商贸中心"的雏形已现。企业通过"扎堆"聚集在一起，可以形成整体优势和规模效应，共同建立、扩大知名度，产生"品牌"效应。鑫海财富大厦作为 5A 写字楼力争实现现代智能化，积极塑造城市形象。

在建项目嘉佳广场，位于崂山区香港东路 246 号，总投资 6.4 亿元，规划建筑面积 3.4 万平方米。嘉佳广场集政务资源及金融商务资源于一体，利用黄金区位优势，打造全新商业风向标、政商银企办公圈。

建成项目青岛金融中心大厦，位于苗岭路 15 号，总投资 7.3 亿元，建筑面积 6.4 万平方米。金融中心大厦智能化建设达到国际先进水平，是青岛市智能化优质示范工程，可提供舒适、高效、灵活的工作环境，满足现代化办公的要求。金融中心大厦凭借其突出的潜在价值，为企业提供高质无忧的理想办公场所，成为崂山区全新商务坐标。

4. 财富公司未来的发展规划

财富公司将紧紧围绕崂山区委、区政府部署要求，立足新发展阶段，贯彻新发展理念，融入新发展格局，积极响应"战略北进"、再次创业大局，按照"127"工作思路（即 1 项目标——到 2025 年，公司实现资产规模突破 600 亿元，收入突破 50 亿元，净利润突破 6 亿元；2 大任务——打造高端产业园区运营商和一流金融投资控股集团；7 项提升——资产规模、增收提效、招商引资、

项目建设、财务运筹、内部管理、党的建设），着力推动公司稳健发展、高效发展、跨越发展，为全区发展注入新动力、贡献新动能。

（三）特锐德：从箱式变电站到汽车充电网的"二次创业"

青岛特锐德电气股份有限公司（以下简称特锐德）成立于2004年，是中国电力产品技术标准参与者和制定者，抓住我国高铁建设快速发展的时机，迅速成为铁路市场箱式变电站龙头企业。其中，智能箱式变电站产品在中国铁路市场占有率60%以上，高端高压模块化变电站占电网及新能源市场60%以上；高铁远动箱变、110kV模块化智能变电站、35/110kV车载变、220kV箱式升压站等多款产品被鉴定为"产品国际首创、技术水平世界领先"。特锐德仅用5年时间就成功上市，成为创业板第一股，股票代码300001。

特锐德于2014年成立特来电新能源股份有限公司（以下简称特来电），二次创业进入新能源汽车充电行业，首创多站合一的预装式智慧能源站和汽车群充电的智能系统，将变电、配电、充电、放电、储能、光伏、数据中心、5G一体化深度融合，成为交直流混网的创新综合能源系统，致力于打造中国最大汽车充电网生态运营公司。

如今的特锐德已经拥有子公司超过150家、资产超过170亿元、集团销售规模105亿元，市值超300亿元，员工6000人，拥有川开电气等6大生产基地的国家级高新技术企业；在全球拥有10大国际领先水平的研发中心，研发专利和专有技术1200多项，建立了1100多人的行业顶尖的技术研发团队。作为中国箱变产业领军者，特锐德的技术和市场比肩西门子、ABB、施耐德，是工信部第一批制造业单项冠军培育企业。

1. 从原点启航到创业板第一股

箱式变电站是特锐德创立初始瞄准的市场空白点。2006年，特锐德在青藏铁路供电系统招标中拔得头筹，承担了青藏铁路全线35kV箱式变电站项目，当时国内外知名厂商都纷纷知难而退。同时，特锐德抓住了中国铁路第六次大提速和电气化改造的契机，与有关部门共同研发了首台高速铁路电力远动箱式变电站，并于2007年在中国首条时速350公里的高速铁路——京津城际客专投入使用，成为未来高速铁路的标准。自此特锐德不断研发创新相关产品，技术水平保持行业领先，并且参与了我国客运专线电力远动箱变技术条件的编写工作；产品广泛应用于各大高速铁路、客运专线、普速铁路，在高铁市场比重常年保持行业第一，市场占有率接近60%；首创国内第一台高速客运专线专用铁路电力远动箱变，解决了可靠性、免维护、全智能远方监控、无人值守等难题，甚至用在了青藏铁路4000米以上高海拔、高温差的户外设备。

特锐德凭借卓越的产品技术水平以及完善的质量管理和售后服务体系，在中国铁路箱变市场取得优异的成绩。根据记录，2008年全国铁路客运专线电力远动箱变共招标3.7亿元，特锐德在2007～2008年参与了该产品所有在全国铁路客运专线的招标，中标2.57亿元，占全部招标总额的69.46%。借着国家大力兴建铁路的趋势，特锐德依托2008年营收增速翻倍、归母净利润增速高达2.3倍的亮丽数据，成功登陆创业板，成为中国创业板第一股。

特锐德凭借系统集成技术和箱变产品优势，将产品扩展到电力和煤炭市场，专注于设计生产变电箱、变电站已有10余个，生产出世界首创的体积最小的变电站，110kV城市中心站被销售到了全世界。如今的特锐德已成为世界最大的户外箱式电力设备研发、生产基地，是中国箱变产业领军者，在全国铁路市场占有率高达70%以上，在煤炭、部分电力市场占有率第一。

2. 二次创业转战汽车充电领域，充电网引领行业发展

早在2010年，特锐德就开始关注新能源领域的发展，认为以电动汽车为代表的新能源革命未来可以让中国成为行业的世界引领者，并着手研究如何将箱式电力设备的集成式整体解决方案应用到电动汽车充电领域。

特锐德迅速开启了对新行业的开拓。一方面，拓展了电网、石油石化等电力装备应用，在短短两三年时间，特锐德对铁路市场的依赖大幅降低。另一方面，研发出集成式充电桩，将变电和储能设备集成在箱式设备中，拓展了新能源汽车充电网，并形成新的增长极支撑集团持续快速发展。

传统的"充电桩"大多是一体式交流/直流充电机，采用分散式布局、离散式建站的模式，在多能融合的深度利用以及综合能效管理上存在很大不足。单向充电插头的充电桩不能满足柔性充电、大功率充电、自动充电的发展要求。

充电网不同于单项的物理插头，是链接用户、汽车、电池和能源的新型

基础设施。充电网是由变配电设备、电力电子能量转换和分配设备、智能调度控制系统及大数据和云计算平台组成的有机系统，支撑大规模人—机及海量物—物之间的安全高效交互，实现信息、能源、价值的深度互动，是大规模电动汽车发展的基础支撑和前置条件，是新能源和新交通双向融合的全新生态和产业。

基于充电网的物理体系架构，能覆盖私人领域电动汽车充电应用、公共领域电动汽车充电应用、特种车辆电动化充电应用等场景。以集中式充电站、快换场站、专用及特种充电设施等基础设施形式呈现，以满足不同类型车辆的电能补给需求。同时，参与电网削峰填谷、频率调节等电能互动，成为电动汽车与电网、分布式能源网的耦合节点，促进多网融合。

2015年，特来电发布CMS主动柔性智能充电系统，可以将电池充电的安全性提高100倍以上、电池使用寿命延长30%左右；2017年10月，推出了自主研发的新能源汽车无线充电系列产品，在双向无线充电技术和立体车库、车载无线充电等方面取得了国际首创的技术成果。2018年4月，特来电设计制造的中国首条全智能充电弓BRT快速公交线路——"奉浦快线"在上海正式载客运行；2018年5月，"充、光、储"智慧车棚建设完成并投入运营，集智慧能源、智慧交通与智慧信息于一体，不只能光伏发电，还有充电放电、大数据分析存储、车辆诊断、智慧泊车、智能监控、声光报警、消防集成、无线WIFI等各种智能化功能。

如今，特来电已服务347个城市，拥有127家城市运营公司，支撑全国390万辆电动汽车充电，每天充电量超过1000万度，市场占有率超过20%，稳居行业第一。2020年，特来电以超过140亿元估值跻身独角兽企业行列。

3. 助力新基建、碳中和，转型工业互联网的数据源

充电网是储能网。充电网通过有效聚合基本单元中的电动汽车移动储能及梯次利用固定储能电池，形成超大规模储能资源池，构成虚拟电厂参与电网互动和调度，以突出的成本优势、规模优势和性能优势，成为未来包含高比例可再生能源的电力系统中最关键的灵活性资源，是实现碳中和目标的重要支撑。

充电网更是数据网。充电网深度链接着"人、车、能源"，充放电是一个

数据链接和能源交互过程，并保持实时在线、高黏性和高强度交互，在保证充电及车安全的同时，形成基于用户、车和电池的行为大数据、工业大数据和能源大数据，充电网是工业互联网最大的应用场景。

特来电是工信部国家工业互联网创新发展工程"新能源汽车充电网能源管理工业互联网平台"唯一承建主体，将建立从数量到电量到流量这一价值生态闭环的模式，实现"设备网、物联网、能源网、数据网"的融合，实现新基建与新能源的融合。特来电充电网"工业大数据"目前日均数据量超过 8TB，充电网和人、能源、汽车电池交互大数据可达 50 亿条 / 天；已经变现应用到"百万级汽车及用户"的安全诊断及防护、能源管理及运营、智能运营及运维、用户增值服务等领域。

2020 年充电桩被列为国家七大新基建之一，并被写入 2020 年《政府工作报告》。由桩到网，由新交通到新能源。电动汽车 + 充电网，一方面推动了新能源汽车的推广应用，提高交通用能的绿色化比例，另一方面可以实现新能源车充新能源电，提高可再生能源的消纳比例。特锐德通过发挥电动汽车的能源价值和充电网的链接作用，探索出碳中和目标达成的有效路径。

（四）日日顺：为物流提供科技、智能、新业态

日日顺供应链科技股份有限公司（以下简称日日顺），成立于 2000 年。脱胎于海尔集团的产业背景，让日日顺的战略发展注入了供应链管理服务的基因，积累了从工厂到终端用户的供应链全流程服务能力。日日顺由家电行业向家居、健身、出行、冷链、快消、电子等行业复制延伸，积累了众多业内领先的知名品牌客户。日日顺与阿里巴巴集团等电商平台建立了长期业务合作关系，提供领先的电商平台行业供应链管理解决方案，为用户提供全流程的最佳体验。按照 2020 年的收入，日日顺成为中国第三大端到端供应链管理服务商，是当前市场上少有的具备覆盖生产制造、线上线下流通渠道至末端用户场景服务的端到端供应链管理能力的企业。2021 年 5 月，日日顺正式提交上市材料，进入资本市场。

1. 领先廿载日日顺，引领行业创品牌

日日顺于 2020 年被中国物流与采购联合会评选为"2020 年物流行业数

字化转型先进企业"，被中国物资储运协会评选为"2020 年度数字化供应链科技创新奖"，被美国供应链管理专业协会评选为"2020 年全球供应链创新案例奖"。诸多荣誉证明了日日顺在供应链领域科技化、数字化和智能化方面的行业领军地位。

经过 20 年积累，日日顺已在全国 31 个省份、136 个地级市以自建及租赁的方式合计布局了 916 座仓库，面积近 780 万平方米，构建了覆盖全国线上线下全渠道共享的三级分布式仓储网络；在国内开通近 14000 条干线运输线路，可有效调度超过 10 万辆合作车辆，运输业务可触达全国 31 个省（区、市），336 个城市（地级市），已建成辐射全国的多元化干线集配网络以及区配网络；在国外开通包括超过 700 条海运航线、50 条铁路线路和 1500 条空运线路在内的覆盖海运、陆运、空运的精品线路，服务可触达超过 550 个境外港口、150 个境外国家。

在科技化方面，日日顺牵头承担了首个"智慧物流领域"国家级重点专项"智慧物流管理与智能服务关键技术"项目，打造智慧物流管理与服务的"中国芯"。日日顺使用了包括 3D 机器视觉识别技术、关节机械手自学习运动控制技术、首次于大件物流领域使用的龙门机械手全自动分拣技术、全自动搬运输送及视觉自主导航技术、全自动设备路径优化、全自动上下架及无人配送技术，提升智能仓储能力。

在数字化方面，日日顺在运营过程中自主搭建了覆盖资源管理、订单管理、订单匹配、仓储管理、运输管理、末端用户送装服务等供应链运营管理系统，可有效对订单进行追踪管理、优化运输路由及合理调度物流资源，满足不同场景下的作业管理需求，并且为客户及用户提供信息化、可视化、标准化的供应链综合解决方案。此外，日日顺强调大数据技术在供应链管理中的应用，利用大数据分析技术对业务及财务数据进行汇总、分析及监控，极大提升供应链管理的精细化水平，赋能运营管理。

在智能化方面，日日顺在仓储网络中广泛运用了智能机器人、数字孪生、大件 AGV 等先进物流技术及智能装备，通过科技化提升仓储管理水平。结合日日顺的数字化管理系统，能够实现最优化库存管理，降低存货周转天数，提升履约效率。日日顺于 2020 年 6 月开始运行首个大件智能无人仓，已形成具有行业引领地位的6座智能仓，实现仓储作业效率的大幅提升。

2. 智慧延伸供应链，五大业务齐推进

日日顺定位于颠覆传统物流服务模式，致力于成为行业引领的物联网场景物流生态品牌以及居家大件物流领域的引领者，主营业务主要包括五方面——消费供应链、制造供应链、国际供应链、运力服务和生态创新服务。

消费供应链服务：针对企业客户在流通环节的供应链需求，日日顺可为客户提供包括方案设计、仓储布局与管理、运输服务、末端用户配送、安装服务以及逆向物流在内的供应链管理服务，并根据不同行业和客户对于供应链管理服务的需求，形成包括家电、家居、健身、出行、电商平台等在内的差异化行业解决方案，助力企业客户更好地触达并服务消费者，提升流通环节的运营效率。

制造供应链服务：日日顺的制造供应链服务主要向原材料供应商提供包括原材料揽收、运力服务、VMI[①]以及循环包装在内的供应链管理服务，以及向制造企业提供包括线边仓管理及JIT[②]生产线配送在内的供应链管理服务。

国际供应链服务：国际供应链服务针对客户在跨境环节的供应链需求，为客户提供覆盖方案设计、订单管理、代理订舱、拖车运输、集货仓储、报关商检、清关、运输服务在内的"端到端"跨境供应链解决方案。

城市运力服务：日日顺通过信息化能力连接并整合车辆资源及客户资源，实现运力资源的有效调度管控及服务可视化管理，为客户提供覆盖国内主要城市的运力解决方案。按照运营模式的不同，该业务分为网络货运业务以及线下的整车及零担业务。

生态创新业务：在为客户提供供应链服务的基础上，日日顺大力拓展以最后一公里场景服务及车后赋能为核心的生态创新服务。最后一公里场景服务是指以供应链全流程服务能力作为基础支撑，以送装服务为起点，依托有别于快递、快运的上门能力，通过与用户在上门送装过程中的交互沟通感知用户需求，提供满足用户需求的个性化场景解决方案及增值服务。

---

① VMI 是 Vendor Managed Inventory 的缩写，即供应商管理库存。
② JIT 是 Just In Time 的缩写，即准时生产方式。

3. 数字互联研发路，矢志求索图创新

基于持续的创新探索，日日顺物流在时间的长河中不断发展，成为"时代的企业"。从技术创新到模式创新，从自身实践到输出成果，把握时代机遇、贴近用户需求的日日顺物流跳出原有游戏规则，拉开以用户体验为中心的个人物流的帷幕，开辟行业新赛道，为物流企业在新时代转型升级提供参考与借鉴。

（1）制定行业标准，万物互联深度融合

日日顺积极把握全渠道变革的机遇，通过业务开展中与消费互联网的深度融合，探索并形成了"以客户及用户需求为中心"，包括多级物流网络铺货方案、干线集配方案、区域可视化配送方案和末端用户送装方案在内的消费供应链全流程服务，并以此为蓝本携手中国标准化协会制定并输出《居家大件智慧物流全流程服务规范》，以指导并规范物流及供应链服务商在智能化仓储管理、一站式城际集配、可视化区域配送以及末端用户送装方面的服务流程，引领物流及供应链服务商在消费场景下输出高品质及规范化的服务。

在工业互联网的背景下，日日顺通过向客户提供贴近制造行业需求的供应链解决方案，有效引导生产制造企业根据下游的需求优化配置生产资源，加速制造企业向以需定产、敏捷制造发展，促进传统制造产业的转型升级。日日顺联合天津大学、海尔衣联网（天津）智慧生态研究院等发起制定《智能工厂中的物流运作流程标准》，目前已经通过 IEEE 立项评审。该标准聚焦智能工厂的物流作业流程设计、物流作业流程的实施保证以及物流作业流程的评价改进，旨在通过规范及优化物流作业流程提高智能工程的物流运作效率，推动物流业与制造业深度融合和协同联动。

（2）牵头科研项目，以技术引领智慧物流

在科技创新方面，日日顺强调科技对于物流及供应链的赋能，在科技应用上实现多项突破。作为科技部首个"智慧物流领域"国家级重点专项"智慧物流管理与智能服务关键技术"项目的牵头承担单位，日日顺联合包括中国科学技术大学、西南交通大学、杭州海康机器人技术有限公司在内的多家知名高校及技术领先企业，攻坚物流及供应链共性关键技术，共同打造智慧物流管理与服务的"中国芯"，引领行业向智慧物流方向发展。项目研究构建五类共性关键技术，旨在解决移动互联环境下物流生态链多目标多维度动态主动供需匹配规划问题，特别是在多式联运、互联工厂端到端物流和城乡共同配送三类典型复杂场景下的供需匹配辨识、预测和规划方法。

与此同时，日日顺中德智慧物流园区项目入选国家发展改革委、工业和信息化部《新型基础设施建设工程（宽带网络和 5G 领域）》项目。日日顺将在中德智慧物流园区规划建设先进智能线边仓和智能成品仓等智慧物流配套设施，并落地包括 5G 机器视觉、5G+3D 扫描建模、5G 巡检机器人、AGV 集群调度在内的八类 5G 应用场景，旨在利用 5G 具有的高连接速率、超低网络延时、海量终端接入、高可靠性等优点实现海量数据采集及分析，以支撑制造资源的连接、弹性供给和高效配置，以此打造设备智能、管理智能、服务智能的综合创新物流园区。

（3）升级管理系统，助力客户数字升级

日日顺推出赋能客户、资源方及用户的 App 及操作系统，以加深连接和互动。对于资源方而言，日日顺面向资源方开发出多款运用于供应链不同作业场景的 App，通过 App 连接资源方并向资源方及时推送订单任务，同时 App 能支持资源方的作业流程、提升作业效率。对于终端用户，日日顺推出了具有订单查询、用户评价以及线上交易等功能的到家 App，依托到家 App 为用户提供便捷的订单查询功能以及高品质的场景服务。此外，到家 App 所支持的用户评价功能，有利于及时获取用户评价及反馈，以此驱动资源的动态优化。

4.展望未来担使命，执行战略谋愿景

日日顺以提供客户及用户最佳体验为发展核心，以数字化及科技化为发展驱动力，以全面深化物流基础设施网络为发展支撑，不断夯实日日顺在工厂端到用户端的全链路、多场景供应链管理服务市场的领先地位。同时，基于与终端用户的深度交互沟通，日日顺在供应链管理解决方案和场景物流服务领域持续创新突破，最终可实现成为行业引领的物联网场景物流生态平台的目标。

在数字化运营管理方面，日日顺投资建设了数字化的供应链，覆盖订单管理、订单匹配、仓储管理、运输管理、末端用户送装服务等供应链核心业务环节，基本实现数字化和信息化贯穿于供应链服务的核心业务环节。

在物流服务网络方面，日日顺已经拓展了由三级仓储网络、配送网络和服务网络构成的物流基础设施及服务网络布局，以辐射全国的仓储为基础，以干线运输网络及车辆资源作为连接，以布局全国的送装网点及服务师作为送装服务的支撑，可基本实现供应链及物流服务覆盖全国所有的城镇、地区和人口。

在用户场景服务方面，日日顺在为客户提供供应链服务的基础上，大力拓展生态创新服务。日日顺基于入户送装的场景和广泛的车辆资源，为用户、司机及车主提供多种类别的场景解决方案及增值服务。

未来，日日顺将持续加大在科技化及数字化能力建设方面的投入，加速5G、云计算、物联网等技术融合应用于供应链领域；进一步加大仓储建设、服务网点布局以及车辆资源的投入，进一步扩大现有供应链服务网络的深度和广度，构建覆盖全国、辐射全球的供应链服务网络；持续升级迭代供应链管理解决方案，赋能客户供应链升级；加速拓展国际市场，战略布局国内国际双循环供应链服务能力，力争成为物联网时代社群最佳体验迭代生态圈。

（五）瑞源集团：为区域发展贡献民企智慧

瑞源控股集团有限公司（以下简称瑞源集团）位于青岛西海岸新区，成立于1997年，并于2021年4月27日正式更名为瑞源控股集团。公司总资产逾200亿元，现有在职员工7100人，2020年实现营业收入137亿元，实缴税金5.5亿元，其中在西海岸新区缴税4.1亿元。

瑞源集团以水利水电工程施工起步，拥有勘察测绘、设计、水利水电、市政等全资质。通过"兼并重组、收购合作"，不断借力共赢，借智发力，瑞源集团已将业务扩展到地球物理信息、水利水电、工程施工、医养健康、智慧城市、高端装备制造、金融服务等领域，业务地域从国内各省（区市）到东南亚、中东等地区。

1.强化立身之基，工程建设取得突出成就

瑞源集团依托在建设行业的优良资质和品牌信誉，先后承接了南水北调、西水东调等大型水利工程，河道治理及海洋码头建设与市政基础施工等工程，合格率100%，优良率95%以上。多项工程获"中国土木工程詹天佑奖""中国建设工程鲁班奖""国家优质工程奖""中国水利工程大禹奖""中国建筑工程装饰奖""泰山杯"等殊荣。瑞源集团开发建设的瑞源·名嘉汇小区是山东省首家荣获"国家三星级绿色建筑"、国家住宅 3A 级性能认定及"广厦奖"的高档小区。瑞源集团多次荣获"全国优秀施工企业""全国优秀水利企业""水利部水利经济先进单位""山东省优秀施工企业""山东省水利十佳企业"。同时，瑞源集团依托施工主业，开展"走出去"发展战略，积极开发埠外新市场，在国内 30 多个省（区市）设立了分公司或办事处，并在东南亚和俄罗斯开展业务。

2. 聚焦医疗行业，引领当地大健康产业发展

瑞源集团已基本形成贯通医疗服务、健康管理、智慧养老、细胞生物等全链条、全生命周期的医养健康产业体系，引领了青岛医养健康产业的发展。

瑞源集团旗下的中康国际（股票代码 832113）是全国首家健康体检领域的新三板挂牌公司，在获得经控集团的混改后启动转板计划。自 2009 年成立以来，中康国际主要开展高端健康管理、体检中心全国连锁、候鸟式医养机构加盟、社区居家智慧健康养老、肿瘤诊疗、中医专科医院、互联网医生集团、细胞生物等一系列相关业务。

瑞源集团投资 3.6 亿元的"中康颐养福利中心"于 2015 年建成，已在云南、福建、江苏等省落地、运营，在建连锁机构 168 家，床位数 6000 余张，服务惠及全国近 100 万老人。此外，中康颐养旗下的子品牌"中康爱邻里"，专注于开展居家社区智慧医养服务，建立健全网格化的服务网络，形成覆盖面广，服务纵向直达，标准化横向管理的服务体系。以健康秘书、生活秘书、快乐秘书"三个秘书"为支点，以助餐、助医、助洁、助浴、助急、助乐"六助服务"为基本内容的服务项目，供社区老年人根据自身需求进行选择，为老人们打造 15 分钟生活服务圈。

2020 年，中康原能细胞研究中心成立，致力于细胞生命产业的功能布局和上下游产业链的建设，逐步形成细胞存储、生产、研发、委托和转化的产业支撑平台；同时推进高端医疗尤其是细胞生物医疗、转化医学等集聚，与青岛大学附属医院医学研究中心、山东省肿瘤医院、黄岛区中医院、日本神户细胞产业园及大型药企等建立研发合作关系，实现前沿细胞生物技术发展、生物医药研发、临床转化、市场交易等细胞生物产业要素资源、细分行业主体的紧密联动。

3. 聚力农业发展，开拓现代农业发展之路

农为邦本，本固邦宁。瑞源集团以发展现代农业为己任，以利国利民为担当，不断探索现代农业的发展新路。

一是成立青岛市首家农业机械制造企业。2011年4月，瑞源集团投资合作成立青岛首家涵盖研发、生产、售后环节的大型农业机械装备制造公司——九方泰禾国际重工（青岛）有限公司。公司全面探索耕、种、管、收、烘干、秸秆处理六大关键技术，自主研发数十种农机产品，获国家知识产权局授权专利54项。其中，5项核心技术属国内首创，达国际领先水平。九方泰禾自主研发的"迪马"品牌系列农机，有效提高了农业产能。依托五大专利产品，九方泰禾集中开发甘肃、新疆、宁夏、陕西以及呼和浩特以西内蒙古地区市场，并逐步扩容"一带一路"沿线国家农机贸易和农事服务、技术合作与输出。同时，瑞源集团计划投资建设国际农机交流服务中心，带动形成集农机科技研发、技术交流、展示交易于一体的千亿级产业链，让青岛成为世界农机交流服务中心、全国农机产业发展新高地。

二是建设现代农业供应链体系。瑞源集团打造从合作社种植养殖、产业直采、冷链仓储、检测处理、农业新零售、社区直配等线上线下结合的现代农业一体化供应链产业，力争用3年时间覆盖山东省农业消费市场。2020年创立的中仓农业公司，在青海镇流转土地2000亩，周边合作种植35000亩，结合乡村振兴战略，融合地方农业文化特色，布局农业标准化种植，搭建从田间地头到餐桌的现代农业供应链体系；与国内农业高校、科研机构战略合作，创建国家级农业科创园，包括农用科技孵化器、现代中医药实验室、农机工程技术中心、土地治理工程实验室、农业信息化研究中心、农业检测认证中心等。

三是进入农业用地整治领域。瑞源集团在全国部分区域开展滨海盐碱地稻作改良示范项目。2019年，瑞源集团出资1950万元，在新疆阿克陶县"丝路佳园"异地扶贫搬迁点完成了近千亩盐碱地稻作改良农田及数字化农业基础设施建设，重点开展海水稻种植、盐碱地改良、智慧农业及稻米深加工等一系列工作，积极开展耐旱碱性作物的培育和研究，构建新型"企业—农业合作社"精准扶贫模式，以切实帮助当地百姓解决粮食问题。

4. 秉持科技领先，推动企业智能转型升级

瑞源集团持续推动各产业板块转型升级，并先后在无人机遥感、地球物理信息、大数据云计算、人工智能等前沿技术方面取得了一定的成果，在 AI 社区大脑、视界物联云平台等核心大数据平台方面处于全国领先地位。

一是搭建智慧执法平台。2019 年，瑞源集团与西海岸新区城市综合执法局、中国移动共同合作成立了山东省首家数字信息平台——"天际锐眼"智慧执法平台研发工作站。工作站以多维度感知、大数据分析、精细化服务、智能化管理、全方位监察"五位一体"为建设目标，通过"一张图"的方式，实时展示本区 9 大执法领域 70 余类违法违章问题，进行线上巡查、分析、指挥与管理。平台对西海岸 2000 多平方公里的陆域与 5000 平方公里海域的应急处理、河道巡护、违规车辆、垃圾倾倒、渣土堆放、违规建设、船只监控、海水养殖、海上取沙、林业巡护、文物保护等进行 24 小时高机动、高频次、零死角的全面巡查监管，构建了空天地一体化的智能巡查服务解决方案，实现了城市问题的自动感知与智能分析，提升了城市管理部门的应急指挥能力。

二是开展地理信息遥感业务。瑞源集团致力于卫星遥感、航空遥感、地面遥感的"空、天、地"三位一体的数据采集模式，为政府、行业及企业提供全面、高效的地理信息空间数据。近年来，瑞源集团重点培育时空信息化、地上地下城市信息模型等核心技术，秉承"数聚赋能应用场景"研发理念，开发"时空大数据管理"与"时空大数据决策"的智慧大脑服务平台，通过文达通开发的视界物联大数据云平台三维模型与模型精细化处理，运用在城市三维建模、360 度全景数据、城市智能巡查、林业精准普查/调查、农作物生长状态监测、无人机药物喷洒、污染物遥感监测、电力线路巡查等方面，打造全链条的城市管理服务平台。

三是打造 AI 社区大脑。瑞源集团旗下的青岛文达通科技股份有限公司（以下简称文达通，股票代码 430516）是一家以人工智能技术产业为支撑，以 5G×AI 数字城市、智慧住区建设和智慧生活服务为发展方向的国家高新技术企业，重点发展"智能硬件及物联网解决方案""AI 社区大脑"计划实施及大数据运营服务。其中，"AI 社区大脑"是以构建"安全、经济、文明、健康"

的绿色智慧社区为目标，运用人工智能、生物识别、深度学习、物联网、大数据等核心技术，集聚社区丰富的数据资源，构建以智能物联网大数据平台 (AIOTD) 为核心的数字社区，支撑并服务于社区各"智能 +"应用场景的落地，如智能 + 安防、智能 + 物业、智能 + 商业、智能 + 机器人 (无人驾驶)、智能 + 金融、智能 + 健康等多种社区新型业态。文达通以"3D 可视化城市智能综合管理 CIM 平台""智慧社区管控平台""智慧镇街"等中枢平台为支撑，向以"城市智慧生活一体化综合服务商"为定位的发展模式转变。

四是推出青岛市社区拼购"达客鲜生"。2020 年新冠肺炎疫情暴发期间，瑞源集团推出青岛市社区拼购"达客鲜生"新零售品牌，打造线上线下最后一公里的社区一站式购物平台，实现了从产地到餐桌、从收购基地到门店、从社区拼团到 60 分钟即时达的多业务模块发展模式。该购物平台以西海岸新区为中心，辐射胶东半岛，相对传统商超，其在价格方面拥有 20% 以上的竞争优势。同时，程序后台运用大数据分析匹配居民喜好，依托自有的物流、仓储和终端链条，实现农产品"当天采摘，当天送达"的高效配送。"达客鲜生"电商小程序覆盖全市 1200 个社区，为近 200 万市民提供平价、快捷、优质的服务，保障了广大市民的日常生活不受影响。

5. 运用资源优势，拓展新型海洋高端装备产业

近年来，在国家建设海洋强国战略推动下，在山东建设海洋强省、青岛建设国际海洋名城重要使命的大背景下，瑞源集团与科瑞集团威飞海洋装备板块合资成立青岛中瑞威飞海洋装备制造有限公司，致力于海洋及水下高端智能油气装备的研发制造。

2020 年，瑞源集团与科瑞集团共同投资 36 亿元，整合科瑞集团海洋装备制造板块及相关企业，打造以青岛西海岸新区为总部，下设多家国内外分公司、子公司的高端海洋装备产业园；同步建设研发中心、人才和职工公寓、产业配套商住用地等相关联动产业；形成高端海洋石油装备研发、生产、销售、服务的产业全体系。重点研发制造海洋井控装备、海洋智能全液压钻机、海洋液压套管举升机、海洋膜分离制氮设备、海洋复合连续油管智能钻机、海洋升沉补偿装置、海洋钻修井自动化设备等海洋深海能源勘探开发设备，全力打造世界

一流的深海油气装备供应商和海洋经济总部基地。

千川汇海阔，风正好扬帆。如今，瑞源集团站在"两个一百年"奋斗目标历史交汇的关键节点上，将积极投身建设以工程建设管理、智慧服务、大健康、装备制造为主业，以科技＋资本＋数据驱动，赋能传统产业升级的实践发展中，蹄疾步稳，砥砺前行，续写新时代新篇章！

（六）青达环保：聚焦节能环保、服务国家双碳战略

青岛达能环保设备股份有限公司（简称青达环保）成立于2006年，位于胶州市，注册资金7100万元，已于2021年7月登陆科创板。

青达环保主营"锅炉及其辅助设备、烟气污染物减排及余热利用设备、环境污染防治专用设备、蓄热设备、清洁供暖系统、化工生产专用设备"业务。自成立以来，青达环保始终以服务国家生态环境可持续发展战略为宗旨，致力于节能降耗、环保减排设备的设计、制造和销售，为电力、热力、化工、冶金、垃圾处理等领域的客户提供炉渣节能环保处理系统、烟气节能环保处理系统、清洁能源消纳系统和脱硫废水环保处理系统解决方案。公司的技术、产品已覆盖包括炉渣、灰尘、烟气、细颗粒物、脱硫废水等污染物的防治及锅炉炉渣和烟气余热回收，同时涉足电厂灵活性改造以及清洁能源消纳领域。

1. 持续建设节能环保行业的自主研发体系

青达环保始终将技术创新和新产品开发作为发展战略的核心，建立国家企业技术中心研发机构，设立山东省工程研究中心、山东省技术创新中心、山东省博士后创新实践基地、山东省专家服务基地等省级研发创新平台。联合产业上中下游企业和国内一流大学、科研院所，采取科技研发、成果应用与产业化发展相结合的大科研运作模式，通过产业链垂直整合和创新资源优化组合，形成涵盖技术、人才、平台及国际合作高度融合的协同创新系统和完善的技术开发产业链。

2019年，青岛节能环保产业集群纳入第一批国家战略性新兴产业集群名单。青达环保作为产业集群核心企业，通过自主研发及产学研结合等方式持续引领行业标准。作为独家企业单位和西安交通大学联合研发的"气液固凝并吸收抑制低温腐蚀的烟气深度冷却技术及应用"被评为2017年度国家科学技术进步奖（二等奖）；参与研发的"低温腐蚀可控的烟气深度冷却技术及应用"被评为 2016 年陕西省科学技术一等奖和陕西高等学校科学技术一等奖；拥有 2 项国际领先技术、4 项国际先进技术、1 项国内领先技术，其中"锅炉烟气深度冷却器"为国家重点新产品，"大型循环流化床分级冷却排渣系统"入选《山东省高端技术装备新产品推广目录》，鳞斗式干渣机等 4 项产品为山东省首台（套）技术装备。

在节能环保产品的研发方面，青达环保坚持以政策、市场和客户需求为导向，不断创新研发新产品，陆续推出烟气余热深度回收系统、鳞斗式干渣机、全负荷脱硝系统、清洁能源消纳系统、模锻链捞渣机等，不断深化节能环保技术的利用，增强产品的节能环保效果。根据中国电力企业联合会数据，截至 2019 年底，全国火电装机容量 11.91 亿千瓦，青达环保在存量市场占有率约为 13.19%，凭借独有的核心技术，已经在节能环保设备制造领域形成较强的竞争力，具有较高的市场地位。

2. 积极攻克电力环保领域的工程技术壁垒

青达环保的节能环保系统设备主要应用于火力发电和热力行业，已先后为国家能源投资集团有限责任公司、中国华能集团有限公司、中国大唐集团有限公司、中国华电集团有限公司、国家电力投资集团有限公司、华润电力控股有限公司、中国能源建设集团有限公司等知名企业提供节能环保系统设备和零配件服务。

青达环保围绕本领域产业发展需求，服务国家、山东省电力装备工程设计，组织开展重大关键共性工程设计技术和前沿技术工程设计，着力解决关键核心技术受制于人的问题，负有攻克"卡脖子"技术的使命。青达环保已有"烟气、炉渣、废水"三废处理等首创性、引领性、颠覆性的高水平科研成果产生并应用。青达环保将持续推动重大工程设计科技成果转化，加快突破共性关键技术，加强工程设计体系和成果转化体系建设，完善工程设计、施工及总承包一体化服务平台。

注重质量管理是青达环保长期坚持的重要方针，建立了完备的质量保证体系和控制体系，覆盖采购、生产、销售的全过程，并通过了符合 GB/T 19001—

2016/ISO 9001：2015 标准的质量管理体系认证，取得了我国锅炉设计和制造资质、压力容器的生产资质，取得了美国 ASME 锅炉及压力容器制造资质。青达环保通过严格的质量控制，树立起公司产品的品牌影响力，带动了产业集群的行业品牌影响力。

3. 坚定实现碳达峰碳中和的国家战略目标

青达环保始终以服务国家生态环境可持续发展战略为宗旨，秉持生态优先、绿色可持续发展的理念。对于环保行业而言，低碳视角下催生行业新局面，需促进新型节能环保技术、装备和产品研发应用，培育壮大环保节能产业。

相比煤电行业污染物持续减排，非电行业对我国污染物排放影响越来越大，钢铁、化工、建材等主要耗煤行业具有重大的节能减排改造需求。青达环保将利用在电力行业积累的资源优势，从顶层实现源头创新，实现清洁智慧能源供给，以电力装备设计作为突破口，助力产业链"固链、补链、延链、强链"。青达环保业务扩展至电力、市政、热力、冶金、化工、水泥、造纸等行业中的大气污染控制、垃圾治理、废水处理、污泥治理、城市电极锅炉—蓄热系统洁净供热、钢渣余热回收处理、生物质低温余热干燥、环卫设备及服务、环境监控、矿山修复、土壤治理、二氧化碳捕捉、氢能源等业务。

在全球环境问题日益严峻的形势下，传统工质必将被新的环保工质所代替，二氧化碳与传统的氟利昂工质相比，无毒环保，既能降低温室效应又不会对臭氧层造成破坏，是当下最好的替代环保工质。二氧化碳跨临界压缩式制冷制热系统作为青达环保主导产品之一，利用临界温度低、超临界流体密度大的原理，使跨临界二氧化碳系统的压缩机和冷却器实现体积小、系统结构紧凑。跨临界循环时蒸发过程在临界点以下，放热过程在临界点以上，放热过程位于超临界没有相变，因此具有较高的制冷制热效率，且具有大温度范围的适用性，最低温度可以达到 -60℃，最高温度可以达到 95℃，在食品、医疗、工业、生物等众多行业里具有非常广泛的应用领域。

4. 融入创新国家战略

"一带一路"倡议的逐步实施以及青岛上合示范区的建设为企业走出国门创造了良好条件。"一带一路"和上合组织的国家和地区以电力投资为代表的基础设施投资力度逐年增加，相关炉渣、烟气节能环保处理设备的市场规模也不断加大，海外电力市场机会广阔。青达环保按照"高点定位、追求卓越、引领发展"原则，以"支撑电力、注重环保、产业延伸、贡献重大"为建设宗旨，坚持全球视野、国际标准，主动对标国内外一流企业，于上合示范区打造青达环保工程设计院。上合区是承接国家战略、建设国际化大都市、支撑带动全域开发开放的主战场和主阵地，青达环保工程设计院的成立，可从顶层实现源头创新，实现清洁智慧能源供给，从胶州辐射到山东省和全国，带动行业进步。

青达环保坚持生态优先、绿色可持续发展的观念，构建绿色低碳循环发展的产业体系，推动产业生态化改造升级，大力发展节能环保锅炉装备产业。提高产业技术水平，优化产业结构，推动和加速产能的扩大。实施气液固三废处理，优化生态环境，节约资源，清洁低碳，综合利用资源，减少空气污染、水污染和固体废弃物，推进可再生能源的开发和利用，带动行业上下游产业发展的链条，实现多次增值，提高经济效益和社会效益。

青达环保将努力把握国家政策引导行业发展的黄金时机，坚持"致力于节能环保行业，为广大用户提供优质的产品和优良的服务"的发展理念和"创新驱动发展"的发展战略，推动产业结构调整，加快新旧动能转换，促进经济转型升级提质增效。青达环保利用品牌延伸战略，打造营销创新竞争优势，经营绩效逆势增长，体现创新驱动带来的品牌价值增值，实现企业跨越发展，力争发展成为国际一流的节能环保设备整体解决方案提供商。

（七）能链集团：助推能源行业数字升级，追逐"零碳"梦想

能链集团隶属于车主邦（北京）科技有限公司，创立于2016年5月，是一家致力于为商用车提供完整能源解决方案的公司，是国内首个能源物联网的开放平台。

2018年，能链集团与青岛结缘，驶入了高速发展的快车道。一方面，山东是能源大省，国内60%的地方炼厂在山东，国内10%的加油站在山东，国内最大的新能源充电运营商在青岛。而且，青岛明确提出打造"东方氢岛"，规划利用10年完善氢能产业链体系，打造国内重要的氢能产业基地，将青岛打造成国际知名的氢能城市。此外，青岛也是国内零碳领域的先行者、实践者，打造了全国首个"零碳社区"，并参与制定零碳社区相关国家标准，积累了深厚的行业管理经验。

此外，青岛拥有浓郁的积极拥抱新经济的创业精神。作为创业之城，青岛提出建设工业互联网之都、打造创投风投之都，以其博大包容拥抱着新经济，以其高瞻远瞩对接着新动能。2019 年初，青岛全球财富中心公司参与能链集团 B 轮融资，基于股权合作关系，于当年年底成立山东能链控股集团有限公司。能链集团自成立以来，连续保持高速增长，年均保持近 7 倍的增长速度，目前注册用户超过 1.5 亿，年化交易规模超过 1000 亿元。能链集团先后入选"2020 年中国新能源企业 500 强""2020 胡润全球独角兽榜"及"2020 年中国独角兽企业"等榜单。

1. 开创"连接即服务"新模式

能链集团是基于 AI、物联网 IoT、大数据的科技公司，以大数据连接供需双方，连接资源、连接交易、连接技术、连接资本。能链集团的服务属于连接即服务（NaaS）。能链集团把油站、电站，跟车主连接起来，通过数据直连，实现 C2M 直采，降低空驶率，让能源在物理空间转移过程中成本更低、效率更高。

在需求侧，能链集团搭建了车主流量平台，聚合了 3000 余家平台。第一类是商用车平台。包括顺丰、日日顺、德邦、中通等物流公司，货拉拉、快狗打车等货运平台，神州专车、首汽约车、嘀嗒出行等网约车平台。第二类是车联网和主机厂。能链集团与奥迪、宝马、长安、东风、日产、现代等主机厂，腾讯车联、百度车联、阿里的斑马智行等车联网企业合作，新车出厂时，中控大屏就内嵌了团油和快电的服务模块。第三类是综合性平台和汽车后市场平台。如微信九宫格、建设银行、平安好车主、汽车之家等主流互联网入口平台，它们的在线加油或者充电服务，大多数都由能链集团提供。第四类是地图商，包括百度地图、腾讯地图。能链集团为它们提供加油站、充电站的位置、价格等几十项实时更新的数据信息以及支付服务从而实现了场景全闭环。

在供给侧，能链集团业务覆盖全国 1800 城，连接起超 2.5 万座加油站，占全国油站总量的 22%，接入超 70 万根充电桩，占全国公共充电桩的 90% 以上，构建了一张油电一体化数字能源网。能链集团在能源行业首次实现了商户分级、用户分级、精准匹配，为能源在物理空间转移过程中交付成本最低、降低碳排放奠定了基础。与团油合作的油站，平均可提升20%销量，接入快电平台的充电桩，利用率可达行业平均值的3倍。

2. 六大业务助推产业全链路数字化

作为能源物联网EIoT及能源新零售平台，能链集团业务包含油、电、氢、气多能源品类，旗下拥有团油、快电、能链直供、能链云、综合能源港、能链智电六大业务板块，构建了覆盖能源产业上下游的产品布局。

（1）团油：全球领先的数字加油网络

团油已与中国航油、壳牌、金盾石化、海湾石油、大桥石化、中图能源、加德士、强林石化、众诚连锁等品牌加油站达成合作，已形成连接全国2.5万座加油站的数字化油网，占全国加油站总量的22%，规模位居全球第三，仅次于壳牌的4.5万家油站和中石化3.1万家油站。核心城市5公里覆盖度达到50%，预计2022年底将达到95%。

在需求侧，团油以平台化思维，横向搭建起一个覆盖多场景、多应用的数字化车主网络。通过数字化、平台化，团油将需求侧原本分散的需求集中供给，形成了一个涵盖数亿数字化车主的消费生态，让用户享受触手可及、便捷的加油服务。在供给侧，加油站是能源零售的重要终端，也是能源供给侧数字化升级的关键。通过团油，传统加油站的获客与交易由线下转为线上，得以呈现在更多车主面前，为油站带来增量。此外，团油还为油站提供包括加油枪、液位仪等硬件，以及客户管理、营销工具、数据管理等软件系统在内的全套数字化零管系统，帮助油站提高经营效率，实现降本增效。

（2）快电：全球领先的第三方充电网络

中国是全球最大的新能源汽车市场，截至2021年3月，新能源汽车保有量达到551万辆，其中纯电动汽车保有量449万辆，占新能源汽车总量的81.53%。截至2021年4月，全球有100多万根公共充电桩，86万根在中国市场。

基于新能源汽车的发展红利，快电与特来电、星星充电、普天、国家电网等国内主流充电运营商合作，通过构建互联互通的数字化充电网络，至今已连接充电桩 70 万根，覆盖全国 90% 的公共充电桩。对于充电车主来说，快电创造了"一个快电就够了"的充电体验。面对品牌繁杂的充电桩运营商，车主只需要下载一个快电 App，就能使用绝大多数运营商的充电桩，保证车主在快电 App 上可顺利找到优质充电站和充电设备，让新能源汽车车主可以出行无忧。

2021 年 4 月，能链集团联合中国人寿推出针对充电市场的定制责任险——充电"公众责任险"。该保险主要针对充电场站运营商及消费者，如充电桩发生故障导致突发意外事故，经认定责任后，运营商或个人单次可获得最高 100 万元的赔付。充电"公众责任险"填补了市场空白，为充电场站和消费者提供有效的保障方案，也为充电桩这一新基建更好更快的发展保驾护航。

（3）能链直供：能源直采供应商

在国内只有中国石油、中国石化、中化有供应链可视化系统，能链直供是第四家，也是成品油行业唯一一家开放平台。能链直供定位为能源直采供应商，直采炼厂低价好油，直供给油库、油站、车队、物流公司、物流园区等，并为行业提供能源产品系统应用、可视化物流和金融服务，缩短供应链长度，降低采购成本，推动能源行业变革。

能链直供打通了上游生产和下游渠道的全产业链，使原本各自分散的生产、流通、消费等供应链环节一体化，做到生产源头数据化、运输监管可视化、终端渠道溯源化。能链直供下设新供应链、集智橇装、车队供油、能链企服、能链物流、直供科技六大业务板块，覆盖从上游炼厂，加油站服务，到下游企业、车队用油等全产业链服务。

（4）能链云：为能源零售终端提供全面数字化管理解决方案

能链云为能源零售终端提供全面数字化管理解决方案，基于团油、快电的十亿级流量，引入 SaaS、AI 和 EIoT 等技术，构建大数据云系统，帮助加油站、充电场站等实现品牌立体升级，提供集支付营销、零售管理、财务管理于一体的产业云解决方案，同时在油品质量和供应链管理方面提供支持，致力于通过云服务为加油站和充电场站实现数字化转型升级。

（5）综合能源港：能源新地标

综合能源港是集加油、供电、加氢、零售等业态于一体的复合型能源服务港。利用在加油、充电、加气、加氢业务上的技术资源全覆盖，能链集团帮助国内油企实现多类型能源供给互联互通，构建可持续发展的健康生态，为传统加油站的新能源转型提供一站式解决方案。合作过程中，能链集团将通过品牌赋能、保险业务、数字化解决方案、供应链支持、流量倾斜等手段，帮助国内油企进行转型升级，增强面向未来的核心竞争力。

综合能源港联合中检集团推出基于油站品牌、质量、服务、管理等多方面评级的星级油站——"放心站"，建立加油站行业品质标准，提高车主的消费体验，促进油站销量提升。针对民营加油站油品质量受到质疑的现状，综合能源港联合中国人保、中检集团等共同建立油站质量联盟，为民营加油站做质量赋能，实现品牌平权，并推出"百亿保"，推出加油站定制产品责任险，提供专属保障。

（6）能链智电：能源新基建服务商

能链智电是集城市新基建规划、城市新基建管理平台、充电设施代运营、代运维一体化的科技服务平台。目前，能链智电已与厦门、成都、淄博等地达成了合作。

3. 改善物流业民生问题，助力碳达峰碳中和

能源行业关系国计民生。中国有 8000 万商用车司机，其 30% 到 40% 的收入是用来加油的。《中国卡车司机调查报告 NO.1》显示，卡车司机每年平均要交过路费 5.36 万元，加油 11.99 万元，可见油费是卡车司机的一笔巨大支出。能链集团通过商户分级、用户分级，帮助商用车司机逐步节省能源成本，持续提高生活质量，为 8000 万商用车司机创造美好生活。

双轮驱动方案，助力碳达峰碳中和。交通领域的碳减排对实现碳达峰碳中和的目标至关重要，世界资源研究所的报告显示，交通运输产生的碳排放占全中国的 7.5%，而交通用能产生的碳排放占全球的 16.2%。能链集团始终以"零碳"为长期愿景，并在实践过程中提出了"一减一替"双轮驱动方案，即存量石化能源减排、增量新能源替换。在存量石化能源减排方面，能链集团将通过降低单车油耗，通过路线规划降低空驶率等举措来实现。增量新能源替换，指的是用新能源来替代传统石化能源，从而降低碳排放。目前，我国公共充电桩

设施长期处于优质供给不足、总体供应过剩的状态，能链集团旗下快电通过算法和集中供给的方式，借助科学合理的规划，不断提升能源补给效率和充电桩运营效率。与此同时，能链集团还成立了能源数字化领域首家碳中和联合实验室——能链碳中和研究中心。该研究中心专注高品质燃油添加剂的研发，以技术创新推动燃油品质升级，提高燃油经济性、动力性、排放性指标，助力交通出行领域碳减排。除了自研高品质添加剂，能链碳中和研究中心还将向燃油添加剂的生产者和消费者提供第三方检测服务。此外，还计划面向行业组织、成品油零售商、汽车后市场等各类企业提供技术咨询、分析检验和课题联合研究等服务，共同推动行业碳排放降低。

（八）水滴联创：全网融合、产业创新助力乡村振兴

水滴联创科技集团有限公司（以下简称水滴联创）成立于2019年，源于海尔的海创汇及工业互联业态，汇集来自产业生态规划、工业互联网、大数据、云计算、产城融合、品牌农业、品牌餐创、健康管理等领域的顶尖人才，以"全网融合，产业创新"为共同使命。水滴联创致力于成为世界领先的特色生态农业产业链升级平台，资源整合、聚变、分享平台和产融生态圈的驱动内核。水滴联创的核心业务为特色生态农业产业链创新升级、生态食材产业链标准化供应链构建、餐饮连锁品牌孵化、电商模式创新与运营、O2O生态圈打造。

水滴联创聚焦用户需求和行业痛点，旨在向内外部合作伙伴输出源头可控的产品方案，向用户输出满足个性化需求的全场景饮食解决方案和最佳体验，已构建完成"微山湖生态水产产业集群""黄河生态水产产业集群"，并以此为样板复制、裂变、迭代，为用户提供源头直控的高品质特色生态食材，为"食安中国""健康中国"建设以及"乡村振兴"战略赋能加速。

1. 实施"百城千品，千城万店"的运营体系

水滴联创基于物联网和大数据，以集团平台为战略驱动，产业集群为战略根基，品牌文化和金融数据为赋能，实施"百城千品"食材源头优选，打造空天一体的互联网化中控，为用户提供高品质的健康食材和全场景饮食解决方案。

（1）构建产业前端，向用户提供源头优选的安全、健康、高品质特色食材

水滴联创通过自有产业集群与共创产业集群的构建，将实现食材的源头控

制、品质保证、食品安全，并通过产业升级提升农民收入。2020 年，已构建完成"辣否鱼台生态龙虾产业集群"和"水滴联创范县黄河生态龙虾产业集群"。2021 年，将通过产业升级（增产技术、农户聚集、源头控制、质量保障、成本控制、产业金融），产品导入（鱼、虾、河蟹、麻鸭、莲藕等特色水产品）和产能整合（导入、参与、控制产业龙头资源），将"鱼台生态小龙虾产业集群"拓展为"微山湖生态水产集群"。

与此同时，水滴联创正在打造"青岛本港外埠深海鲜产业集群"（本港小海鲜、海参、鲍鱼、深海鱼、进口蟹等），"沂蒙生态肉食产业集群"（沂蒙老区牛、羊、猪、鸡等跑山禽畜产品）以及"品质蔬菜果饮产业集群"（辣椒、萝卜、水蜜桃、苹果等）三大自有产业集群。水滴联创还以共创共享共赢为原则，与众多战略合作伙伴共创产业集群，包括以"产业带 + 数字一体化，加速产业供应链升级"为主旨的"水滴—京东特农产业带"，以"饮食口感口味极致解决方案交互"为主旨的"水滴聚慧联合实验室"，以"品质服务赋能升级"为主旨的"水滴—海底捞品质服务实验室"。

（2）以源头优选和优先供应链战略为基础，构建互联网化中控

DTC 空天一体的互联网化中控，是链接产业前端和消费前沿网络的基石。为此，水滴联创构建了专业 IT 团队，根据消费前沿需求，搭建起 App、小程序、O2O 智控、供应链 ERP、财务 ERP 等数据获取与分析平台，实现线上、线下的用户交互、沉淀和裂变。

首先，DTC 空天一体的互联网化中控是特色农产品上行和用户需求下行的高效通道。水滴工坊"食联产融圈"实现用户需求的交互和精准分析，品质食材源头优选；通过供应链 ERP 系统，实现需求精准匹配和智慧物流。

其次，DTC 空天一体的互联网化中控是消费前沿用户触点的网络中枢。集团用户交互体验平台——线下餐饮场景店、社区团购、并联电商、O2O 家庭端在 App、小程序、O2O 智控等平台可实现用户需求大数据分析、画像与标签化、精准匹配、物流配送，以及用户信息沉淀和用户裂变。

最后，DTC 空天一体的互联网化中控通过用户数据分析和运营，激发用户的分享动能，让用户从"消费者"成为"消费商"，也为大学生、外卖骑手、社

区团购"团长"等群体打造创业加速平台。

（3）打造多品牌营销体系，构建餐饮、电商、O2O用户消费前沿网络

水滴联创以水滴工坊、水滴智餐、水滴云链为承接方，为用户构建"主品牌引领、多品牌联动、全场景覆盖"的品质饮食前沿网络和解决方案。

在团餐、外卖、社区团购和O2O家庭健康饮食管理场景下，水滴联创将以"么小鲜"为引领品牌，以源头优选食材为核心，以工厂标准化生产为基础，通过城市中心仓、网格仓、门店前置仓三级仓配，为用户提供品质、健康、快捷的外卖与团餐解决方案；在高端商务宴会场景下，将以"嗨否"为引领品牌，以源头优选食材和大师菜为核心，提供高端商务宴解决方案。以此为入口，切入高端家庭饮食和居家宴请场景，并成为O2O健康管理平台的导流端口。在朋友小聚、休闲零食、日常工作餐的场景下，水滴联创也分别通过辣否、掉渣爪爪、石焖先生等品牌实现用户交互，打造细分场景下的餐饮领导品牌。在线上消费前沿，水滴联创以传统电商和直播电商运营为基础，通过大数据和供应链的双擎引领，构建起电商3.0平台，精准匹配用户需求，品质食材源头优选解决用户痛点。

2. 全力实现区域农业品牌及安全健康食品的产业升级

政策导向和市场机会双擎引领，中国诞生了4000多家食品供应链企业。然而，供应链企业只是把上游食材生产和下游用户消费连接起来，没有统一的管理和服务，未能实现产业链的升级；即使存在统一管理和服务，各环节也没有融合，并未给用户交付安全、健康、高品质、全场景的饮食解决方案。

（1）品牌文化和金融数据赋能，构造产业升级的加速引擎

水滴联创正在构建集产品集散、现货交易、信息收集发布、仓储物流、检测检验、品牌认证等多种功能于一体的集散交易服务系统。通过信息收集与整合，创建大宗供求信息收集、发布平台；分析价格走向趋势，建立交易价格指数制作与发布平台；辐射周边地区，实现产品集散，快速检验认证。

在我国大力推动农业供给侧改革，实施乡村振兴战略，加快品牌农业、智慧农业和农产品质量体系建设的国家战略背景下，通过品牌文化赋能和金融数据加持，才能让每一块土地上生长出来最具特色的好产品。通过品牌化、智慧

化、产业化提升附加价值，才能让用户买到正宗的好产品，品味每一块土地的赠予；才能让生产者获得合理利润，保障品质的始终如一；才能让特色产业获得金融、保险等资源要素的加持，确保长期稳定发展，实现产业升级和加速。

（2）构建食联产融圈，实现"三提升"，根本解决饮食健康品质问题

水滴联创以物联网、大数据、用户交互机制和平台为技术支撑，以特色产业集群运营为产业支柱，构建"食联产融圈"，提升对产业前端的把控能力；通过DTC空天一体的互联网化中控，提升和用户的深度融合、多场景交互能力；通过全场景饮食解决方案的打造，提升全场景饮食解决方案交付能力。以此为基础构建起用户精准洞察、用户需求精准匹配、优质农产品高效上行的强链接、强交互，根本解决饮食健康品质问题。

（3）从源头激发需求，提升全场景饮食解决方案交付能力

随着消费升级和分层，用户需求呈现出多场景、个性化的特征。不同场景下的用户饮食需求，既具有鲜明的差异性，也具有一定的关联性。为此，通过DTC空天一体的互联网化中控和人工智能技术，基于消费大数据，进行精准用户画像和标签化存储，精准分析匹配用户需求；构建基于产业集群的特色农产品源头优选平台，以及包括电商3.0在内的全场景用户交互前沿；为用户提供全场景的安全、健康、高品质、特色饮食解决方案，是食品行业和餐饮产业未来的发展方向。

（4）打造O2O家庭健康管理智能终端系统，从"食安中国"走向"健康中国"

水滴联创正在与海尔集团、京东方、阿里云、北京中医药大学等企业或机构达成深度战略合作，通过智能冰箱硬件载体，获取用户饮食习惯、身体健康数据，并联供应链服务、电商3.0平台和农业产业集群，打造O2O健康管理生态圈。水滴联创O2O健康管理生态圈，将为高端家庭解决健康指标监测、健康饮食、精准养生、营养指导等问题，从而降低家庭和社会医疗支出。

3. 数字化构建智慧农业，全力推动"乡村振兴"国家战略

自成立以来，水滴联创以持续的科研投入为基础，以信息化体系建设为驱动，在智慧农业、科技农业、品牌农业、地标农业等领域，引入资源，强强联

合，践行着"全网融合、产业升级"的企业使命。以建设"工厂化标准生产＋智慧餐饮"为核心，围绕人们从出生到养老全阶段，"社会化餐饮、团餐、家庭"三大饮食场景，打造从田园到舌尖全程可追溯的供应链平台。

持续加强数字化及科技化投入，保障可持续发展。水滴联创将持续加大在科技化及数字化能力建设方面的投入，加速5G、云计算、物联网等技术融合应用于产业集群升级领域、食联产融圈构建领域以及全场景用户交互领域。

打造农业物联网，提升农业数字化服务。水滴联创将围绕农业产业园区规划、农业物联网、农业大数据、卫星遥感数据分析、农产品溯源体系建设、农产品品牌及运营推广等展开体系化建设和服务。将在智慧农业、水肥一体化、数字农业方面，与中国移动、中国航天等物联网及设备厂商建立紧密合作关系，建设山东省农产品物联网公共服务平台。

创新型三级仓配模式，构建用户精准覆盖的服务网络。水滴联创将通过引入共创共享机制，创新城市中心仓、网格仓、门店前置仓三级仓配模式，把重资产投入项目转化为合伙人事业平台和品牌裂变平台。计划2021年底实现对长江流域主要一二线城市以及深圳、青岛等城市用户人群的精准、深度覆盖。

搭建共创共享的"食联产融圈"生态平台，实现各方的合作共赢。水滴联创将以"全场景饮食解决方案交付能力建设"为引领，广泛调动产业前端、产业中控、消费前沿等各环节参与主体，通过共创共享机制，让"食联产融圈"成为大众创业万众创新的生态，让DTC空天一体的互联网化中控成为需求满足、价值实现、财富裂变的平台。

在全场景健康食材供应链体系中，上游打造生态农业，带动特色农业产业化，助力农民增收致富；中游建设智慧物流、智能中央厨房和共享工厂，促进城市食品流通安全；下游打造智慧餐饮、智慧园区、智慧城市，为民众提供健康饮食管理方案。在该生态体系中，通过下游智慧终端采集的数据，倒推中游食品工厂实现菜品标准化，倒推上游农业实现标准化、定制化，保障食品绿色、安全、营养，进而实现整个食品行业的产业链、供应链、价值链重构，实现一二三产业融合发展。

第八章

结 语

历时半年的立项、论证、调研、信息汇总、编写和数轮修改，最终形成了本《研究报告》。在实地调研和报告编写过程中，笔者为青岛在区域经济和品牌建设工作中取得的成就感到欣喜，并深感上述成就取得不易。通过本报告的编写，研究团队对于青岛未来的区域品牌经济发展以及我国的区域经济、品牌战略和高质量发展的方向也产生了新的感受和共鸣。本章包括两个部分：一是结论，简要回顾青岛区域品牌经济建设的成就以及这些成就取得的原因；同时，对于青岛在区域品牌经济发展中存在的改进空间进行总结。二是未来工作方向，对于青岛未来如何更好地开展区域品牌经济建设工作以及人民日报中国品牌发展研究院如何更好地服务于我国的区域品牌经济建设工作进行展望。

一、报告主要结论

青岛的区域品牌经济建设工作取得了可喜的成果，这一系列成果是青岛市各界在结合外部战略机遇和自身优势的基础上，群策群力、勇于探索、积极创新取得的。当然，由于内外部环境的制约和传统发展模式的影响，青岛市的区域品牌经济建设工作依然存在进一步优化的空间，未来如果能够围绕解决制约区域品牌经济发展的瓶颈因素展开行动，发扬青岛善于发起"攻势作战""打硬仗"的传统，必将把青岛的区域品牌经济建设推向新的高度。本节随后将分别对青岛区域品牌经济建设中的经验和不足之处进行阐述。

（一）内外部共同发力，青岛区域品牌经济建设成效显著

"十三五"期间，青岛市坚持以习近平新时代中国特色社会主义思想为指导，坚决执行党中央对青岛"办好一次会，搞活一座城"、建设现代化国际大都市、打造"一带一路"国际合作新平台、提升核心城市竞争力、发挥港口门户城市优势等重要指示要求，在区域品牌经济建设中取得了一系列值得肯定的成就。

全市综合实力持续增强。2020 年全市生产总值达 1.24 万亿元，人均生产总值接近 1.9 万美元，一般公共预算收入达到 1254 亿元。

新旧动能转换初见成效。到 2020 年，青岛市"四新"经济增加值占生产总值比重 32% 左右，战略性新兴产业增加值年均增长 8% 左右，海洋经济增加值占生产总值比重达到 30% 左右。获批国家自主创新示范区、国家首批知识产权示范城市、人工智能创新应用先导区和国家"双创"示范基地。省级以上创新平台新增 246 个，国家高新技术企业突破 4300 家，创投风投资本规模突破千亿元，人才总量达到 230 万人。一汽大众华东生产基地、北汽新能源汽车、空客直升机等一批重大引领性项目落地，卡奥斯入围全国十大工业互联网"双跨"平台，轨道交通装备、节能环保产业入选国家战略性新兴产业集群。

三大攻坚战成效显著。精准脱贫任务如期高质量完成，200 个省定贫困村、310 个市定经济薄弱村、10 个市定经济薄弱镇全部摘帽，3 万市定标准贫困人口全面脱贫。污染防治攻坚战实现阶段性目标，市区空气质量优良天数比率达到 86.3%，PM2.5 年均浓度累计下降 38%，近岸海域水质优良面积比例达到 98.8%。防范化解重大风险取得积极成效，银行业不良贷款率降至 1.14%。

区域发展更趋协调。胶州湾东岸、西岸、北岸城区协调发展，青岛西海岸新区、青岛高新区、青岛蓝谷加快建设，即墨撤市设区，平度、莱西加快崛起，乡村振兴战略和新型城镇化战略协同推进，胶东经济圈一体化发展全面起势，国家沿海重要的中心城市功能明显提升。

开放合作纵深拓展。成功举办上海合作组织青岛峰会、中国人民海军成立70 周年多国海军活动、跨国公司领导人青岛峰会、博鳌亚洲论坛全球健康论坛大会等重大活动，国际友好城市和友好合作关系城市达到 80 个，入驻世界 500

强企业达到 164 家，搭建了对日本、韩国、德国、以色列、上合组织国家等"国际客厅"，发起"2020·青岛·东西互济陆海联动合作倡议"。

深化改革取得突破。纵深推进 15 个攻势和九大改革攻坚，营商环境排名持续提升，国家级新区、自主创新示范区等改革先行先试，国资国企改革成效显著，民营经济日益壮大，商协会蓬勃发展，要素市场化配置、信用体系建设、社会治理等领域改革迈出积极步伐。

城市品质明显提升。生态、生产、生活空间布局全面优化，重要生态功能区保护进一步加强，入选中国最具生态竞争力城市，国家历史文化名城魅力更加彰显，蝉联"全国文明城市"称号。

社会民生不断改善。民生支出占公共财政支出比重保持在 70% 以上，登记失业率控制在 4% 以内，教育现代化稳步推进，新冠肺炎疫情防控取得重大战略成果，人民健康和医疗卫生水平显著提升，城乡低保标准持续提高，租购并举的保障性住房供应体系基本建成。跻身全国十大美好生活城市和 2020 中国最具幸福感城市。

青岛形象深入人心。传统的"五朵金花"焕发新的活力，海尔的卡奥斯、海创汇引领工业互联网和创新创业潮流，新企业、新品牌不断涌现，马德里国际注册商标达 4705 件，区域品牌影响力仅次于深圳，位居全国计划单列市第二位。

上述成绩的取得是内外多种主观、客观因素共同作用的结果，基于"机会—优势—行为"的战略分析框架，笔者认为以下三个方面的因素至关重要。

1. 国家的支持政策为青岛区域品牌经济发展提供了重要的战略机遇

党中央十分重视和关心青岛发展，赋予青岛"办好一次会，搞活一座城"、建设现代化国际大都市、打造"一带一路"国际合作新平台，在黄河流域生态保护和高质量发展中提升核心城市竞争力、发挥港口门户城市优势等重任，为青岛率先基本实现现代化指明了前进方向。

山东半岛国家自主创新示范区、山东新旧动能转换综合试验区、上合示范区、中国（山东）自由贸易试验区、西海岸新区、区域国资国企改革综合试验区等一系列国家级新区先后获批，山东的区域经济发展面临千载难逢的机会。

在这一系列政策的支持下，"投资青岛就是投资国家战略"成为普遍的共识，为青岛的发展扫清了障碍，也助力青岛在新旧动能转换、自主创新、国际交流、国企改革等方面的工作得以跨越式前进。

21世纪以来，党和国家对品牌在我国经济发展中的重要性越发重视，品牌建设已经成为国家战略。"推动中国制造向中国创造转变、中国速度向中国质量转变、中国产品向中国品牌转变"，设立"中国品牌日"等一系列举措对于全社会牢固树立品牌意识，对于企业形成以品牌促发展的战略思维起到了极大的促进作用。青岛拥有品牌建设的悠久历史和丰富经验，在这一大背景下，青岛的区域品牌建设乘势而起，取得了突破性的进展。

2. 良好的区位环境与历史积淀是青岛区域品牌发展的内部优势

在区域品牌发展上，一方面青岛是我国最早起步工业化的城市，拥有深刻的品牌文化基因。青岛拥有一大批实力雄厚、品牌知名度高的企业，其中以海尔、海信、青啤、双星、澳柯玛为代表的"五朵金花"为青岛赢得了"品牌之都"的称号。另一方面，青岛是国家历史文化名城、重点历史风貌保护城市和中国道教的发祥地，辖区内拥有国家重点文物保护单位34处，优秀历史建筑131处，重点名人故居85处，人文底蕴深厚，为青岛的区域品牌形象提供了丰富的文化内涵。

在区域经济发展上，从经济水平来看，青岛经济基础雄厚，自2017年起，青岛市年GDP就突破了万亿大关，为青岛区域经济的发展奠定了良好的基础。从产业条件来看，青岛市在长期的经济建设过程中形成了完备的产业基础，第一、第二和第三产业均有长足的发展。近年来，青岛围绕传统优势产业，以延链、补链、强链为抓手，打造全产业链的综合竞争优势，形成了包括新一代信息技术、新能源新材料、医养健康、现代金融、现代物流、商贸、商务服务、现代海洋、高端化工、文化创意、精品旅游、现代高效农业、高端装备在内的13条主导产业链。从商业环境来看，青岛市营商环境持续优化，服务型政府建设卓有成效，亲清新型政商关系日益明晰。从发展前景来看，青岛市位于山东半岛，背靠我国广大的内陆市场且毗邻日韩，这一独特的地理位置为青岛开展内外贸易提供了极大的便利，发展潜力巨大。

3. 青岛发展区域品牌经济的创新性举措

结合外部战略机遇和内部自身优势，青岛市委、市政府和全市各界通力合作，在区域经济建设和品牌建设的实践中，抓重点、克难点、治痛点、疏堵点，实施了一系列创新性的举措，为青岛区域品牌经济的发展提供了良好的运行环境。其创造性举措可以从以下几个角度说明。

建立"顶格倾听、顶格协调、顶格推进"的政府工作机制。区域品牌经济的发展需要政府、行业协会、企业和公众的共同努力。企业是区域品牌经济发展的基本单位，是最重要的市场主体；政府的总体规划、支持政策和工作方式直接决定了区域和营商环境和产业的整体布局、资源配置、发展步调、转型升级方向，是区域品牌经济建设的指挥棒、导航仪和定盘星。政府能否根据市场需求和企业实际需要，制定科学合理的地方政策并高效执行这些政策，对区域品牌经济的发展水平有至关重要的作用。为了更好地服务于企业的实际需要，增强青岛的产业吸引力，青岛市提出了"顶格倾听、顶格协调、顶格推进"的政府工作机制。其中，顶格倾听是一种态度，一种氛围，一种和企业家做朋友的平等交流机制。对于区域内的重要产业政策、重大招商引资项目和重点企业，由以市委书记、市长为代表的青岛各级党政主要领导亲自出面，直接对接企业家的需求。对于确有需要的项目，政府职能部门可以直接给市委书记、市长"布置任务"。顶格协调是政府工作的流程再造和机制创新。顶格协调就是对政务服务流程实施并联式、扁平化改造。对需要协调推进的工作，不再层层报批，而是直接报给负责人，再由该负责人直接布置给相关部门，并在规定时限内反馈办理情况，以提高项目建设和服务企业的效率。顶格推进就是狠抓落实。随着社会分工的日益精细化，很多工作往往不是一个部门能解决的，推进过程中难免就会出现推诿扯皮。顶格推进就是要构建统一指挥、分工协作、权责对等、协同高效的落实机制，打破画地为牢、条块分割，打通产业、行业、区市、部门、攻势之间的分隔，增强工作推进的系统性、整体性、协同性。

围绕制约发展的重点、难点、痛点、堵点，发起专项"攻势作战"。区域品牌经济发展是一个全方位、立体化的系统工程，面临诸多的困难和挑战，需要跨部门、跨行业、跨领域地统筹协调，有步骤、有重点地优先解决关键问题。

然而在传统的工作模式下，一方面，政府职能部门高度分工，各有其主要任务和主管工作，跨部门协同难度大；另一方面，区域资金、技术、人才实力有限，不分重点的"洒水式"分配降低了资源配置效率，制约发展的关键问题长期得不到解决。针对上述问题，青岛市经过科学论证、系统规划，找出了制约青岛高质量发展的重点、难点、痛点、堵点问题，自 2019 年起，连续发起包括经略海洋、"双招双引"、交通基础设施建设、乡村振兴、突破平度莱西、国际航运贸易金融创新中心建设、"高端制造业＋人工智能"、推进国有企业改革、壮大民营经济、科技引领城建设、城市品质改善提升、国际时尚城建设、高效青岛建设、"平安青岛"建设在内的十余个专项攻势。全市范围内在思想认识上形成高度共识，政府各牵头部门制订攻势作战方案、细分年度目标任务，市人大、市政协组成 145 个小分队，深入到攻势一线跟踪调研督促，形成了发展的合作。

聚焦产业链发展，打造优势产业集群，提升区域经济影响力和竞争力。区域品牌经济发展不仅仅是区域整体经济水平的发展和单个企业品牌的建设，还与区域的整体形象和竞争力有直接的关系。我国区域经济建设的长期实践表明，产业集群优势和产业链协同发展对于提升区域经济实力，打造区域品牌形象至关重要。区域经济建设发展到现在，城市竞争，关键在于城市内的优势产业；产业竞争，核心是能否形成高度协同的完整产业链。为了提升青岛市的优势产业集群，提升区域经济影响力和产业竞争力，青岛市牢牢把握新一轮科技革命和产业变革进入加速突破期这一时间窗口，用优势产业链重塑城市产业格局，结合宏观经济形势和自身区位优势，集中打造包括新一代信息技术、新能源新材料、医养健康、现代金融、现代物流、商贸、商务服务、现代海洋、高端化工、文化创意、精品旅游、现代高效农业、高端装备在内的十三条主导产业链。为了产业链建设工作的高效推进，青岛创造性地建立了"五个一"工作协调机制——每条产业链由 1 名市级领导牵头，1 个专班推进，1 个智库支持，1 个协会搭台，1 组银行助力，为区域经济的快速崛起搭建起良好的生态。在各产业链建设过程中，青岛市坚持加强重点项目储备、重点发力项目招引、加快项目落地开工、强化全程督导落实的原则，并利用"工业互联网之都"的独特优势和现有的海尔"卡奥斯"工业互联网平台，打造一批具有行业竞争力的细分领域产业互联网平台，快速形成规模并占领市场。

政府主导、平台牵头，共同推进国资国企改革。作为公有制经济的主体，我国的国资国企改革工作伴随着社会经济的发展和改革开放的深化而不断深入。《关于推进国有资本投资、运营公司改革试点的实施意见》明确了国有资本投资、运营公司的功能定位、组建方式、授权机制、治理结构、运行模式以及监督与约束机制等，《改革国有资本授权经营体制方案》进一步强调了"两类公司"的功能和定位，并对通过"两类公司"开展授权放权等方面提出了新要求。2020 年 12 月，青岛被列为第二批区域性国资国企综合改革试验区，将以市为单位组织开展综改试验，探索"坚持政治标准、依法规范治理、培育企业家精神、落实物质利益原则、完善体制机制保障"的"五位一体"建设模式。围绕着国资国企综合改革的目标，青岛率先启动包括青岛城投、青岛海发、青岛华通、青岛国投在内的四家国有资本投资运营公司改革试点，将"两类公司"的地位提升到城市运营商的高度，围绕青岛市总体发展目标和发展规划，结合城市发展需求，通过发挥企业产业优势和资源优势，以市场化运作方式为主来参与城市发展建设。政府在宏观层面上对平台公司授权放权，为平台公司提供更多的经营自主权，4 家平台公司微观层面上持续完善企业法人治理结构，推进经营机制市场化改革和创新。政府和平台的科学分工和紧密配合取得了良好的成果，截至目前，已经完成了包括双星集团有限责任公司混合所有制改革、青岛碱业与出版集团股权划转、澳柯玛控股集团股权划转、海信集团有限公司股权划转、青岛国信混合所有制改革等国资国企改革的重点难点项目和历史遗留项目，国有企业产业布局进一步优化，国有资本保值增值能力进一步提升。

建立民营经济创意会制度，激发民营企业活力。民营经济是中国特色社会主义市场经济的重要组成部分，在促进经济增长，吸纳新增就业，维护社会稳定和持续创新创业等方面发挥着重要的作用。然而由于传统发展思维的局限，民营经济和民营企业的需求长期得不到重视，在政策支持、信贷配给、人才培养方面存在诸多困境，发展过程中面临种种痛点和堵点。为了进一步解决民营经济发展过程中的困难，激发民营企业的活力，青岛市创造性地建立了民营经济创意会制度。民营经济创意会是一个创意项目展示平台，致力于打造一个"政策配套齐全、金融资本助力、应用场景开放、资源充分对接"的项目落地闭环生态。在这个平台上，民营企业家之间可以充分沟通互动，他们的创意相互交流、相互碰撞，进而迸发出有价值的火花。利用这个平台，民营企业家还可以同政府部门的负责人沟通，并向政府提出有针对性的建议，进而倒逼政府部门为民营企业真服务，为企业提供政策、资金、人才、市场等创新要素资源支持。与会的企业家可针对青岛民营经济的短板畅所欲言，围绕他们提出的困扰和困惑，政府由主要领导领衔，成立项目专班，通过整合全域资源，提供"一站式"服务，用先进地区制度创新、流程再造的思路办法，复制运用或结合实际探索创新，将堵点打通、将难点解围，让青岛民营经济的活力充分迸发。在发展民营经济的工作中，青岛市政府以民营经济创意会为载体，坚持以平台聚资源，聚焦民营经济发展的难点、痛点和堵点，坚持"一项目一策""一企一策"，全力推动民营企业和民营企业家高价值"创意"的实体转化。

（二）历史局限遗留提升空间，未来发展任重道远

在充分肯定青岛市的创造性举措和跨越性发展成果的同时，也必须清醒地意识到，青岛市的区域品牌经济建设在发展过程中依然面临种种约束和限制，存在诸多的难点和痛点，存在有待进一步改善和提升之处。一方面，这些不足之处限制了青岛区域品牌经济发展的速度和质量；另一方面，突破局限、弥补短板将成为未来青岛区域品牌经济发展的新动力。为此，研究团队以挑剔甚至苛刻的眼光对青岛的区域品牌经济建设实践进行了系统审视与深度反思，提出以下短板与不足，供青岛区域品牌经济的建设者们参考。

1. 传统工业化优势明显，但错失互联网发展机遇

长期以来，青岛市乃至山东省的主要优势领域都集中在农业和传统工业。在"高速公路"时代，山东省和青岛市的经济发展水平一直处于全国前列，但进入"高铁时代"和"互联网+"时代后，其发展思路转变的速度略有滞后，与新产业、新模式、新技术的结合程度较低，未能在互联网浪潮中取得与其在传统产业相匹配的应有地位，错失了互联网发展的机遇。

从统计数据来看，在"大众创业、万众创新"的浪潮中，几乎没有一家国

内领先的新经济企业发源于青岛，成为青岛区域品牌经济发展的一个明显短板。事实上除了浪潮集团等少数几家企业，整个山东省企业在互联网产业中长期缺位，严重制约了区域经济的发展速度和区域品牌形象的更新升级。

从区域品牌的角度而言，明星产业和明星企业是一个地区形象非常重要的标识，如阿里之于杭州，京东方之于合肥。前沿产业明星企业的缺失，不仅是区域经济的损失，也会影响公众对于区域形象的认知，没有前沿的产业，很难被认为是一个前沿的城市，这是青岛区域经济发展和区域品牌建设中的一个短板。

2. 高新技术产业发展迅速，但民营科技龙头企业缺失，市场活力受限

依托工业化的历史积淀，青岛市综合利用区位优势、政策吸引、政策扶持等多种手段，在高新技术产业方面取得了长足的进步，新材料、新技术、新制造为青岛区域品牌经济的发展提供了强劲的新动能。美锦氢能科技园、上海电气风电产业园、钢研新材料、集成式智能传感器、惠科半导体等一批重大项目的落地，极大地改写青岛的产业版图。德国大陆集团旗下康迪泰克流体技术（中国）有限公司研发与生产中心、青岛华大基因研究院（国家海洋基因库）、国内首个协同式集成电路制造 CIDM 项目等一大批优质项目在此落地生根，众多智能化生产企业已开始与德国工程院、弗朗霍夫研究院等研发机构展开多方位合作，初步建立起一套从实验室（研究院）研发到产业化的完整的一体化现代工业体系。

在肯定青岛高新技术产业迅速发展的同时，也必须意识到其中存在的不足之处。首先，从发展层级上来看，青岛市的高新技术产业往往是依托区域内优势产业转型升级的结果，和深圳、杭州等城市相比，缺乏突破性、创造性、创新型的产业和企业；其次，从发展方式上来看，大多是政府主导下"双招双引"的成果，区域内本土企业，特别是本土民营企业的进展有限，发展意识不强，发展程度不高。民营经济是中国特色社会主义市场经济的重要组成部分，在持续推进创新创业，激发市场活力中发挥着重要作用。青岛市高新技术产业中本土的民营龙头企业缺失，使得区域的创新动力和产业的市场活力以及发展的持续性等方面存在诸多的限制，需要进一步优化。

3. 新经济突破性发展，但总体规模和行业地位仍需加强

新经济一直是青岛区域经济发展的短板，为了推动新经济的发展，青岛市于 2020 年 8 月出台了《关于推进新经济业态模式发展的意见》，顺应需求、因势利导，加快发展新经济业态模式，培育产业新动能，为把握和应对新冠肺炎疫情后的经济转型创造新的增长点。重点围绕工业互联网、电子商务、线上服务和新金融服务 4 大领域，加快发展智能制造、大规模个性化定制、供应链协同、专业电商、跨境电商、农村电商、新零售、无接触配送、新型餐饮服务、新型住宿服务、在线医疗、线上教育、智慧出行、数字文娱、在线展示展览、创投风投、在线金融服务、供应链金融等 18 类新业态新模式。事实上，在此之前，青岛的新经济已经有了一定的体量，2020 年 1 ~ 7 月，全市"四新"投资增长 41.2%，跨境电商进出口倍增，通过海关跨境电商管理平台进出口 13.5 亿元，增长 3.4 倍，其中，跨境直购出口 6.4 亿元，增长 2.1 倍；网购保税进口 7 亿元，增长 7.5 倍。截至 2020 年 9 月，全市规模以上"四新"经济企业数量达到 4500 家。

青岛市目前新经济的发展水平与青岛的经济总量和城市定位存在明显的不匹配。以直播电商为例，2020 年"双 11"期间，薇娅和李佳琦在 10 月 20 日晚一天的直播总销售额分别达到 32.21 亿元和 33.27 亿元，总额逼近 70 亿元，远超青岛 2020 年 1 ~ 7 月的跨境电商管理平台进出口总销售额。青岛市在新经济发展体量、发展模式和发展方法上依然需要进一步提质提速。

4. 政府工作扎实有效，但与国内先进城市相比仍有进步空间

"十三五"时期，青岛市在转变政府职能、推进简政放权、优化审批流程、构建服务型政府和亲清新型政商关系方面做了大量的努力，提出了一系列创新型的举措，包括：设立全国首个区级主抓品牌工作专业部门，建立顶格倾听、顶格协调、顶格推进的工作机制，打造政府部门负责人深入一线的"一把手工程"，推进激发民营经济活力的"民营经济创意会"制度，按照"一次赋权、分批承接"的简政放权原则，承接上级政府下放的部分行政权力，落实"负面清单制"放权、鼓励先行先试等。

上述政策、制度和工作方法的出台有效地提升了政策的决策效率，优化了

区域营商环境，对区域经济和品牌经济的建设和发展提供了新的动力。但必须看到，与国内先进城市相比，青岛在服务型政府和政商关系建设当中仍有不足之处，与上海、深圳、宁波、杭州等城市相比仍有差距。特别是笔者在进行基于全国 5 个计划单列市和山东三个核心城市的横向对比调研中发现，在与深圳市的对比中，青岛仍然处于全面赶超的阶段，未来"学深圳、超深圳"，提高政务服务效率和水平的压力依然巨大。

5. "双招双引"政策优惠，但对城市吸引力利用不足

客观来讲，青岛市的"双招双引"工作可谓"诚意满满"，在重点发力项目"双招双引"上，青岛市各级"一把手"在项目招商引资一线，参加推介会、策划大项目、开拓项目源，顶格协调解决项目签约、落地、开工、建设中存在的问题。对于在青岛市已完成商务备案（审批）、工商注册和税务登记，符合产业政策导向，具有独立法人资格，依法经营的外商投资企业，按实际到账金额最多可获得 1 亿元的奖励；对于促进内外资项目落地青岛的引荐人，按实际到账资金最多给予 2000 万元的奖励。同时，引进项目还将获得政策、资金、土地、人才、安居、教育等方面的补助和帮助。此外，在"双招双引"的过程中，青岛市还根据山东人重乡土乡情乡亲的人文情怀，开展"以商招商"。摸排一批鲁商行业领军企业，主动对接服务，推动其来青投资；发挥龙头企业的影响力和凝聚力，借助企业信息渠道、商务渠道、人脉资源，在配套企业、上下游产品延伸上搞好对接；扎实做好回乡客商需求双向对接工作，发展"校友经济"。

在高度认可青岛的"双招双引"工作取得的成绩之外，也必须意识到，这种基于诚意、优惠和情义的招商策略是存在一定弊端的。首先，以优惠政策招商往往带来招商项目的短期寻租行为，入驻当地不是为了更好地发展而是享受优惠政策，优惠政策结束之日也是项目在当地终止之时。其次，我国的招商引资经过数十年的发展，已经远远超过了凭借单纯的优惠政策吸引资金的阶段。对于真正想在当地长期发展的拟投资企业而言，除了短期的政策优惠，当地的基础设施条件，上下游产业成熟度，人才、教育、科技等环境因素同样在投资决策中占有很大的比重。对于主导"双招双引"的政府而言，更需要利用城市的综合吸引力开展招商工作。从第四章可以看到，青岛拥有发展区域品牌经济

的独特区位优势，也建成了十三条主导产业链。综合利用这一系列优势因素，打造区域品牌形象和整体吸引力，在"双招双引"的同时，"种下梧桐树，引来金凤凰"，是青岛未来吸引重大项目和龙头产业需要重视的一个方向。

6. "双招双引"成绩喜人，但优惠政策形成了对本地金融资源的占用

在全市各界的共同努力之下，青岛市的"双招双引"工作取得了突破性的成果。在外资引进方面，2020年上半年全市新设立外资企业408家，实际利用外资29.4亿美元，总量位列山东省第一，占山东省46%，占全国4.3%。引进总投资过亿美元大项目33个、过千万美元项目132个，新增世界500强投资项目9个。新增有实绩的贸易主体596家。在国企引进方面，2020年上半年完成混改项目21项，吸引社会资本20.69亿元，市属企业整体混改率已达48%。国资平台签约引进重点项目27个，计划总投资额760亿元。引进过亿元"十强"产业项目15个，世界500强合作项目3个。在民企引进方面，2020年上半年全市新引进民营500强、行业百强、地方百强企业投资签约项目26个，新引进总投资过亿元"十强"产业签约项目78个，新引进独角兽企业投资签约项目3个。

在肯定青岛"双招双引"成绩的同时，必须结合青岛的招商引资策略进行分析。投资是一项系统性工作，从项目落地到最终产出需要一定的时间，这期间需要对项目不断地投入，而青岛市的"双招双引"是在优惠政策加配套扶持的模式下进行的，无论政府资金还是金融资源都需要对引进的项目持续注资。金融产业是青岛区域经济的短板（详细分析见下一部分），有限的金融资源在集中投入到新引进项目的同时，必然带来对当地企业的"抽血"效应，阻碍当地企业的发展，甚至倒逼当地企业参与其他地区的"双招双引"。

7. 财富中心城市建设取得突破性进展，但金融业短板仍存

金融业一直是青岛区域经济发展的短板，青岛市为了突破这一短板，更好地服务于区域经济发展，从未停止尝试。2014年2月，青岛获批为全国首个以财富管理为特色的金融综合改革试验区，拉开了青岛建设国际财富管理中心城市的序幕。"十三五"期间，青岛市抓住这一战略机遇，金融业实现了跨越式发展，截至2020年10月，青岛市金融机构达到275家，较2015年增加54家。

其中，法人金融机构 34 家。

2019 年青岛举办了首届全球（青岛）创投风投大会；2020 年在新冠肺炎疫情背景下，青岛市举办了全球创投风投网络大会。截至 2020 年 8 月，青岛辖区在中基协登记私募基金管理人、备案私募基金数量、管理基金规模分别为 319 家、725 只、971.7 亿元，同比分别增长 26.6%、49.5%、26.0%，各项增幅保持全国前列。境内外上市企业数量由 2015 年底的 32 家增长到 2020 年 9 月底的 58 家。

2019 年 1 月，青岛银行继港股上市后，在深圳证券交易所上市，成为山东省首家主板上市银行、全国第二家"A+H"股上市城商行。2019 年 3 月，青岛农商银行在深圳证券交易所上市。

2019 年 9 月，全国第一家获批开业的股份制银行理财子公司光大理财公司正式迁址至青岛。2020 年 9 月，银保监会青岛监管局批准青岛银行全资子公司青银理财有限责任公司开业。

2019 年 12 月，青岛意才基金销售有限公司获批基金销售牌照，是中国进一步扩大金融业对外开放后第一个获批的外资基金销售牌照，我国第一家获得基金销售牌照的外资银行子公司，也是青岛财富管理金融综合改革试验区获批以来，全国首家外资财富管理机构。

2020 年 9 月，兴华基金管理有限公司正式获得了中国证监会颁发的证券期货业务许可牌照，这是青岛首家，也是山东省第一家公募基金管理公司。

在肯定青岛建设金融综合改革试验区和国际财富管理中心城市成绩的同时，笔者也发现，和深圳相比，青岛市在金融业发展中的短板依然存在，《研究报告》附录三中的图集中反映了这一点：与深圳相比，无论是从银行业、保险业还是证券业，青岛市在金融产业中的落后都是非常明显的。

8. 智慧城市建设卓有成效，产业数字化压力仍存

在智慧城市建设方面，青岛全面对标上海、深圳、杭州等先进城市的做法，按照"1+5+N"攻势打法加快推动新型智慧城市建设，用数字化、网络化、智能化技术全面赋能经济社会高质量发展。截至 2020 年底，青岛完成了 8 个部门、20 余个应用场景接入，同时整合了 50 多个部门、10 个区（市）的 7000

多项服务，实现"一网通办"。在全市范围内打造了28个"智慧社区"试点、11个"智慧街区"试点，并在全市医疗、人社、教育、文体、交通、社会治理等领域实现数据共享和信息互通；打造了"慧优政""慧民生""慧兴业"等智慧城市品牌，在让城市更聪明、服务更智慧、生活更温馨等方面取得了长足的进展。

在肯定青岛智慧城市建设成果的同时，也必须认识到，智慧城市的建设是一个系统化的工程，需要政府、企业和社会的全员参与和高度协同。从青岛的现实情况来看，在智慧城市建设中仍存在以下问题。首先，从发展阶段上，青岛仍处于基础设施建设阶段，主要发力点聚焦在通信基站、App应用和政府工作模式建设上，成熟的智慧城市运作体系依然在探索中；从发展程度上来看，智慧手段依然是传统手段的补充而非高效替代，政策咨询、民生保障和产业转型在分头发展的同时，并未实现有效的整合，存在明显的"数据孤岛"问题；从产业应用上来看，除卡奥斯工业互联网平台、橡链云平台和智慧港口等核心产业主导的先进平台外，大量中小企业，尤其是民营企业的数字化转型动作依然缓慢，从区域整体的角度来看，产业数字化压力仍然存在。

9. 区域品牌工作成果显著，但重建设而轻宣传，尤其是新媒体宣传

在《研究报告》的第四章中提到，青岛具有深刻的文化品牌基因，是我国传统的"品牌之都"，在"五朵金花"持续绽放的同时，新的品牌也在不断地建立，青岛市围绕区域品牌建设做出了大量的努力。

从结果来看，青岛市在区域品牌建设过程中依然存在重建设而轻宣传的特点，对于有效的区域品牌传播手段，特别是借助新媒体的个性化、定制化传播手段不足，是制约未来青岛区域品牌建设成果的一个短板。

首先，从公众对青岛形象的认知来看，研究团队基于面向全国公众进行的一次问卷调查的结果，制作了社会公众对青岛市区域品牌的总体认知的词云图，这张图来自《研究报告》附录三，在正文的第四章也有提及。通过观察该词云图可以发现，社会公众在提到青岛市时，能够联想到的青岛区域品牌往往有很多，包括青岛啤酒、海尔、双星、海信、崂山等很多耳熟能详的品牌，在众多品牌当中，被提及概率最高的4个品牌分别是青岛啤酒、海信、海尔、双

星。这4个品牌是青岛区域品牌形象最典型的代表，但这4家企业是在企业发展过程中以自身企业经营积累和营销活动逐步为公众所知的，而青岛大力推进的新一代"青岛金花"企业，如赛轮集团、汉缆股份、青特集团、海湾化学、明月海藻、国恩科技等，几乎不为公众所知，这显示了青岛在区域品牌宣传上的短板。

其次，从品牌传播渠道来看，青岛在区域品牌传播的过程中，主要依靠报纸、杂志、电视、户外广告等传统的大众传播，而大众传播普遍存在着受众的关注度、信任度不高，传播效率低下等缺点。基于移动互联网和新媒体的传播手段相对较少，传播形式不够丰富，传播的效果也不如人意。

10.服务型政府持续推进，但监管相对弱化，风险积聚不容忽视

青岛市在政府职能转型上做了大量的工作，包括优化行政审批流程、建设服务型政府、构建亲清新型政商关系等。值得肯定的是，这一系列政府职能的转变在倾听民意、了解企业需求、解决发展瓶颈、推进区域经济发展上是一个非常重要的进步。但从政府的职能来看，政策制定、监管和服务同等重要，一味地强调服务职能而淡化甚至弱化监管也有可能带来风险的积聚，给区域经济的持续发展带来不稳定因素。特别是在服务企业上，企业的自发市场行为天然地带有盲目性、冲动性和风险性。经济发展的实践已经证明，单纯依靠市场"看不见的手"而忽视宏观调控"看得见的手"，容易助长市场的无效行为。

最典型的表现有两点：一是过于强调"双招双引"中的服务、扶持和补助功能，可能造成区域金融资源被外来项目过分占用，挤占本地企业的资源配置。这一部分在本节第6点已有详细说明，这里不再赘述。二是在应对新冠肺炎疫情，落实"六稳""六保"工作中，青岛市以政府文件的形式倡导金融机构对小微企业定向扶持，而事实上小微企业本身存在发展上的不稳定，统计数字表明，我国中小企业的平均寿命不超过3年。过分鼓励金融机构对小微企业的定向扶持，而忽略对企业本身经营情况和盈利能力的考核，会给金融机构本身带来潜在风险。

二、未来工作方向

本节主要根据对青岛区域品牌经济优势和短板的分析，结合我国经济结构转型升级的发展方向，分别对青岛未来高质量发展区域品牌经济和人民日报中国品牌发展研究院未来深入服务我国区域品牌经济建设的工作方向进行探讨。

（一）青岛市：发扬优势，补足短板，推动区域品牌经济高质量发展

1. 以工业互联网为契机，利用产业优势实现快速发展。青岛市的区域品牌经济优势来源于工业化时代的积累，而短板是错过了与互联网时代共同成长的阶段。根据这一分析结论，结合青岛"工业互联网之都"的定位，笔者建议青岛利用卡奥斯、橡链云等工业互联网平台，为传统工业插上信息化、智能化的翅膀，以产业互联为抓手，在现有优势的基础上进一步加强工业互联网的建设，尤其是注重不同工业互联网平台之间，工业互联网平台与"智慧青岛"平台之间的互通、互联。引领工业互联网建设的潮流，实现产业信息化、智能化的高质量发展。

2. 将数字化、智能化建设深入推进。通过对"智慧青岛"工作的分析，笔者发现，青岛市的数字化、智能化建设在基础设施上已经做了大量的工作，但在系统应用上，尤其是区域内企业的数字化、智能化建设上存在短板。在此，笔者建议青岛市充分调集技术、管理、经营专家和优质企业资源，进一步挖掘"智慧青岛"系统沉淀的大数据价值，为企业高质量发展提供新的增长点，进而带动企业的数字化、智能化意识和意愿，将这一工作持续推进。"智慧青岛"的建设离不开科技研发的支持，从这个角度而言，青岛市的产业数字化、智能化建设可以对标上海市的张江高科技园区。青岛高新区和张江高新区都是国家级自主创新示范区，张江高新区以张江科学城建设为抓手，打造科技创新策源地，推进高端产业发展和技术创新的实践。对于青岛市以产业数字化、制造业智能化为契机，围绕优势产业集群，升级建立重大科技基础设施集群，提升产业数字化和智能化水平有重要的借鉴意义。

3. 大力培育有潜力的重点民营高新企业。通过对青岛高新技术产业的分析，笔者发现，青岛高新技术产业的发展主要以"双招双引"的形式实现，缺少本土企业，尤其是本土民营企业的引领，市场活力有待增强。基于此，笔者建议青岛市围绕新兴的本土高新企业，如特瑞德、日日顺、达能环保等，科学论证企业的发展潜力，对于确有发展前景的企业给予重点支持，在进一步开放市场准入、维护公平竞争、推动民营企业持续创新、培育民营企业家的家国情怀和企业家精神方面持续发力，培育发源青岛、扎根青岛的高新技术产业龙头企业，进而带动相关产业的持续高质量发展。这方面青岛市可以对标的城市有苏州和杭州。苏州自2017年起就启动首批20家自主品牌大企业和领军企业先进技术研究院，以百度、腾讯、科大讯飞、苹果、微软等为代表的业界巨头带动形成了若干个百亿规划的高新产业集群；杭州以阿里系、海归系、浙大系为核心，形成了"领军企业+骨干企业+独角兽企业+瞪羚企业+创业企业"的产业集群，民营企业在其中发挥了重要的作用。上述两个城市的建设经验对青岛而言有重要的借鉴意义。

4. 做好本地优势企业的宣传推介，吸引外部资本关注青岛企业。在分析青岛市"双招双引"工作的过程中，笔者发现，青岛市主要以政策优势吸引外部龙头企业落户青岛，这在一定程度上削弱了青岛本地金融机构对本地企业的金融支持。因此，笔者建议青岛在将外部企业"引进来"的同时，进一步加强本地优势企业的宣传推介工作，积极推动本地企业在资本层面"走出去"，以青岛国际财富管理中心城市、世界创投风投中心建设为契机，综合采用风险投资、战略投资、企业债券、IPO等多种形式，吸引外部金融机构和资本关注青岛企业，实现区域金融资源的均衡。这方面青岛市可以对标中关村科技园区，中关村科技园区在发展过程中统筹兼顾"引进来"与"走出去"，形成了一区十六园的发展格局，在首都高质量发展和京津冀协同发展中发挥着举足轻重的作用。中关村之于京津冀就如同青岛之于胶东经济圈、黄河流域经济圈和环渤海经济圈。青岛在区域品牌经济发展的过程中首先可以加强与胶东经济圈、黄河流域经济圈、环渤海经济圈的合作，形成政策互通优势互补，推进企业扩大区域投资建设。在此基础上，未来进一步提升服务能力，协助企业在"一带一路"沿线国家和地区投资发展，形成更高层级的区域影响力。

5. 抓住金融开放大势，关注金融业"双招双引"，实现优势金融资源聚集。

针对青岛市"双招双引"工作带来的本土企业获得的金融支持弱化的副作用，笔者的另一个建议是，青岛市在继续推动实体产业项目落地青岛的同时，利用青岛国际财富管理中心城市、世界创投风投中心建设的契机和"投资青岛就是投资国家战略"的共识，加强对金融企业和金融机构的"双招双引"，一方面实现优势金融资源的聚集，加快财富管理中心城市的建设，另一方面通过引入金融机构和金融企业，扩大区域金融供给，为本地企业的发展提供更多的支持。

6. 综合政府的服务和管理职能，在扶持经济发展的同时因地制宜地监管。针对研究中发现的青岛市政策在区域经济发展过程中重服务而轻监管的迹象，建议青岛市未来进一步引入产业专家和金融专业人才，在做好服务型政府的同时，通过科学判断、科学决策，对区域经济发展的机会和风险建议系统地分析框架，做到管服并重，有针对性地扶持市场前景向好的产业和企业，同时对可能出现的风险进行有效防控。

7. 综合运用多种宣传渠道，形成全方位传播矩阵。结合青岛在区域品牌工作中重建设而轻推广，尤其是在新媒体推广上应用不足、效果不好的短板，笔者建议青岛市转变区域品牌经济发展的思路，将建设与宣传并重，特别是对新媒体的宣传推广要给予额外的重视。成立专门的部门或外聘专业的团队，系统研究新媒体时代公众的关注特点和新媒体传播的要点，将传统宣传方式与新媒体宣传有机协调，在统一宣传对象的基础上做好宣传定位、宣传形式、宣传特点的差异化分工，实现传统媒体和新媒体之间的媒介融合，共同促进青岛区域品牌的传播。

8. 进一步打造城市形象，通过多方位的宣传增加城市对产业的吸引力。针对青岛市在"双招双引"工作中表现出的重诚意、优惠和情义，而没有很好利用城市吸引力的特点，笔者建议青岛市一方面继续优化政策体系和产业布局，打造区域的主导产业和龙头企业；另一方面，对青岛的产业资源、发展亮点、区位优势和发展空间进行系统摸排，形成持续更新的产业链条完整、基础设施完备、投资潜力巨大、发展前景广泛的城市形象，并综合利用多种媒体手段对外宣传区域品牌和城市形象，塑造对外部企业的新吸引力，在维持现有"双招双引"成功经验的同时，更高效地推进"双招双引"工作。

9.研究新经济、善用新媒体，打造区域经济新的增长极。针对青岛市新经济发展相对滞后，与区域形象不匹配的短板，笔者建议青岛市针对新经济制订专门的招才引智计划，借助"外脑"的力量，对新经济的发展趋势、发展特点和运营方式进行系统的分析总结，并以此为基础带动新经济产业的发展。在新媒体宣传上，抓住短视频平台带来的新媒介影响力，积极引入今日头条、快手、小红书以及次一级互联网新平台的落实发展，为消费领域企业赋能，为青岛品牌扩大影响力。在具体做法上，可以借鉴"曹县出圈"等新媒体传播的热点事件，深入分析其内在逻辑机理，更新区域品牌形象的传播理念，提升传播效果；还可以借鉴成都高新区以大数据和网络安全、网络视听与数字文创、5G与人工智能业界共治理事会为抓手，进行生态营造的做法，利用青岛的文旅、影视等优势产业基础，推动新消费应用场景建设。

10.勇于担当，在更大的范围内发挥青岛市的核心作用。青岛市是我国北方最重要的沿海城市之一，是山东省"一核引领、多区联动、全省协同"战略布局的重要一环、山东半岛国家自主创新示范区的六个高新区之一和中国（山东）自由贸易试验区三大片区之一，在做好本身区域品牌经济发展工作的同时，也应承担更多的引领、带动作用，在胶东经济圈、山东全省、黄河流域经济带和环渤海经济圈的协同发展中发挥更大的作用。基于此，笔者建议青岛市利用核心城市地位和区域品牌经济发展中的积累，积极向外输出青岛模式、青岛经验和青岛资源，在经济带范围，主导对资源要素空间优化配置，形成区域资源聚合而非内部分散竞争，为国家的区域经济发展贡献青岛力量。

（二）人民日报中国品牌发展研究院：立足青岛，辐射全国，助力我国区域经济发展和品牌强国战略

在归纳、总结、分析青岛市区域品牌经济建设工作的过程中，笔者深感青岛市相关成就取得的不易和我国未来以品牌驱动发展，"推动中国制造向中国创造转变、中国速度向中国质量转变、中国产品向中国品牌转变"面临的困难和挑战。作为党和国家领导下的专业从事中国品牌发展评估、研究、传播的研究机构，研究院深感责任之重大、使命之光荣。未来研究院将从以下几个方面持续努力，为我国的区域品牌经济工作贡献力量。

1.持续服务青岛，保持对青岛实践的长期关注。本报告的完成仅仅是一个阶段工作的节点而不是终结。未来研究院将持续关注青岛的区域品牌经济新举措，持续更新青岛城市的新形象，持续报道青岛区域品牌经济建设的新成就。通过持续的跟踪和服务，一方面为青岛市的区域品牌宣传工作提供助力，另一方面也是形成区域品牌建设动态过程的一个良机。通过持续跟踪青岛，提炼总结发展区域品牌经济的一般规律，将对我国整体的区域品牌经济发展工作提供有意义的参考。

形成和青岛市政府的定期交流机制。青岛市的区域品牌经济发展模式是典型的政府引导下的项目拉动模式[①]，政府对产业集群和区域品牌形象的规划、指导、管理和宣传工作在区域品牌经济的建设过程中至关重要。通过分析发现，青岛市委、市政府在采取一系列创新性举措的同时，也存在一定的短板和不足。为了更好地促进青岛市的区域品牌经济发展，研究院希望能够和青岛市政府，尤其是与区域品牌经济建设密切相关的发改、国资、工信、金融等主要职能部门和专业委、办、局形成定期的交流机制。在定期交流中接收青岛市区域品牌经济发展的新思路、新动向和新形势，同时向青岛市提供研究院关于区域品牌经济研究的新成果、新框架、新理念，共同构建青岛区域品牌经济发展的"内环境"。

深度参与青岛区域品牌经济发展实践。研究院希望能够以观察员、列席、理事单位等形式，深度参与到青岛区域品牌政策制定、重大区域品牌发展规划编写以及重要区域品牌活动的举办过程中，并在其中提供力所能及的智力、资源、媒体支持，提高青岛区域品牌经济发展的"城市智库"功能。

服务青岛区域品牌形象宣传。研究院将结合青岛区域品牌经济建设的不断推进，多层次、多角度、全方位、立体化地向政府部门、行业协会、龙头企业、金融机构等持续宣传推介青岛品牌与青岛形象，为青岛引入优质产业项目，为青岛企业引入优势金融资源。

此外，研究院还希望能够与青岛市紧密配合，推动包括品牌大会、品牌论

---

① 关于这一发展模式的理论描述详见第二章第四节。

坛和产业峰会在内的一系列和区域品牌经济发展直接相关的活动在青岛落地，为青岛的区域品牌经济建设工作提供多方面的支持。

2. 将青岛模式和青岛经验推广到其他城市。未来，研究院将选择更多的城市样本，开展不同城市的区域品牌经济发展研究工作和对城市区域品牌经济的建设服务工作。第一，青岛在区域品牌经济建设工作中采取的做法和取得的成绩对其他城市而言有重要的借鉴价值，面临的困惑也值得其他城市深入思考。将青岛模式和青岛经验在更大的范围内推广，是本次研究成果发挥价值的一个重要方式。第二，将青岛经验和青岛模式与其他城市面临的具体情况相互对照，有助于其他城市在区域品牌经济建设中少走弯路，不走错路，杜绝回头路，能够带动其他城市区域品牌经济工作的有效推进。第三，将其他城市的区域品牌建设实践归纳总结，反馈回青岛，也有助于青岛区域品牌经济建设工作的进一步优化。第四，从全国的角度来看，多城市的系统性研究可以助力不同区域间取长补短，错位竞争，促进城市间的有效协同，避免同质化的低水平内耗，提升资源的配置效率。

3. 将研究的对象上升到经济圈，从更大的空间范围研究区域品牌经济。城市是区域品牌经济建设的基本单位，但并不是唯一组织形式。和单一城市相比，同时包含多个城市的经济圈、经济带产业基础更完备、资源禀赋更充足，区域品牌经济发展的潜力也更大，当然统一协调的难度也会相应增加。以经济圈作为研究对象，从更大的空间范围研究匹配品牌经济的发展规律，得到的结论也将更有价值，对区域品牌经济发展实践的指导意义也将更加凸显。

4. 将研究的重点放到产业链上。一个城市通常包含多个产业链，这些产业链在不同城市中的发展定位、面临的内外部环境各不相同，也给区域品牌经济的研究工作带来了更大的干扰，以城市为主体的研究结论很难适用该城市的所有产业。未来，研究院将聚焦产业链，以专项报告的形式形成对特定城市特定产业提供"量身定做"的分析体系。得到的结论针对性更强，适用性也将更高，能够为特定产业的发展提供"定制化服务"。

5. 将研究重心下沉到企业，为企业的品牌建设工作"伴行托举"。企业是品牌建设的基本主体，但单个企业的资金、技术、人才、实力是有限的，很难实现全方位、立体化的高水平品牌建设。为此，研究院为落实人民日报品牌强国计划，充分发掘在经济转型中涌现的优质企业，拟定了品牌建设计划，依托人民日报社的优势资源，利用中国品牌发展研究院的传播渠道和智库体系，协助企业发挥品牌所带来的价值溢价，推动产品经济向品牌经济转型，将"中国制造"重塑为"国货之光"。计划将聚集政府监管部门、科研院所、金融机构、品牌企业的专家学者，协同专业化服务机构，为处在高速发展中的企业持续赋能政策研判、精益管理、品牌建设等方面的专业化服务，以协助企业实现持续降本增效、提升品牌价值、优化合规管理、增强融资能力等目标。

6.综合运用"品牌强国计划""国货发光"等平台，助力中国企业、中国品牌影响力提升。其中，"品牌强国计划"是人民日报社深入贯彻落实中央关于制造强国的战略部署，积极探索中国品牌传播新模式、助力中国品牌走向全球的一次创新实践。该计划将依托"人民系"媒体旗舰力量，结合品牌个性化需求创新定制品牌服务，构建立体多元、优势互补的品牌建设大格局，培育、支持一批体现中国精神、具有国际核心竞争力的中国品牌。

"国货发光"是人民日报社在国潮、国货概念得到了真正的扩容，成为大势所趋的消费潮流，越来越多国货品牌走上了"国潮"之路的大背景下，与快手合作设立的打造国货品牌，助力我国品牌战略的融媒体平台。2020年的"国货发光"以"致敬责任时代、挺我国货品牌"为主题，设有国味、国风、国潮、国技四大主题，依托更加适合年轻时代、聚焦国潮经典的精彩活动，借助快手短视频平台，持续为"国货发光"助力。

附　录

附录一：青岛区域经济发展的整体分析

当前，我国经济发展的空间结构正在发生深刻变化，中心城市和城市群正在成为承载发展要素的主要空间形式。一个地区的发展离不开"经济引擎"的带动，中心城市带动城市群，城市群进而带动区域经济的发展。作为山东半岛的支点，青岛在山东省、华北地区乃至全国都承担了经济引擎的功能。伴随着胶东半岛经济圈的发展壮大，青岛市也迎来了带动区域发展的新机遇。从区域经济的发展目标来看，青岛围绕其支柱产业，着力打造区域品牌经济，并通过形成了良好的营商环境和产业美誉度，吸引产业资源、金融资源和人才资源，将自身打造成为世界工业互联网之都和胶东半岛经济圈的经济发展驱动力量。

一、经济发展总体状况向好

青岛市作为全国五个计划单列市之一和北方重要的海滨城市，地区经济生产总值逐年攀升，与省会城市济南齐头并进，构成了支撑山东省和区域经济发展的双引擎。统计数据表明，过去一段时期，青岛市经济实现了高速增长，已成为山东省和胶东半岛经济圈的经济重镇，为区域经济发展做出了极大贡献。青岛市的经济总体表现出以下特征。

（一）经济长期稳定增长，多维度指标持续改善

2016～2020年，青岛市的经济稳定增长。2020年青岛市生产总值12400.56亿元，按可比价格计算的增长率为3.7%，经济总量占全国的1.22%。其中，第一产业增加值425.41亿元，增长2.6%；第二产业增加值4361.56亿元，增长3.0%；第三产业增加值7613.59亿元，增长4.1%。人均生产总值也从2016年的101450元上升到2019年的124282元（表附1-1）。

2016～2020年青岛全市生产总值

表附1-1

年份	全市生产总值（亿元）	第一产业（亿元）	第二产业（亿元）	第三产业（亿元）
2016	9283.17	357.40	3592.80	5332.96
2017	10136.96	367.71	3849.18	5920.06
2018	10949.38	386.91	4033.33	6529.14
2019	11741.31	409.98	4182.76	7148.57
2020	12400.56	425.41	4361.56	7613.59

资料来源：《2020青岛统计年鉴》

（二）区域经济均衡发展，产业结构加速演进

为了进一步把握青岛市区域经济发展的情况，笔者选取了2016～2020年各区域GDP总量、各区域GDP占全市GDP百分比、各区域人均GDP及第一二三产业占比等能够反映经济、社会发展的价值指标，对青岛市区域经济发展进行系统分析。

2016～2020年期间，西海岸新区、市南区、城阳区、市北区、崂山区、李沧区GDP每年都呈递增的态势，即墨区、胶州市、平度市、莱西市在2019年GDP出现下降趋势，但2020年都有回升，发展较为稳定（表附1-2）。

2016～2020年各区域GDP总值

表附1-2

区域	2016年GDP（亿元）	2017年GDP（亿元）	2018年GDP（亿元）	2019年GDP（亿元）	2020年GDP（亿元）
西海岸新区	2765.69	3092.11	3517.07	3554.44	3721.68
即墨区	1180.48	1310.61	1413.43	1201.05	1278.36
市南区	1016.41	1095.21	1203.37	1217.47	1272.32
胶州市	1035.90	1137.02	1211.38	1147.59	1225.86
城阳区	933.12	1009.60	1079.02	1121.83	1209.63
市北区	690.50	756.57	832.20	912.75	962.18
崂山区	550.15	623.13	697.00	818.14	886.42
平度市	812.73	875.19	895.85	684.67	715.69
莱西市	560.33	595.72	620.11	526.35	551.87
李沧区	356.03	400.63	453.53	518.03	545.88

资料来源：2016～2020年《青岛市统计年鉴》

观察2018年和2019年各区、市生产总值和第一二三产业占比情况，可以得出各区、市第一二三产业的发展变化。2018～2019年，西海岸新区、城阳区、即墨区、胶州市、平度市、莱西市第一产业占比有所增加，只有崂山区第一产业占比有所下降。市南区、李沧区第二产业占比上升，崂山区、西海岸新区、即墨区、平度市、莱西市第二产业占比下降明显。崂山区、西海岸新区、平度市、莱西市第三产业占比增速明显（表附1-3）。

2018～2019年各区、市生产总值　　　　　　表附1-3

区域	地区生产总值（亿元）		第一产业占比（%）		第二产业占比（%）		第三产业占比（%）	
	2018	2019	2018	2019	2018	2019	2018	2019
市南区	1203.37	1217.47	0	0	9.57	10.77	90.43	89.23
市北区	832.20	912.75	0	0	20.94	18.75	79.06	81.25
李沧区	453.53	518.03	0	0	29.32	29.54	70.68	70.46
崂山区	697.00	818.14	1.19	0.81	45.13	31.27	53.67	67.92
西海岸新区	3387.72	3554.44	2.18	2.21	45.54	38.14	52.29	59.65
城阳区	1079.02	1121.83	0.30	1.54	49.94	49.58	49.76	48.88
即墨区	1413.43	1201.05	5.01	6.21	53.89	48.85	41.10	44.94
胶州市	1211.38	1147.59	4.40	4.92	49.86	46.56	45.75	48.52
平度市	895.85	684.67	11.31	16.00	51.51	35.96	37.17	48.04
莱西市	620.11	526.35	9.98	12.71	48.30	36.67	41.72	50.62

资料来源：《2020青岛统计年鉴》

二、区域发展布局及规划日趋完善

以资源环境承载力为约束，统筹现代化大都市空间、规模、产业三大结构，科学布局生产、生活、生态三大空间，形成多中心、网络化、组团式、开放型城镇空间形态，打造更具竞争力、更具发展活力、更可持续发展的现代化国际湾区。

（一）高新技术发展迅速，青岛领头共同发展

青岛高新区为进一步优化提升产业方向，实施六大产业发展工程，累计引进重点产业项目935个，总投资2176亿元。六大产业包括软件信息产业工程、医疗医药产业工程、智能制造与新材料产业工程、金融业工程、互联网产业工

程、高端服务业发展工程。

2020 年，青岛高新区地区生产总值增长 7.1%，规模以上工业增加值增长 13.5%，固定资产投资增长 17.8%，增速位列全市前列。青岛高新区迅速调整主导产业格局，主攻发展新一代信息技术、医疗医药、人工智能＋高端装备制造和现代服务业等"3+1"主导产业集群，产业集群效应初步彰显。2020 年，青岛高新区二产比例达到 61.2%，规模以上工业企业利润增长 58%、规模以上工业增加值增长 13.5%，工业投资增长 9.9%，成为拉动 GDP 增长的主要动力。

（二）城市内部划分明确，区域布局更加合理

首先，各区（市）统筹规划，城市空间布局划分合理。

青岛市有 7 个区 3 个代管县级市，分别是市南区、市北区、李沧区、崂山区、黄岛区、城阳区、即墨区、胶州市、平度市和莱西市。同时，青岛市规划以湾区为中心划出了 3 个圈层。环湾都市现代化主城区——市南、市北、李沧、崂山和城阳；环湾都市三大主城片区——黄岛、胶州、即墨；环湾都市四大战略节点——蓝谷、董家口、姜山、南村。

其中，环湾都市现代化主城区，统筹市南、市北、李沧、崂山和城阳 5 个区的发展，强化总部商务、金融贸易、创新创意、时尚消费、文化交流等核心功能，提升人口集聚和资源要素配置能力，优化城市中心体系，打造新时代引领青岛高质量发展的现代化主城区。环湾都市三大主城片区主要打造与主城区协调发展的黄岛、即墨、胶州三大主城片区，重点建设蓝谷、董家口、姜山、南村四大功能性战略节点。推动蓝谷科教产融合发展，集聚全球一流海洋科教资源和人才，打造创新文化浓郁、城市功能完备的现代化滨海新城区。

其次，国土空间开发保护格局持续优化。2020 年 6 月 6 日，青岛市人民政府办公厅发布《青岛市国土空间总体规划（2019—2035 年）编制工作方案》。该总体规划范围涵盖青岛市全部的陆域及海域范围（陆域面积 11293 平方公里、海域面积 12440 平方公里）。包括全域和中心城区两个层次，全域侧重底线约束和结构管控，中心城区侧重功能布局、设施配套、风貌塑造等。

以资源环境承载力为依据，青岛市科学划定了"三区三线"和海岸带边界；形成现行空间规划"一致性"处理成果；明确市域国土空间规划基本分区和用途管制规则，确定国土空间开发强度、城乡建设用地规模、生态保护红线控制面积、自然岸线保有率、耕地保有量、永久基本农田保护面积、用水总量、渔业养殖区面积等约束性指标。

三、区域经济发展要素投入持续加大

要素投入是影响经济增长的主要因素，各要素对经济增长的贡献随着经济发展的阶段不同而相应地变化。

（一）固定资产投资增长，区域投资增速明显

首先，规模以上固定资产投资总额不断扩大。2016 ~ 2020 年，规模以上投资总额年年递增，第一二三产业投资总量也稳定增长。从近 5 年的数据来看，第三产业的投资比重从 2016 年的 50.4% 增长到 2020 年的 78.1%。相反的是，第二产业的投资比重却连年下降，近 3 年维持在 21% 左右（图附 1-1）。

■第一产业　■第二产业　■第三产业

单位：%

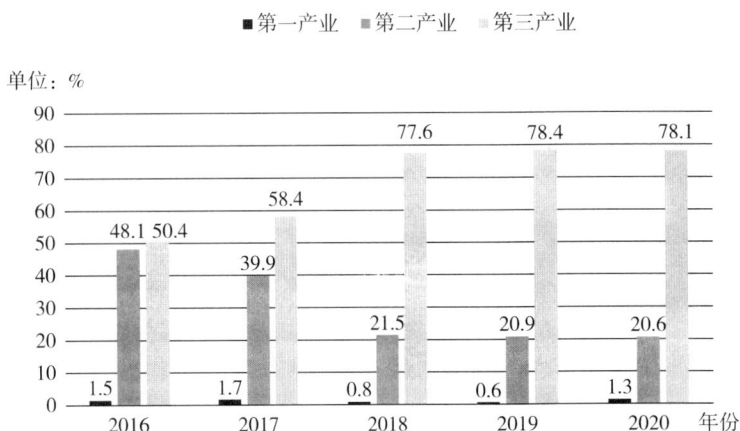

图附 1-1　三大产业投资占固定资产投资比重

资料来源：2016~2020年《青岛市国民经济和社会发展统计公报》

其次，各区、市固定资产投资额增速明显。2018 ~ 2019 年期间，市北区、李沧区、崂山区、西海岸新区、城阳区、即墨区、胶州市、平度市、莱西市固定资产投资额增速明显，市南区增速较为平稳。

最后，房地产市场健康运行。2016 ~ 2020 年青岛市房地产开发投资额增

速明显，从 2016 年的 1369.14 亿元增长到 2020 年的 2045.10 亿元。2019 年房地产开发投资额 1803.81 亿元，房屋实际销售额 2246.99 亿元，房屋施工面积 11580 万平方米，房屋竣工面积 1602 万平方米。

（二）劳动力资源相对充沛，人员素质持续提高

2016 ～ 2019 年，全市常住人口有所上升，2019 年全市常住人口达 949.98 万人；全市就业人数略有下降。其中，第一产业就业人数下降明显，第二产业就业人数略有下降，第三产业就业人数不断递增。

2019 年，城镇新增就业 75.1 万人，完成全年计划的 250.33%。城镇失业人员再就业 7.69 万人，完成全年计划的 105.55%。就业困难人员实现就业 4.57 万人，完成全年计划的 304.82%。高校毕业生总体就业率 96.94%，完成计划目标。城镇登记失业率 2.97%，全年控制在 4% 以内。政策扶持创业 4.07 万人，完成全年计划的 271.06%。引领大学生自主创业 0.4 万人，完成全年计划的 133.6%。

2016 ～ 2019 年，每万人中高等、中等、小学学生数量都在不断增加，每年研究生毕业人数大幅上升，从 2016 年的每年 8495 人增长到 11045 人。2018 年、2019 年普通高校毕业生人数较为稳定。

（三）科技投入力度提高，科学技术进步明显

近年来，青岛市抢抓新一轮科技革命和产业变革机遇，加快建设国际化创新型城市，打造区域科技创新中心。在科技部发布的 2020 国家创新型城市创新能力指数榜单中，青岛进入前 10 位。在国家发展改革委国家信息中心发布的《2020 中国创新创业城市生态指数研究报告》中，青岛位居"双创领跑型城市"第 10 位。

首先，经费投入力度加大。2016 ～ 2019 年，全市科研机构数无明显增加，维持在 58 个；经费收入从 2017 年的 322871.9 万元增长到 2019 年的 660142.5 万元，增速明显。

其次，科研机构、人员数量有所提升。2016 ～ 2019 年，青岛市独立自然科研机构中的科研人员数量有明显增加，2019 年达到 6417 人。

最后，产出成果不断提升。2019 年，青岛市获得国家级科技进步奖 8 项，省级科技进步奖 80 项，市级科技进步奖 132 项，完成科研项目 400 项，取得科研成果 400 项，位居山东省和全国前列。

四、区域经济发展产出效率不断提升

城市 GDP 反映的是一个城市的经济发展情况，一个城市的 GDP 高低，直接体现了城市的经济综合实力和辐射能力，代表着一个城市的影响力和发展阶段，是经济综合实力的体现。

（一）人均产出增速明显，产业贡献率趋于稳定

首先，全市产出水平不断提升。2016～2020 年全市生产总值从 9283.17 亿元增长到 12400.56 亿元；同时，全市人口到 2019 年达到 949.98 万人。据此计算可以得出，近年来，青岛人均生产总值增长明显，从 2016 年的 101450 元上涨到 2019 年的 124282 元。

其次，第二三产业贡献率各有增减。2017～2019 年，青岛市第二产业贡献率逐年递减，在 2020 年有所提升；第三产业逐年递增，但 2020 年略有下降。从近几年的总体趋势来看，第三产业的贡献率要远远高于第二产业贡献率，对青岛市的整体经济有明显的带动。

（二）民生保障更加有力，公共事业稳固发展

民生保障是指教育、就业、社会保障、医疗卫生、计划生育、住房保障、文化体育等领域的公共服务。公共事业是指负责维持公共服务基础设施的事业，如电力、供水、废物处理、污水处理、燃气供应、交通、通信等。

首先，居民基本生活得到保障。截至 2020 年末，全市城镇居民最低生活保障人数 18919 人，城镇居民最低生活保障资金支出 18335 万元；农村五保供养人数 10960 人，农村五保供养资金支出 15324.1 万元。全市城镇职工基本养老保险参保缴费人数为 312.1 万人，参加失业保险人数为 262.6 万人，全年累计领取失业保险金的人数为 7.8 万人。

其次，医疗卫生条件发展快速。全市医院数量从 2016 年的 322 个发展到 2019 年的 427 个，医疗床位数也从 50649 个增长到 60519 个。2019 年全市拥有卫生技术人员 90361 个，其中医生 37813 个，每千人口拥有医生数为 4.55 人，每千人口拥有床位数 7.28 张。

最后，公共财政预算收入、支出不断提高。2016～2019年，公共财政预算收入与支出稳定增长。2019年，公共财政预算收入1241.74亿元，公共财政预算支出1575.97亿元。2020年，全市社保基金预算收入完成394亿元，下降6.8%，其中市级社保基金预算收入完成346.4亿元，下降6.7%。全市社保基金预算支出388.5亿元，增长1.3%，其中市级社保基金预算支出348.2亿元，增长0.2%。

附录二：青岛品牌经济的营商环境基础

一、营商环境：企业主体视角下的区域品牌体现

（一）营商环境的发展

营商环境可以视为影响企业生产经营活动的发生、进行及其成效的外部要素总和，是区域品牌价值在企业端的直观体现，也是企业投资决策的关键动因。规范的"营商环境"定义来自世界银行的《全球营商环境报告》，指某一个经济体内在开办企业、金融信贷、保护投资者、纳税等覆盖企业整个生命周期的重要领域内需要花费的时间和成本等的总和。世界银行对营商环境的定义从企业内部出发，但是环境属于外生因素，从外部的角度进行考虑更为妥当。所以，简单来说，营商环境就是一个地区的区域品牌经济在企业经营主体环节的外在体现，能够全面反映该区域吸引投资多寡和企业数量。

"十三五"时期，青岛市的发展环境持续优化，市场化、法治化、国际化营商环境显著提升。省级行政权力事项压减59%，企业开办时间由20天压缩到1天，从中可以看出青岛对于新开办企业的友好性。但是制约青岛营商环境高质量发展的困难和矛盾依然较多，在新时期，区域的竞争力更多体现为多元化的资源环境、经济环境和基础支持等方面的综合实力和比较优势。与之相适应，政府的角色也需要及时转换，加快从管理型政府向服务型政府再到更高质量、高效率的服务型政府转变，推动塑造专业、高效、创新、开放的新型营商环境。

（二）营商环境的构成

世界银行将营商环境的构成从最初的5项一级指标发展到11项一级指标，这11项一级指标分为两类，一类反映监管过程的复杂程度和费用支出，包括开办企业、办理施工许可、获得电力、产权登记、纳税、跨境贸易6项指标。另一类反映法制保障程度，包括获得信贷、保护少数投资者、合同执行、破产办理和劳动力市场监管5项指标。由于该评价体系过于侧重政府审批环节的数量与时间，且未涵盖市场规模、基础设施等因素，有学者提出了更为符合中国

情境的评价体系。

李志军（2019）在对我国 4 个直辖市、5 个计划单列市、27 个省会城市以及其他 254 个地级市的营商环境进行评价和分析的过程中，使用的一级指标体系包括政府效率、人力资源、金融服务、公共服务、市场环境、创新环境六个指标。该体系提供的营商环境评价范围细致并且范围广，几乎能够全面阐述营商环境的基本情况。

聂辉华等（2019）构建了营商环境的政商关系评价指标体系，主要包括政府对企业的服务和政府自身透明度等一级指标。该指标体系主要侧重于弥补现有营商环境评价指标体系对于政府廉洁评价缺乏的不足，缺乏整体大局观。

张三保等（2020）以"十三五"规划纲要关于营商环境建设的四个方面：市场环境、政务环境、法律政策环境、人文环境，确定为中国省份营商环境评价指标体系的一级指标。

综合考量其他学者的指标分级办法，笔者认为其各有利弊，为了全面体现营商环境的特点，并且尽可能清晰地进行汇总和分类，笔者从环境本身的概念出发，按照环境的属性，将环境分为自然环境、人工环境和社会环境。代入具体的营商环境中，笔者略微扩展定义用资源环境代替自然环境，经济环境代替社会环境，基础支持代替人工环境，形成一个由三个维度组成的评价体系框架。

该指标体系采用分层指标逐级分析的方法，以城市综合营商环境为评价的目标层，从资源环境、经济环境和基础支持三个维度展开。其中，资源环境是地区具备的自然和社会人口资源的多寡以及生态环境的优劣，是营商环境的基本要素；经济环境是城市经济发展水平与各类市场活力的综合体现，是营商环境中的主体要素；基础支持是基础设施、政府服务和运营支撑的综合体现，是营商环境的支撑要素。考虑到各维度的重要程度，笔者给予主体要素相对较大的 40% 权重，基本要素与支撑要素分别占据 30% 的比重。

具体维度上，资源环境主要涉及资源禀赋和生态环境，其中涉及一些土地资源指标、人力资源指标和环境污染指标。经济环境主要涉及经济发展与市场发展，其中涉及一些经济增长指标、进出口投资指标、消费指标、金融业相关指标和企业相关指标。基础支持主要涉及基础设施、政府服务和运营支持，其中涉及交通设施指标、通信设施指标、财政指标、公共服务指标和相关商业支撑指标。

二、三维度的营商环境评价指标

（一）资源环境的基本要素维度

董锁成等（1999）认为资源环境应分为资源与环境两部分理解，环境一般指自然环境，而资源则是环境的组成部分，二者都对经济活动产生影响，所以笔者将资源环境分为资源禀赋和生态环境两个一级指标考虑。资源禀赋就是指某一地区所拥有的各种资源，包括自然资源和社会资源；生态环境着重考察自然环境的污染程度。基于此，笔者形成了资源环境维度的评价指标体系（表附2-1）。

资源环境维度　　　　　　　　　　　　　　　　　　表附2-1

评估维度	一级指标	二级指标	测度项
资源环境	资源禀赋	土地资源（人均）	土地面积
			耕地面积
			绿地面积
			产业用地面积
		人力资源	人口总抚养比
			劳动年龄人口规模
			就业人口规模
			高等教育毕业人数规模
	生态环境	环境污染	PM2.5浓度
			二氧化硫排放总量
			废水排放总量

1. 资源禀赋

著名经济学家赫克歇尔和他的学生俄林最早给资源禀赋下了定义。资源禀赋又称为要素禀赋，指一国拥有的各种生产要素；要素禀赋结构指的是资本、劳动力和自然资源的相对丰裕程度。为了统筹资源类型，笔者将资本纳入经济环境指标，即资源禀赋是一个地区发展经济的各种禀赋条件，包括土地资源和人力资源两个二级指标。

第一，土地资源是资源禀赋的基础要素，主要涉及各种土地面积的人均情况。土地资源是指已经被人类所利用和可预见的未来能被人类利用的土地，是开展一切生产生活活动的基础要素。人均土地面积、人均耕地面积、人均绿地面积和人均产业用地面积是评估人均土地资源的四个主要指标。

第二，人力资源是资源禀赋的关键要素，主要涉及人口总抚养比、劳动年龄人口规模以及高等教育毕业人数规模。人力资源是城市发展的核心条件，是城市发展的关键动力。人口总抚养比、劳动年龄人口规模、就业人口规模和高等教育毕业人数规模是评价一个城市人力资源基本情况的关键指标。

2. 生态环境

生态环境是与人类密切相关，影响人类生产生活的各种自然环境，是关系社会和经济持续发展的复合生态系统。随着社会经济的向好发展，环境状况却背道而驰，环境污染问题越来越成为焦点，成为营商环境的关键一环。

环境污染是生态环境的重中之重，包括有害气体排放情况与废水排放情况。环境污染问题是当前各国、各地区广泛关注且极为重视的生态问题之一，是各种活动事项开展并持续发展的关键一环。笔者采用PM2.5浓度、二氧化碳排放总量和废水排放总量三个基本指标来评价当地的环境污染情况。

（二）经济环境的主体要素维度

经济环境是企业营销活动的外部社会经济条件，包括消费者的收入水平、消费者支出模式和消费结构、消费者储蓄和信贷、经济发展水平、经济体制地区和企业发展状况、城市化程度、市场规模的大小等多种因素。经济环境反映了区域的整体经济发展水平和市场活力程度。综合考虑以上要素的归类情况，笔者认为经济环境维度应由经济发展和市场发展两个一级指标组成。经济发展着重体现当前经济的发展情况；市场发展主要是指各类型市场的发展活力。基于此，形成了营商环境的经济环境维度指标体系（表附2-2）。

经济环境维度
表附2-2

评估维度	一级指标	二级指标	测度项
经济环境	经济发展	经济增长	人均GDP
			GDP增速
			现代服务业产值
			第三产业占比
		经济开放度	外商投资额
			进出口总额
			对外投资中方投资额
	市场发展	居民消费活力	社会消费品零售总额/GDP
			人均可支配收入
			人均消费支出
		金融市场活力	固定资产投资额
			住户存款规模
			人均个人存款
			金融业增加值占比
			金融机构存贷比
		企业主体活力	世界500强企业入驻数
			规模以上工业企业数
			规模以上服务业企业数
			上市公司数
			每万人专利拥有量
			R&D经费支出

1. 经济发展

李名升等（2009）采用经济规模、经济活力、经济结构、经济效益4个指标来评价某一地区的经济发展状况。为了分类更加简洁与清晰，经过归纳与合并，笔者认为经济发展包括经济增长和经济开放度两个二级指标。

第一，经济增长是经济发展的规模程度，包括人均GDP、GDP增速、现代服务业产值和第三产业占比。经济增长是以静态和动态的眼光全面分析城市的经济发展现状，是指一个国家或地区经济发展的规模、速度和所达到的水准。人均GDP、GDP增速、现代服务业产值和第三产业占比是衡量一个区域经济增长水平的重要指标。

第二，经济开放度是经济发展的全球性程度，包括进出口总额与外商投资情况。经济开放度是指市场经济下，经济开放的程度。关于经济开放度的内涵，学术界已经有比较一致的看法，认为经济"开放度"的内涵有两层：一是本国经济以何种方式、何种程度、何种代价进入世界；二是允许别国经济渗透本国经济的方式和程度。对外开放是双向的，不仅包括外部资源的本土化，也包括本地企业的国际化。因此选取外商投资额、进出口总额和对外投资中方投资额为评价经济开放度的关键指标。

2. 市场发展

按照市场主体和交换对象的不同，不同的市场有不同的功能。笔者将市场发展分为与经济息息相关的居民消费活力、金融市场活力和企业主体活力三个二级指标。

第一，居民消费活力是描述市场发展的终端环节，包括社会消费品零售总额 / GDP、人均可支配收入和人均消费支出。居民消费活力是本地和外来人口综合消费能力的体现，通常通过社会消费品零售总额占 GDP 的比例、人均可支配收入和人均消费支出来反映。

第二，金融市场活力是市场发展的中坚力量，包括固定资产投资额、住户存款规模、人均个人存款、金融业增加值占比和金融机构存贷比。金融是推动地区产业发展和经济转型升级的重要力量，金融业依托资本的逐利性和流动性实现资源的有效配置，并运用资金的杠杆效用推动企业朝着结构优化、技术革新和产业绿色化等更优方向发展。此外，金融作为地区第三产业的重要组成部分，在产值、税收、就业等领域均贡献较大。固定资产投资额、住户存款规模、人均个人存款、金融业增加值占比和金融机构存贷比是金融市场的五个主要测度项。

第三，企业主体活力是市场发展的主体部分，包括世界 500 强企业入驻数、规模以上工业企业数、规模以上服务业企业数、上市公司数、每万人专利拥有量和 R&D 经费支出。企业是技术创新的主体，更是经济发展的主力。因此在营商环境的各要素中，企业的规模与创新程度尤为重要，它们既是其他营商环境作用的结果，又以自身的引领性、带动性和辐射性塑造着地区的营商环境。

（三）基础支持的支撑要素维度

基础支持包括企业发展环境的硬件城市支持和软件生产经营成本支持。硬件环境是企业生产运营和员工生活的基础性支持条件，也是城市营商环境吸引力的直接体现。软件环境是企业长期发展所依靠的政府支持和营商基本运营成本支持的组合，是营商环境对企业内生性发展的持续支持因素的集合。因此笔者将其余会影响营商环境的支持性要素全部归入基础支持维度之下，即基础支持维度由基础设施、政府服务和运营支撑三个一级指标组成（表附2-3）。

基础支持维度　　　　　　　　　　　　　　　　　　表附2-3

评估维度	一级指标	二级指标	测度项
基础支持	基础设施	交通设施	轨道交通总里程
			铁路客运周转量
			公路客运量
			航空旅客吞吐量
			海运货运量
			港口集装箱吞吐量
		通信设施	人均移动电话数
			移动互联网普及率
			电信产业值
	政府服务	财政收支	人均财政收入
			财政收入/GDP
			一般公共预算收入
		公共服务	一般公共服务支出占比
			万人医疗机构床位数
			万人执业医生数
			财政教育支出占比
			高等学校师生比
	运营支撑	运营成本	平均工资水平（非私营单位）
			工业地价水平（亩）
			商铺租金水平
		商业支持	每万人律师事务所数
			三星级及以上酒店数

1. 基础设施

基础设施是指城市能够提供的硬件基础设施，是指为社会生产和居民生活提供公共服务的物质工程设施，是用于保证国家或地区社会经济活动正常进行的公共服务系统。它是社会赖以生存发展的一般物质条件，是国民经济各项事业发展的基础。笔者选取关键基础设施进行考量，即基础设施包括交通设施和通信设施。

第一，交通设施是基础设施中最为关键的部分，包括轨道交通总里程、铁路客运周转量、公路客运量、航空旅客吞吐量、海运货运量和港口集装箱吞吐量。交通设施是整个城市功能布局和产业发展的一个重要组成因素，亦是一个综合的系统。评价指标体系中的交通设施指标包含了市内交通设施的便利性和城市对外的运输能力，从公路、铁路、民航和港口等多个维度展开评价。

第二，通信设施是基础设施中起到联结沟通作用的一环，包括人均移动电话数、移动互联网普及率和电信产业值。邮电通信业包括邮政、电信以及与邮政、通信相关的业务。邮政行业在经济发展和人民生活等方面都扮演着十分重要的角色。电信业是基础性、战略性和先导性行业，不仅在经济发展中发挥着不可替代的作用，而且在国民生活中也扮演着举足轻重的角色。

2. 政府服务

为了充分评价政府的服务质量，不仅应该从财政上说明政府服务的力度，同时还要考虑政府提供的医疗卫生与教育水平等公共服务的情况。因此，笔者将政府服务分为财政收支和公共服务两个二级指标。

第一，财政收支管理是政府服务的主要方面，包括人均财政收入、财政收入/GDP和一般公共预算收入。财政收支是指国务院各部门和地方各级人民政府及其各部门、国有金融机构、企事业单位和其他组织按照《中华人民共和国预算法》和国家其他有关规定，纳入国家预算管理的收支以及预算外资金的收支。

第二，公共服务是指政府提供的相关基础保障，其指标包括一般公共服务支出占比、万人医疗机构床位数、万人执业医生数、财政教育支出占比和高等学校师生比。公共服务是指由政府部门、国有企事业单位和相关中介机构履行法定职责，根据公民、法人或者其他组织的要求，为其提供帮助或者办理有关事务的行为。为了充分考察政府的管理水平，笔者采用一般公共服务支出占比来反映政府的支出情况。提供医疗卫生服务与教育服务也是城市的重要功能之一，笔者采用万人医疗机构床位数和万人执业医生数来衡量青岛市的医疗卫生水平，采用财政教育支出占比和高等学校师生比来考察教育水平。

3. 运营支撑

运营支撑是指投资者在生产经营过程中，需要考虑到开办企业的成本和便利度，也就是外界能够给企业提供的相关基础要素或者商务资源。从企业运营自身成本和外部环境支持出发，将运营支撑划分为运营成本和商业支持两个二级指标。

第一，运营成本是运营支撑中投资者要考虑的内部要素，包括平均工资水平、工业地价水平和商铺租金水平。运营成本即经营成本，生产经营成本决定企业的盈利空间，是企业在制定战略时考量的核心要素。不仅人力成本对企业的区位选择和产业布局有决定性影响，地价租金水平也影响企业的决策。

第二，商业支持是运营支撑的外部条件，包括每万人律师事务所数和三星级及以上酒店数。商业支持是指承载企业从事商务活动的软环境、硬环境。商务硬环境为企业从事商务活动提供载体和设施，包括物流、仓储、会展设施、酒店等配套设施。商务软环境为企业所需商务活动提供配套服务，包括法律咨询、会计咨询、市场调研、管理咨询、信息技术服务等商务配套机构。

三、青岛市营商环境的演进趋势

本次评估采用定量分析和定性分析相结合的方法，在充分利用文献资料、统计数据、行业经验的基础上，多维度进行评估。由于经济环境的作用在营商环境中更加重要，所以三维度的权重分别为资源环境30%、经济环境40%、基础支持30%，其他一级指标、二级指标以及测度项权重为平均权重。研究团队使用青岛市政府提供的数据，运用标准化法对数据进行无量纲化处理，之后再用最大值法将数据换算成百分制，从而计算青岛市营商环境得分。

（一）营商环境总体演进趋势分析

笔者将所有数据标准化以及归一化后进行加权平均，计算得出 2016～
2019 年营商环境得分的变化趋势，如图附 2-1 所示。

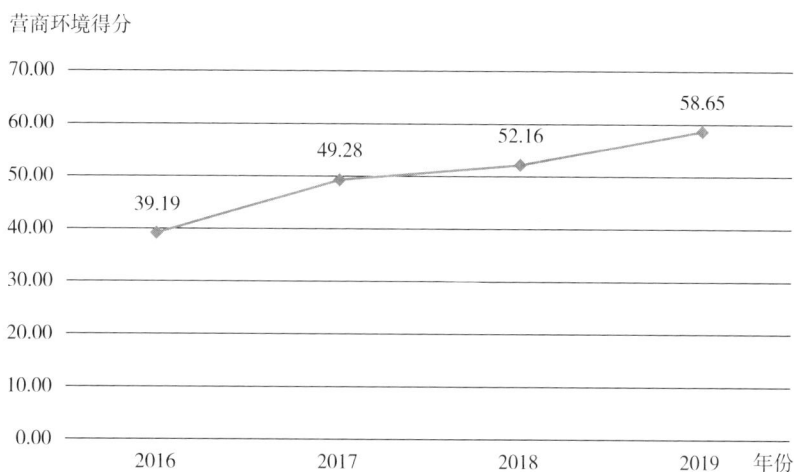

图附 2-1　营商环境趋势图

资料来源：研究团队统计计算

然后，笔者将营商环境分为三维度再展开进行比较，利用 2016～2019 年
的三维度雷达图进行更加直观的比较分析，如图附 2-2 所示。

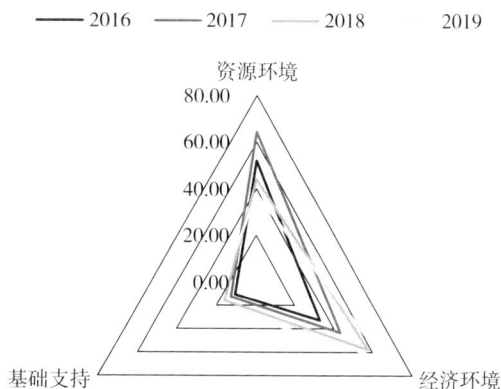

图附 2-2　营商环境雷达图

资料来源：研究团队归纳整理

"十三五"期间，青岛市营商环境的基本结构及其演进趋势正发生着系统性变化，其对企业经营主体的吸引力也发生着持续的变化。

首先，青岛市营商环境总体评分呈稳步上升趋势。近4年来，青岛市营商环境得分处于稳步提升的趋势。自2016年的39.19分增长至2019年的58.65分。其中2017年与2019年增速较快，2018年增速较缓。由此观察，预计2020年之后仍会持续提升。

其次，"十三五"初期，青岛市营商环境以资源环境为主要优势来源。在2016年度的青岛市营商环境得分中，资源环境处于优势地位，得分最高，而经济环境和基础支持两维度属于薄弱方面，尤其是基础支持维度。2017年依然保持着上述结构。

最后，"十三五"末期，青岛市营商环境发生了结构化调整。2018年开始，青岛市营商环境的三大维度得分出现了结构性变化，经济环境维度得分反超了资源环境，并且这一优势一直延续到了2019年。基础支撑得分也逐年增高，得到了较好的发展，但是资源环境得分持续下降，可能是由于人口比例逐年上升以及可供消耗的资源越来越少的缘故。

尽管资源环境得分逐年下降，但是青岛市经济环境处于持续向好的态势，基础设施水平也逐年提升，总体来看，青岛市的营商环境有利于企业的稳固发展。

（二）资源环境维度变化趋势分析

为了更加明确地找到青岛市营商环境中资源环境维度的薄弱环节，笔者将对资源环境二级指标雷达图与资源禀赋和生态环境二级指标的时间序列折线图进行具体分析。

首先，青岛市营商环境在资源环境维度表现出明显的土地资源约束加强，人力资源和环境约束减弱的态势。在资源环境维度中，人均土地资源、人力资源和环境资源的评分变化趋势发生着方向性分化。如图附2-3所示，青岛市在人均土地资源中随着年份的增加，逐渐处于劣势；人力资源逐年增强，占据优势地位；环境污染也逐年减弱，处于向好态势。

图附 2-3　资源环境雷达图

资料来源：研究团队归纳整理

其次，资源禀赋环节，人均土地资源评分呈明显下降趋势，人力资源优势总体呈向上趋势。以人均土地资源与人力资源来衡量青岛市资源禀赋发展情况，绘制出图附 2-4。图中，人均土地资源得分呈现逐年下降的趋势，这是由于在土地面积没有太大变化的情况下，常住人口在逐年增加，最终导致人均土地资源的持续下降，虽然人均土地资源逐渐缩减，但城镇新增人口仍然为城市带来新的活力。从人力资源维度可以看出，自 2016 年以来，人力资源指数呈现总体上升趋势，虽然在 2018 年有所下滑，但是 2019 年又稳步回升。青岛的人力资源方面总体呈向好的趋势。

图附 2-4　青岛市资源禀赋评分趋势图

资料来源：研究团队归纳整理

最后，生态环境约束力由强转弱，助力青岛市营商环境提升。分析资源禀赋离不开对环境污染的考察，图附2-5为环境污染指数的变化趋势图。2016年，青岛市的环境污染指数最低，说明当时环境的污染情况较为友好，但是2017年与2018年环境压力逐渐增大，从侧面印证了青岛市的经济发展水平处于快速增长阶段，但是环境保护意识不够，企业的快速发展让环境承受了过大的压力，2019年，这种现象有所好转，环境污染指数再次降低。

青岛市环境污染评分

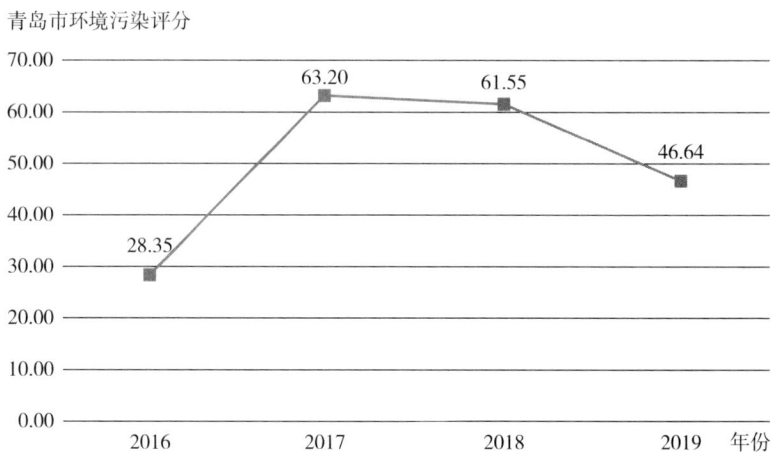

图附 2-5　青岛市环境污染评分趋势图

资料来源：研究团队归纳整理

（三）经济环境维度变化趋势分析

为了更加明确地找到青岛市营商环境中经济环境维度的薄弱环节，笔者将对经济环境维度的五个二级指标雷达图和经济发展与市场发展二级指标的时间序列折线图进行具体分析。

首先，"十三五"期间，多数经济环境指标均表现出极大的改善，部分指标得分表现出一定的回落趋势。

在经济环境维度中，各二级指标的评分情况详见图附2-6。居民消费活力在五个方面中一直处于优势，稳步提升，且成为青岛市营商环境提升的重要内容之一。与此同时，企业主体活力与金融市场活力得分也处于优势中。受人均GDP等指标的干扰，经济增长指标略有回落，但总体仍处于上升期。

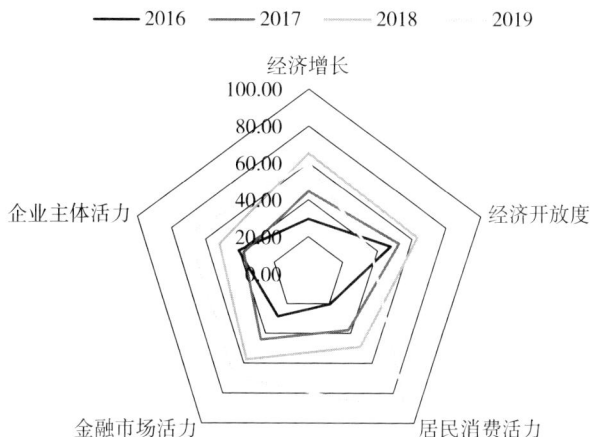

图附 2-6　青岛市经济环境维度评分雷达图

资料来源：研究团队归纳整理

　　值得一提的是，经济开放度在 2019 年表现出一定的回落趋势。尽管 2019 年青岛市进出口总额高达 5923.4 亿元，增速远高于山东省和全国的平均水平，FDI 及其对外投资规模仍有较大回落。这既与中美贸易摩擦的国际形势有关，也与国内信贷市场规模收紧有关。但无论如何，该指标的回落说明，在双循环的经济新常态下，青岛市需要内循环、外循环两手抓、两手硬，也需要出台更多引导政策，"走出去"和"引进来"并重，进一步提升区域内经济环境。

　　其次，从经济发展来看，青岛市总体向上，但 2019 年回落趋势相对明显。经济环境包含经济发展水平和市场发展活力两个方面，如图附 2-7 所示。图中经济增长和经济开放度得分在 2016～2018 年快速增长，但是在 2019 年趋于平缓，且略有下降。这一方面说明，"十三五"初期，青岛市经济发展处于快速增长阶段；另一方面也说明"十三五"后期，青岛市经济发展略有放缓，并一定程度上说明了青岛市的经济走入了全新的发展阶段，产业结构处于持续调整状态。突破原有产业结构约束、摆脱固有经济发展模式，将成为未来一段时期青岛市保持经济发展指标持续改善的重要保障。

青岛市经济发展水平评分

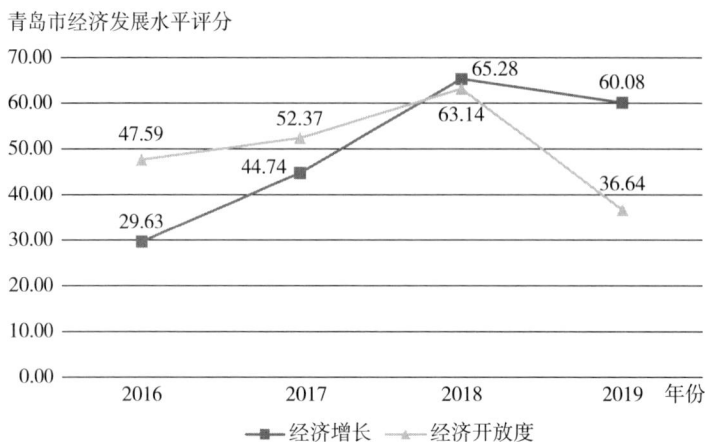

图附 2-7 青岛市经济发展水平评分趋势图

资料来源：研究团队归纳整理

最后，青岛市场环境加速成熟，市场主体活力持续提升。从居民消费活力、金融市场活力和企业主体活力三方面指标来分析，可得青岛市市场发展情况，如图附 2-8 所示。随着经济的发展，市场发展状态处于整体上升期，其中居民消费活力得分不断攀升，2019 年更是大幅度上升，消费市场处于向好态势；金融市场活力得分也逐年稳固上升，从 28.57 分至 69.28 分，上升的趋势十分具有潜力；企业主体活力在 2017 年略有回落，但是很快也转为不断提升的态势。上述指标说明，青岛市市场主体发育情况正处于良性循环中。

青岛市市场发展评分

图附 2-8 青岛市市场发展评分趋势图

资料来源：研究团队归纳整理

（四）基础支撑维度变化趋势分析

为了更加明确地找到青岛市营商环境中基础支撑维度的薄弱环节，笔者将对基础支撑维度五个二级指标雷达图和基础设施、政府服务与运营支撑二级指标的时间序列折线图进行具体分析。

首先，青岛市基础设施和政府服务评分快速提升，市场运营支持略有回落。在基础支撑维度中，根据图附 2-9，交通设施方面从处于极端劣势一跃上升为最大的优势。财政收支也拥有较高的优势得分，通信设施与公共服务虽然有波折，但是总体仍稳步提升。相较而言，青岛市运营支持二级指标的得分逐年降低，处于下降通道，应予以重点关注。

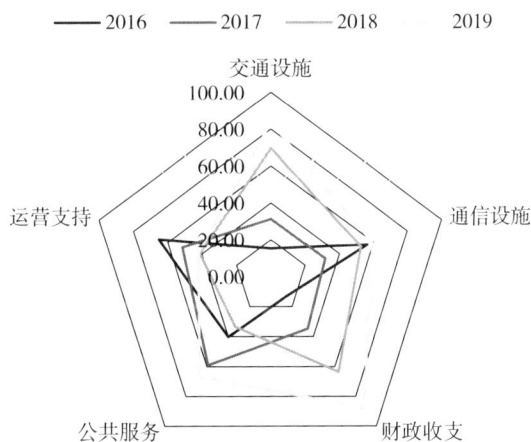

图附 2-9　青岛市基础支持维度评分雷达图

资料来源：研究团队归纳整理

其次，青岛市基础设施建设在交通和通信两个领域出现分化，但总体均处于上升通道。以交通设施和通信设施的改善情况，来考察青岛市的基础设施建设情况，可得图附 2-10。通过 4 年的提升，交通设施得分逐年在稳固提升，青岛市的交通设施与交通便利程度相较于 2016 年来说，已经达到了较高水准，便利程度与运输量都得到了大幅度提升，这对吸引企业入驻起到了十分关键的基础性作用。

青岛市基础设施评分

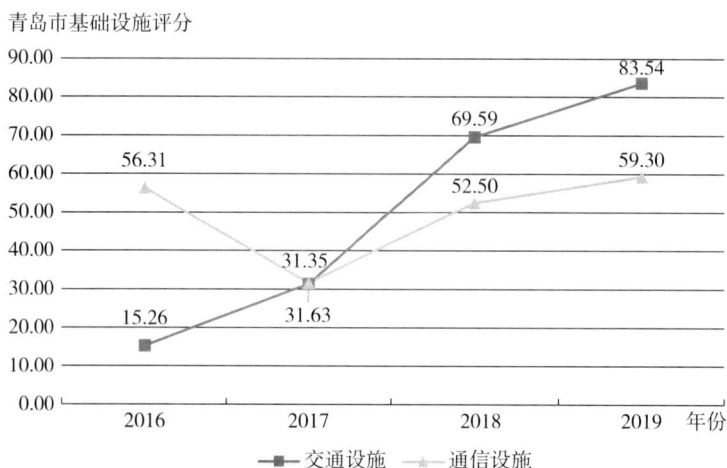

图附 2-10 青岛市基础设施评分趋势图

资料来源：研究团队归纳整理

从通信设施得分来看，总体趋势上并没有太大的变动，虽然2017年略有下降，但是总体较为平稳，未来还应进一步强化通信领域的基础设施建设，助力青岛市吸引更多高科技互联网企业入驻，促进区域内产业结构的持续转型。

再次，政府财政收支状况持续改善，公共服务也表现出明显的改善趋势。以财政收支和公共服务来衡量政府服务能力，可得附图2-11。财政收支得分

青岛政府服务评分

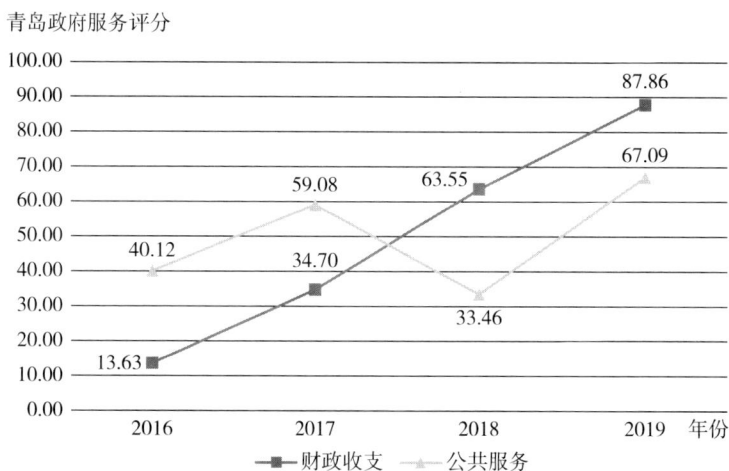

图附 2-11 青岛政府服务评分趋势图

资料来源：研究团队归纳整理

逐年稳步提高，说明政府能够提供的财政资金得到了进一步扩充，政府财政实力雄厚也有益于企业的发展。公共服务得分呈现波动状态，不够稳定，这说明在一定程度上政府的财政支出以及教育与医疗行业的发展处于受经济形势的影响时刻变化的状态。这一点对青岛市整体的营商环境来说是一个风险点，需要给予关注。

最后，运营支撑评分趋于回落，是青岛市营商环境改善的重点工作。以运营成本和商业支持来衡量青岛市商务运营支撑能力的基本情况，可得图附2-12。运营支持得分呈现大幅度下降趋势，说明随着经济的不断发展青岛市对企业的基础性运营支持有下降趋势，并与运营成本的持续提升和酒店、律师等商业配套不足有关，应引起进一步关注与重视。

青岛市商业运营支撑评分

图附2-12 青岛市商业运营支撑评分变化趋势图

资料来源：研究团队归纳整理

附录三：区域品牌经济发展指数的构建

一、区域品牌经济发展指数构建的理论基础

作为建设区域品牌的主体，国内外大量学者探讨了政府、行业协会、企业对区域品牌的影响作用，并且提出了多种模型，详细分析了影响区域品牌发展的影响因素，为评价区域品牌宏观指标的构建提供启示。区域产业集群的发展是培育区域品牌的基础，我国学者开发了多种评价产业集群品牌的指标体系，所以关于产业集群品牌的评价指标可以为区域品牌评价指标的构建提供借鉴。对微观层面的测量同样重要，应调研城市消费者对行业影响力的评价。

（一）区域品牌的影响因素

陈恩等（2014）运用结构方程模型搭建了区域工业品牌培育影响因素模型。该模型包括八个因素：区域工业品牌创建的资源基础、区域工业品牌成长的产业支撑、区域工业品牌形成的竞争优势、区域工业品牌经营的管理水平、区域工业品牌培育的政府扶持力度、区域工业品牌认知度、区域工业品牌价值、区域工业品牌竞争力形成。其中前五个因素是前提变量，后三个因素是结果变量，前提变量综合决定并影响着结果变量。这五个前提变量对于宏观指标的建构更有借鉴意义。其中，区域工业品牌创建的资源基础可以从区域资源禀赋、地理便利性、文化氛围、历史传承以及工业产品品质来考察；区域工业品牌成长的产业支撑可以从工业规模化和现代化程度，龙头企业及产业链完善情况等方面衡量；区域工业品牌形成的竞争优势可以从注册商标数量、地理标志产品数量、品牌产品商标、品牌企业的数量几个方面衡量。区域工业品牌经营的管理水平可以分为品牌监督与规范及防范意识，品牌建立的服务指导与营销推广；区域工业品牌培育的政府扶持力度可以从政府重点政策支持及提供的公共服务，政府对区域工业品牌战略规划与品牌营销的扶持力度衡量。基于此，本文将地理便利性、文化氛围、注册商标数量、企业商标等具体指标纳入区域品牌评价体系中。

熊爱华（2017）认为区域品牌发展的动因主要来源于资源因素和制度因素。

区域内的经济、自然、政治、历史文化和社会资源都直接影响着本区域内产业的选择和发展。地区内不同的资源禀赋直接作用于该区域内的产业集群，对区域品牌发展起到先天性约束作用。资源禀赋可以划分为三个维度：品牌声誉、金融支持与技术投入。其中，品牌声誉因素通过品牌美誉度、信任度和知名度三个指标进行测量，金融支持因素从地区经济基础、企业股权融资和债权融资三个方面测量，技术因素从产业技术人才、产学研合作和资金投入三个指标测量。基于此，本文将技术人才、资金投入等指标纳入区域品牌评价中，将品牌声誉的三个测量指标体现在消费者的调查问卷当中。

李德立（2013）提出了农产品区域品牌竞争力影响因素模型，该模型包括三个外生潜变量——品牌资源力、品牌基础力和品牌支撑力和两个内生潜变量——区域品牌竞争力和品牌发展力。研究发现，4个因素对品牌竞争力的影响从大到小排序依次为品牌支撑力、品牌发展力、品牌基础力和品牌资源力，其中品牌支撑力是影响农产品区域品牌竞争力的最主要因素。品牌资源力中自然资源的影响最大；品牌基础力中人力资本和企业家的影响最大；品牌支撑力中政府财政支持力度的影响最大；品牌发展力中品牌忠诚度的影响最大；农产品区域品牌竞争力中市场占有率的影响最大。这一模型中的指标均可以作为本文设计的区域品牌评价指标体系的一部分。

祝佳等（2012）认为区域产业品牌形成过程中，区域产业环境、企业服务机构、教育资源均为重要的影响因素。区域产业环境包括软硬环境两个方面，其中区域硬环境主要包括交通、通信等基础设施，是区域产业品牌形成和发展的前提条件；区域软环境主要指相关政策法规的制定，政府通过制定相应的法规，确定政策的边界，打击欺诈，提高企业违规被发现的概率，保护公平贸易，建立以诚信为基础的良好市场秩序。在区域产业品牌发展过程中，为企业提供专业服务的中介机构，如提供专业化教育和职业培训的机构，提供法律商务咨询的机构，提供融资、物流服务的机构等，也必不可少。另外，教育资源对产业聚集的作用不容忽视。

（二）评价产业集群品牌的指标体系

吴传清（2009）认为产业集群品牌统计监测指标的设计，应包括产业集群企业品牌和产业集群整体品牌两个一级指标，其中产业集群企业品牌包括商标注册数量等6个二级指标，产业集群整体品牌包括获国家级集体荣誉称号数量等4个二级指标。这些指标既能反映出集群企业品牌对产业集群品牌的支撑作用，也能反映出产业集群整体品牌的知名度、美誉度等声誉，所选取的监测指标均可由政府行政管理部门及其监管的专业性组织、国家级行业协会组织提供经核准认定的统计数据，具有权威性和可信性。

张春明（2008）构建了评价产业集群区域品牌力的指标体系，分为三层：目标层、一级指标层，二级指标层。目标层为集群品牌力，一级指标层包括内吸力、外辐力、协同力、集散力、核心力。这五个一级指标共同构成了产业集群区域品牌力的内涵。

郑佳（2016）从投入—产出角度构建区域产业集群品牌的评价指标体系。包括两个一级指标：投入水平和产出水平。其中，投入水平分为三个二级指标：地方政府的政策和投入、集群企业的维护和投入、行业协会的组织和投入，每个二级指标都有四个评价指标，共有12个三级指标；产出水平分为四个二级指标：品牌竞争力、品牌成长性、品牌结构、磁场效应，共包括22个三级指标。

池仁勇（2014）从名牌集聚能力、产业发展能力、技术研发能力以及公共支持能力四方面构建集群品牌综合竞争力评价指标体系。在4个维度之下，有9个二级指标和24个三级指标，共同构成多维评价指标体系。

贺震和秦晓楠（2009）以城市品牌的支撑、维护和实现三阶段作为大类划分依据，设置了11个构成项、63个具体指标组成的描述城市品牌属性的指标体系。

许峰等（2013）基于目前的市场状况和资源开发状况从品牌支撑、品牌维护、品牌实现3个维度来描述城市旅游品牌状况，共有10个主题层，56个具体指标。研究使得品牌生态位重叠度、品牌生态位强度的内涵进一步明确，也为提升城市旅游品牌竞争力明晰路径，引导城市在品牌生态位竞争策略选择上强调多样化战略协同和不同层面的竞争策略组合。

（三）评价区域行业的影响力

高振峰（2019）分析了体育特色小镇品牌影响力的构成要素，包含核心影响力和外延影响力。核心影响力具体表现为发展模式、文化禀赋、氛围和地理环境之特殊性。外延影响力包含品牌知名度、品牌认知度、品牌美誉度、品牌偏好度、品牌满意度、品牌忠诚度和品牌占有率几个维度。

殷俊（2021）总结了测评媒体品牌影响力的共性指标，综合运用企业品牌评估中的 CEObrand 品牌评价法进行构建，初步建立了初始指标集；并且利用深度访谈法让媒体从业者参与指标重要程度以及合理性的打分，进一步筛选、修正指标，构建了区域媒体品牌影响力评价指标体系，包括媒体品牌认知度、媒体品牌参与度、媒体品牌忠诚度三个一级指标，并进一步细分为30个二级指标。

胡晓云（2013）构建了品牌新农村的评价指标体系，将其分为品牌基础要素、品牌强度要素和品牌贡献要素，其中品牌强度要素是核心部分，由品牌认知度、品牌美誉度、品牌忠诚度和品牌资源潜力四项指标构成。其中，品牌认知度指消费者认识或记起该新农村这一区域品牌的能力；品牌美誉度指在知晓该品牌的消费者中，对品牌给予正面评价的人数占总（样本）人数的比例，体现为好感和信任程度；品牌忠诚度通过内部忠诚度、外部相关利益者的满意度、重复光顾率等指标来呈现。

本文在综合上述研究的基础上，从品牌忠诚度、美誉度、知名度、满意度等方面构建了《研究报告》中使用的区域品牌指标体系，并结合国外理论做了适当的延伸和改进，添加了包括 Griffin（1995）的行业忠诚度、王海忠（2007）的行业知名度、Kim（2004）的行业美誉度和 Parasuraman 等（1988）的行业满意度指标。

二、区域品牌评价客观指标体系的构建

本《研究报告》中用到的区域品牌评价的分析框架主要是以客观指标体系和主观问卷调查信息相结合的指数编制方式，以期达到对区域品牌的客观测度和主观评价相结合的综合评价。

（一）指标体系设计原则

为客观公正地评价不同城市区域品牌发展水平的高低，在对指标体系设计过程中，同时兼顾以下几个原则。

1. 以反映区域品牌发展力内涵为目标。区域品牌评价指数的设计，以反映区域品牌发展力内涵为目标，在指标选取、权重确定、数据搜集、计算方法等

方面力求全面、准确反映发展力内涵。

2.可操作性原则。区域品牌评价指标体系设计过程中，要充分考虑数据来源是否稳定、数据是否连续规范、口径是否统一，是否易于搜集和计算，评价指标含义要明确。

3.指标具有代表性。区域品牌评价指标的选取力求反映城市区域品牌的特征，避免特征上的交叉，各个指标有明显的差异，以确保指标间具有代表性和可比性。

4.指标相对独立。区域品牌评价指数客观指标内涵清晰，相对独立。指标不互相重叠，不互为因果。整个指标体系的构成，紧紧围绕城市区域品牌评价内涵的各个层面。

5.指标相对关联。区域品牌评价指标体系的每个指标都能反映某一方面的情况，各个指标间有一定的关联性，以保证指标体系的系统性。各指标共同组成一个系统的指标体系，尽可能从各个角度反映城市区域品牌内涵。

6.指标数量精简。城市区域品牌评价指标体系中，指标数量力求合理、精练，以反映城市区域品牌内涵的基本内容为原则，在准确反映问题的前提下，尽可能减少指标的数量。

（二）宏观统计指标体系的结构

区域品牌评价指标体系由十个维度构成，包括品牌发展基础、品牌创新水平、区域教育品牌、区域文化品牌、区域旅游品牌、区域企业品牌、区域金融品牌、区域食品品牌、高新科技品牌、传统制造品牌。其中每一维度都包括若干一级指标和二级指标。具体指标体系详见附件1，这里仅就部分需要重点说明的指标的计算口径进行阐述。

1.品牌发展基础中：指标1城市GDP，是指2019年全市生产总值；指标7年末道路长度，是指年末道路长度和与道路相通的广场、桥梁、隧道的长度，按车行道中心线计算。在统计时只统计路面宽度3.5米（含3.5米）以上的各种铺装道路，包括开放型工业区和住宅区道路；指标9供水综合生产能力，是指按供水设施取水、净化、送水、出厂输水干管等环节设计能力计算的综合生产能力。

2.品牌创新水平中：指标11科研人员数量指的是就职于高等院校、科研院所，专业从事科学研究的工作人员的数量。

3.区域教育品牌中：指标 14 普通高等学校，是指按照国家规定的设置标准和审批程序批准举办，通过国家统一招生考试，招收高中毕业生为主要培养对象，实施高等教育的全日制大学、独立设置的学院和高等专科学校、短期职业大学。

4.区域文化品牌中：指标 18 文化馆，是指开展群众文化活动，并给群众文娱活动提供场所的机构；指标 19 公共图书馆，是指向社会公众免费开放，收集、整理、保存文献信息并提供查询、借阅及相关服务，开展社会教育的公共文化设施，是社会主义公共文化服务体系的重要组成部分。

5.区域旅游品牌中：指标 21 A 级旅游景区，是指由国家旅游景区质量等级评定委员会授权省旅游局，依照《旅游景区质量等级管理办法》国家标准进行评审，颁发"国家 A 级旅游景区"标志牌，是一项衡量景区质量的重要标志；指标 22 星级酒店，是指由国家（省级）旅游局评定的能够以夜为时间单位向旅游客人提供配有餐饮及相关服务的住宿设施，是要达到一定的条件、一定规模的；指标 25 住宿和餐饮业就业人员，是指在住宿和餐饮行业从事一定社会劳动并取得劳动报酬或经营收入的人口。

（三）微观社会调查指标体系的结构

以客观指标测度区域品牌硬实力是区域品牌发展指数评价的核心基础，但是仅用客观指标的数据对区域品牌进行评析并不充分。因此，本研究进一步通过大规模的社会调查，围绕城市区域品牌的核心产业，即食品产业、文化产业、旅游产业、金融产业、高等教育、传统制造、高新科技产业，调查各个产业的社会影响力，借鉴以往学者的研究，将区域品牌的社会影响力分为品牌知名度、品牌美誉度、品牌满意度和品牌忠诚度四个维度。

1.品牌知名度

品牌知名度是指潜在购买者认识到或记起某一品牌是某类产品的能力，涉及产品类别与品牌的联系。参考王海忠（2007）的量表，包括两个题项：我认为该城市某一行业很出名；我认为该城市某一行业家喻户晓。

2.品牌美誉度

品牌美誉度是市场中人们对某一品牌的好感和信任程度，是现代企业形象塑造的重要组成部分。参考 Kim（2004）的量表，包括两个题项：我认为该城市某一行业有良好的声誉；我认为该城市某一行业有良好的口碑。

3. 品牌满意度

品牌满意度是指顾客对品牌的满意程度评价，提升顾客满意度是做品牌的一个目标，也是鉴定品牌好坏的一项重要指标。参考 Parasuraman 等（1988）的文献，包括两个题项：我对该城市某一行业的售前售后整体非常满意；我对该城市某一行业的快递服务非常满意。

4. 品牌忠诚度

品牌忠诚度是由消费者长期反复地购买使用品牌，并对品牌产生一定的信任、承诺、情感维系，乃至情感依赖而形成。参考 Griffin（1995）的量表，包括两个题项：我对来自该城市某一行业的产品有好感；我愿意向他人推荐该城市某一行业的产品。

（四）指数计算的框架与方法设计

1. 逻辑分析层次

首先，为了更好地对青岛市区域品牌发展水平进行分析和横向比较，研究团队在全国范围内选取了济南、烟台、大连、宁波、厦门和深圳6座城市来作为青岛的对比城市。在山东省内，就经济发展水平来说，济南和烟台是和青岛市同级别的；而大连、宁波、厦门、深圳和青岛一样都属于计划单列市，因此比较这7座城市的区域品牌发展水平是合理的。

其次，研究团队分别从宏观统计指标和微观社会调查指标两个方面对7个城市的区域品牌发展状况进行评价。其中，宏观统计指标包括10个维度，微观社会调查指标包括7个维度。最后，根据宏观指标的打分结果和城市居民的评价，设置权重，得到7座城市的最后得分，以此确定青岛市的区域品牌发展水平。

2. 指数计算方法

在指标上采用客观数据和主观问卷调查相结合的方式，其中主观问卷调查的目的在于对客观数据难以量化的指标进行表征，使主观问卷调查结果成为客观指标体系有益的补充。

对于宏观统计和微观调查两个一级指标，以及宏观统计中的10个二级指标和微观调查中的7个二级指标的权重，研究团队采用德尔菲法来确定指标权重。课题组专家通过背靠背的形式独自对各个一级指标和二级指标的权重进行打分，经过第一轮独立打分之后，专家组进一步对分歧较大的指标权重再次进行讨论，最终确定各个一级和二级指标的具体权重。而对于各个三级指标，则采取等权重计算方法。具体的各级指标及其权重，见附件1。

在综合指数的计算方面，强调信息综合的直观简洁和对评价体系结构的尊重。首先将数据进行可比化处理，得到单个指标的可比数据。然后通过各级指标的汇总计算获得各个城市的相关数据。

3. 样本选择和数据获取

区域品牌发展指数评价共选取青岛、济南、烟台、大连、宁波、厦门和深圳7座城市来进行城市区域品牌发展的对比分析和发展指数计算。

其中所有的宏观统计数据均来自各个城市的统计年鉴以及权威第三方报告，保证数据来源稳定、可靠，所有统计数据的统计时间都是2019年。微观调查数据则来源于研究团队2021年5月16～26日在全国范围内展开的一项问卷调查（问卷的具体内容详见附件3）。经过10天的数据搜集工作，共收集到846位被访者的有效调查结果。

三、样本城市的区域品牌经济发展比较分析

（一）样本城市的区域品牌经济宏观发展比较

1. 品牌发展基础比较

对于城市区域品牌经济发展基础的评价，主要包括经济发展水平、交通运输能力和基础设施状况三个方面。

首先，从城市的经济发展水平来看，城市的经济水平是支撑区域品牌发展的重要基础条件。从城市GDP看，从高到低的顺序依次是深圳市、宁波市、青岛市、济南市、烟台市、大连市、厦门市；从人均GDP看，从高到低的顺序依次是深圳市、宁波市、厦门市、青岛市、烟台市、济南市、大连市；从公共财政预算支出看，从高到低的顺序依次是深圳市、宁波市、青岛市、济南市、大连市、厦门市、烟台市。从总体来看，深圳、宁波两座城市的经济水平最高，青岛市处于中等偏上水平（图附3-1）。

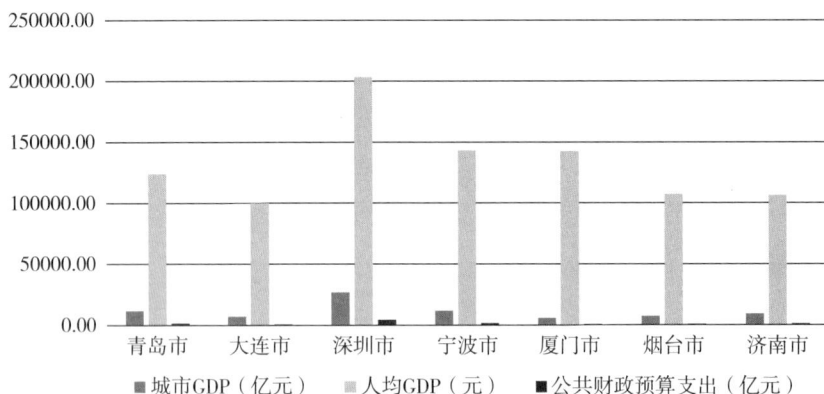

图附3-1 样本城市的经济发展水平比较

资料来源：各城市统计年鉴

其次，从交通运输能力来看，城市的交通运力是推动区域品牌经济发展的动力。从公路客运量看，前三名为大连市、深圳市、烟台市，青岛市处于第四位；从航空客运量看，深圳市和厦门市处于前两位，青岛市位于第三位；从铁路客运量看，济南市、深圳市、宁波市位于前三名，青岛市位于第四名。总体来看，深圳市的交通运力最强，青岛的交通运力处于中等水平（图附3-2）。

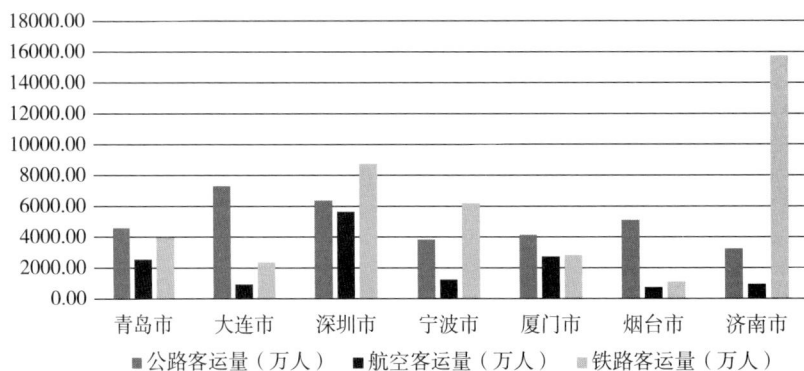

图附3-2 样本城市的交通运输能力比较

资料来源：各城市统计年鉴

最后，从基础设施来看，城市的基础设施是区域品牌经济发展的硬性条件之一。从年末道路长度看，宁波市与济南市居于前两名，青岛市位于第三名；

从公园绿地面积看，深圳市和济南市位于前两名，青岛市位于第三名；从供水综合生产能力看，前四名是深圳市、宁波市、济南市、大连市，青岛市是第五名。总体来看，青岛市的基础设施处于中等水平（图附3-3）。

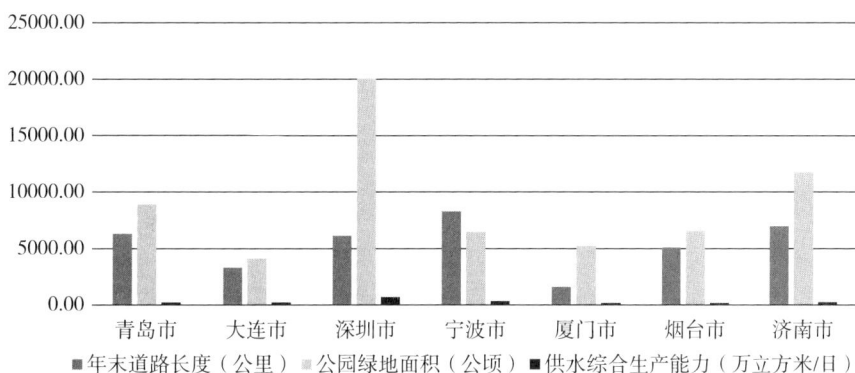

图附 3-3　样本城市的基础设置状况比较

资料来源：各城市统计年鉴

2. 品牌创新水平

首先，在创新投入方面，从科学技术支出看，深圳市和宁波市位于前两名，青岛市位于第三名；从科学研究和技术服务业人员看，深圳市、宁波市、济南市是前三名，青岛市是第四名。总体来看，青岛市的创新能力处于中等偏下水平（图附3-4）。

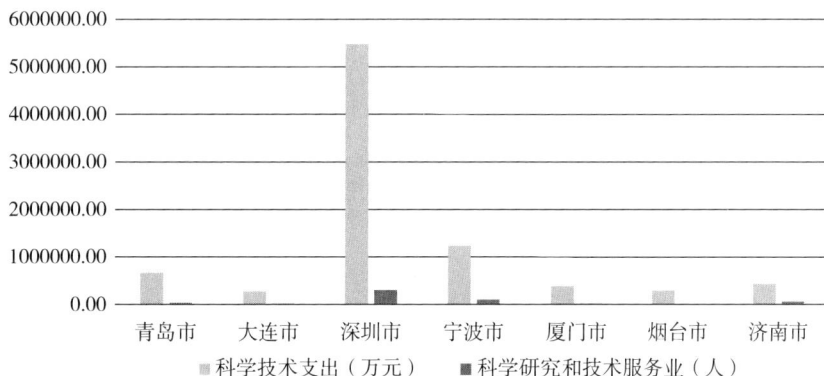

图附 3-4　样本城市的创新投入比较

资料来源：各城市统计年鉴

其次，在创新产出方面，从国家级科学技术奖励看，第一名是深圳市，青岛市和济南市并列第二名；从每万人有效发明专利拥有量看，第一名为深圳市，青岛市位于第二名。总体来看，青岛市的知识产权处于上等水平（图附3-5）。

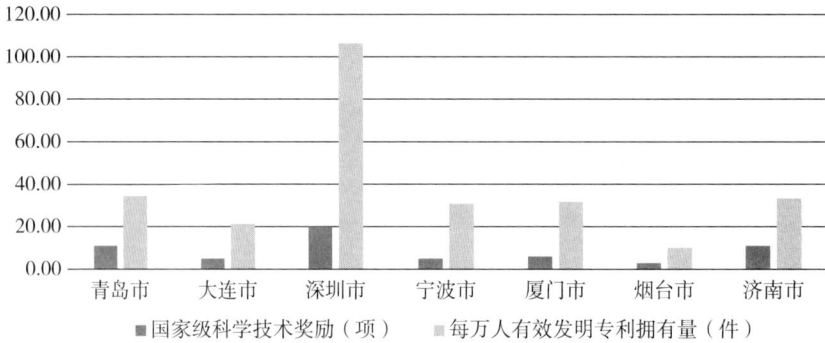

图附3-5 样本城市的创新产出比较

资料来源：各城市统计年鉴

3.区域教育品牌

从普通高等学校数量看，济南市和大连市是前两名，青岛市位于第三名；从双一流学校数量看，青岛市和大连市位于前两名。由此可见，青岛的知名高校数量在所有城市当中处于领先地位（图附3-6）。

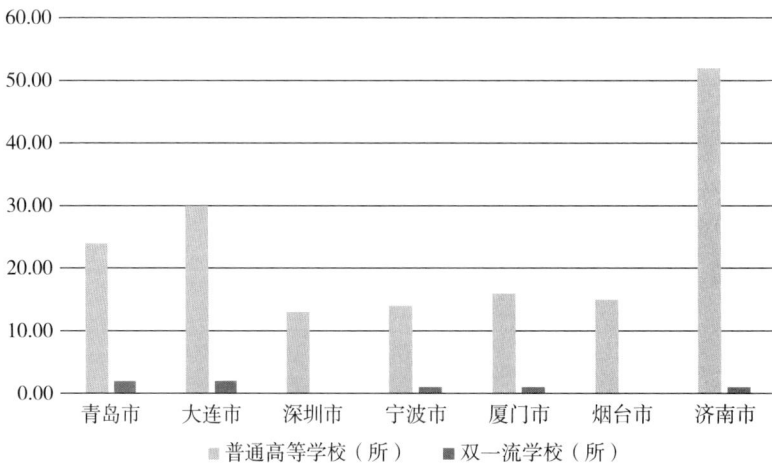

图附3-6 样本城市的高等院校比较

资料来源：各城市统计年鉴

此外，从普通高校专任教师数量看，济南市和青岛市位于前两名；从普通高等学校招生人数看，济南市和青岛市位于前两名。总体来看，青岛市的教育资源是上等水平（图附 3-7）。

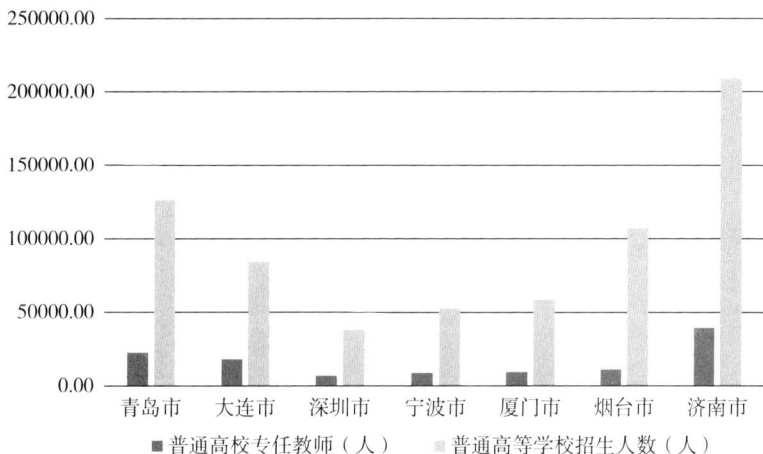

图附 3-7 样本城市的高校教师和学生比较

资料来源：各城市统计年鉴

4. 区域文化品牌

从文化馆数量看，大连市和烟台市位于前两名，青岛市是第三名；从公共图书馆数量看，前四名是深圳市、烟台市、济南市、大连市，青岛市是第五名。总体来看，青岛市的文化资源处于中等水平（图附 3-8）。

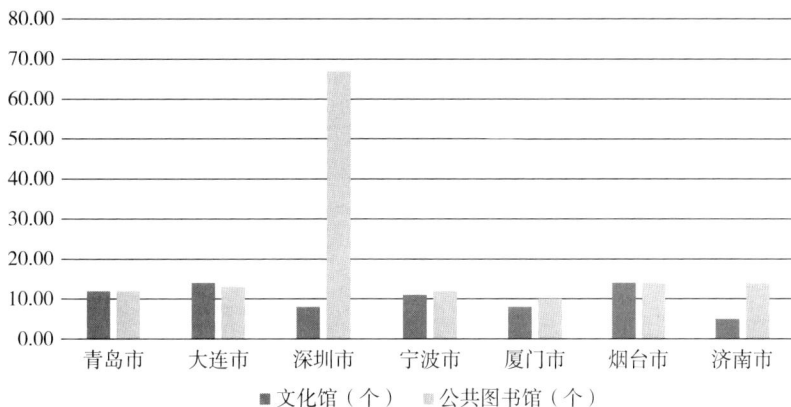

图附 3-8 样本城市的文化资源比较

资料来源：各城市统计年鉴

5. 区域旅游品牌

首先，在旅游基础资源方面，从 A 级旅游景区数量看，青岛市是第一名。从星级酒店数量看，前两名是大连市和宁波市，第三名为青岛市。总体来看，青岛市的旅游基础设施处于上等水平（图附 3-9）。

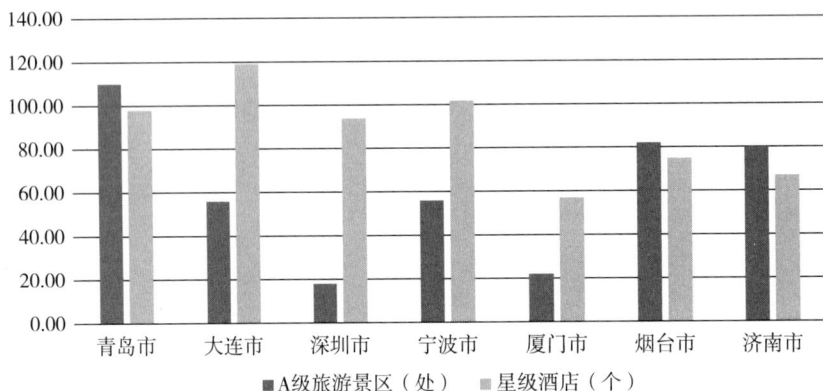

图附 3-9　样本城市的旅游基础资源比较

资料来源：各城市统计年鉴

其次，在旅游服务能力方面，从餐饮业机构数看，前四名是深圳市、宁波市、济南市、厦门市，青岛市为第五名；从住宿业机构数看，前三名是深圳市、厦门市、宁波市，青岛市为第四名；总体来看，青岛市的旅游服务能力是中等偏下水平（图附 3-10）。

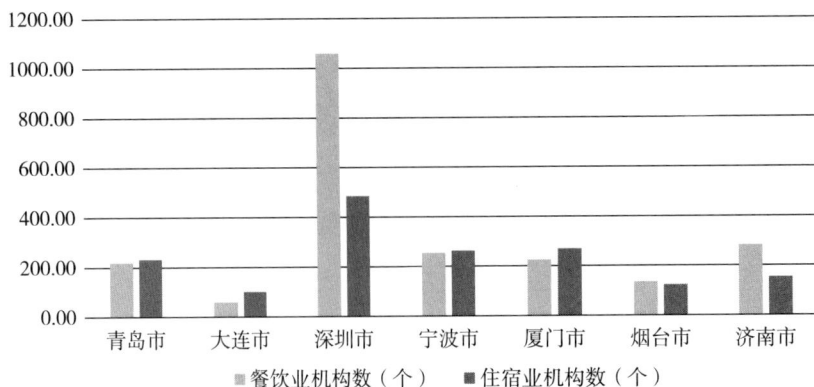

图附 3-10　样本城市的旅游服务能力比较

资料来源：各城市统计年鉴

最后，在旅游产业规模方面，从旅游总收入看，第一名是宁波市，青岛市为第二名；从接待境内游客数量看，第一名是宁波市，青岛市为第二名；从接待境外游客数量看，第一名是厦门市，青岛市为第二名（图附3-11）。

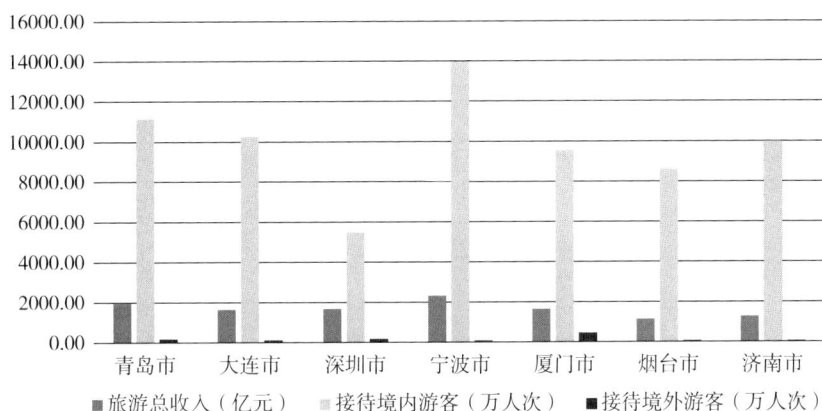

图附 3-11　样本城市的旅游产业规模

资料来源：各城市统计年鉴

6. 区域企业品牌

从上市公司数量看，前四名是深圳市、宁波市、厦门市、烟台市，青岛市为第五名；从中国五百强民营企业数量看，前四名是深圳市、宁波市、厦门市、烟台市，青岛市为第五名；从独角兽企业数量看，第一名是深圳市，青岛市位于第二名；从中国财富五百强企业看，前四名是深圳市、宁波市、厦门市、济南市，青岛市为第五名。总体来看，青岛的企业实力处于中等偏下水平（图附3-12）。

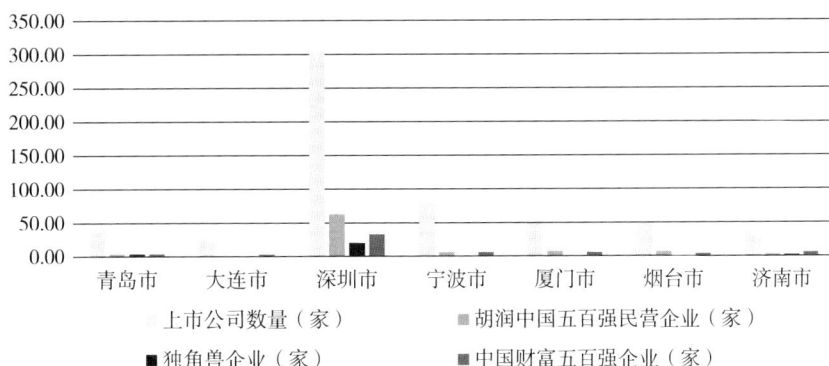

图附 3-12　样本城市的知名企业比较

资料来源：各城市统计年鉴

7. 区域金融品牌

首先，在银行机构规模方面，从年末本外币存款余额看，前三名为深圳市、宁波市、济南市，青岛市为第四名；从年末本外币贷款余额看，前三名为深圳市、宁波市、济南市，青岛市为第四名。总体来看，青岛市的银行机构处于中等水平（图附3-13）。

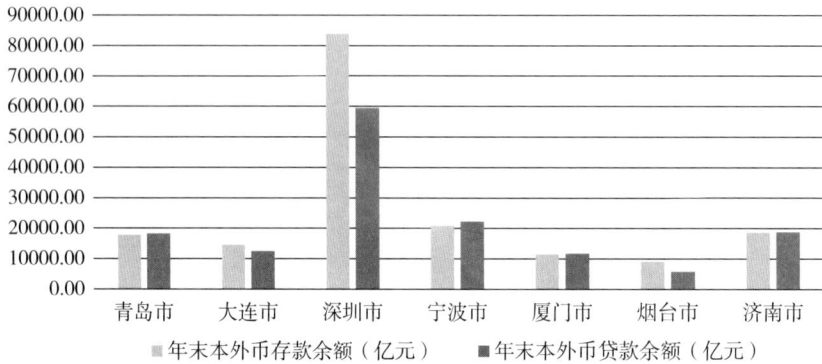

图附3-13 样本城市的银行规模比较

资料来源：各城市统计年鉴

其次，在保险业方面，从保费收入看，前两名为深圳市、济南市，青岛市为第三名；从保险业务支出看，第一名为深圳市，青岛市为第二名。总体来看，青岛市的保险业处于上等水平（图附3-14）。

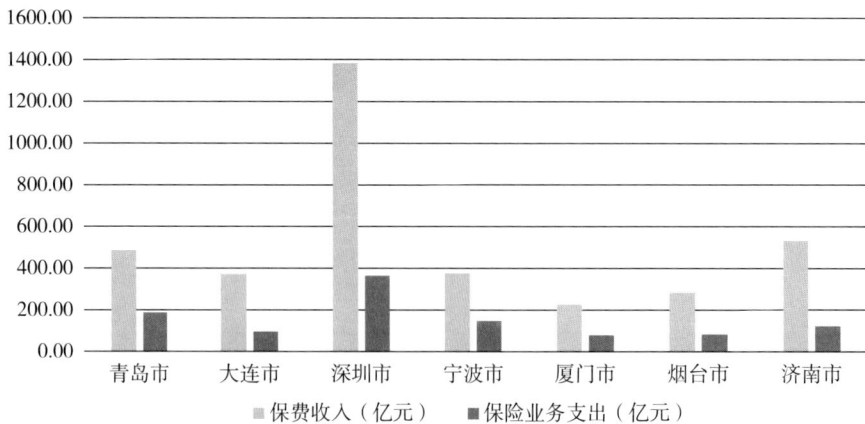

图附3-14 样本城市的保险业比较

资料来源：各城市统计年鉴

最后，在证券机构的规模方面，从代理买卖证券交易额看，第一名为深圳市，青岛市为第二名。总体来看，青岛市的证券经营机构处于上等水平（图附3-15）。

代理买卖证券交易额（亿元）

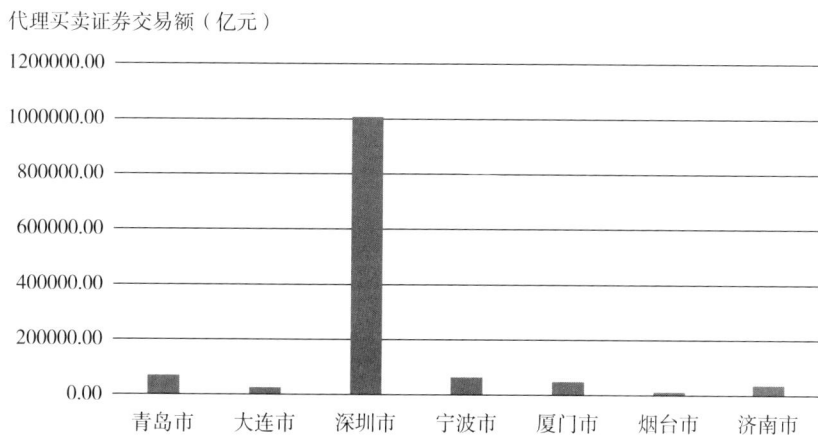

图附 3-15　样本城市的金融机构规模比较

资料来源：各城市统计年鉴

8. 区域食品品牌

首先，在食品制造产业方面，从工业企业单位数看，第一名为烟台市，青岛市为第二名；从营业收入看，青岛市为第一名；从利润总额看，青岛市为第一名。总体来看，青岛市的食品制造业处于领先水平（图附3-16）。

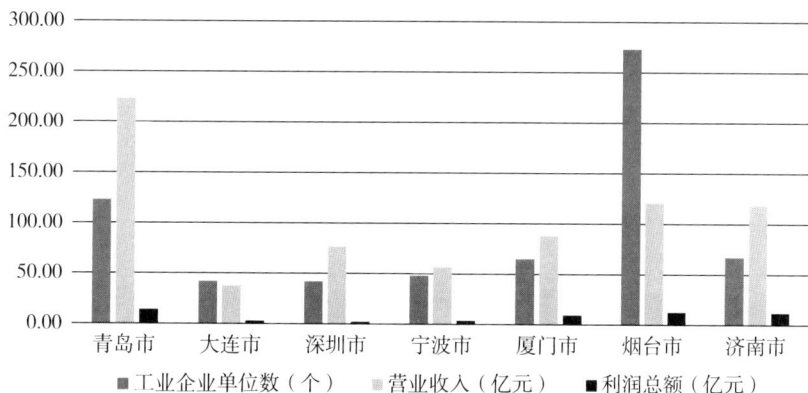

■ 工业企业单位数（个）　　□ 营业收入（亿元）　　■ 利润总额（亿元）

图附 3-16　样本城市的食品加工产业比较

资料来源：各城市统计年鉴

其次，在农副食品加工产业方面，从工业企业单位数看，青岛市为第一名；从营业收入看，青岛市为第一名；从利润总额看，青岛市为第三名。总体来看，青岛市的农副食品加工业处于上等水平（图附3-17）。

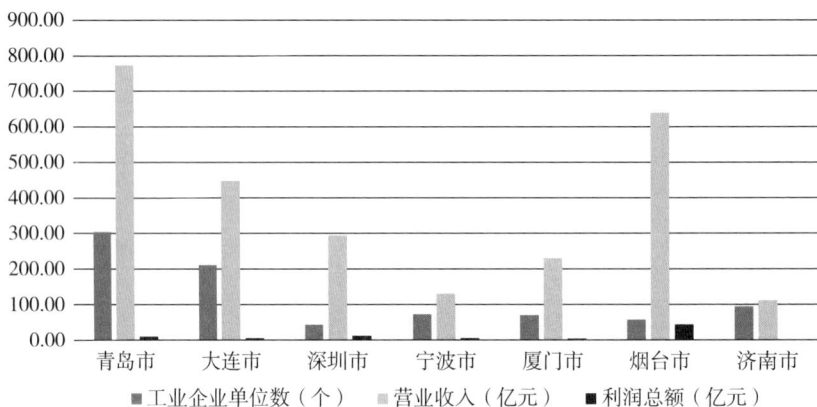

图附3-17　样本城市农副食品加工产业比较

资料来源：各城市统计年鉴

9. 高新制造品牌

在以计算机、通信和其他电子设备制造业为代表的高新技术产业的发展方面，从工业企业单位数看，深圳市、宁波市、厦门市位于前三名，青岛市为第四名；从营业收入看，深圳市、厦门市、宁波市、烟台市位于前四名，青岛市位于第五名；从利润总额看，前四名是深圳市、大连市、厦门市、宁波市，青岛市位于第五名。总体来看，青岛市的计算机、通信和其他电子设备制造业处于中等偏下水平（图附3-18）。

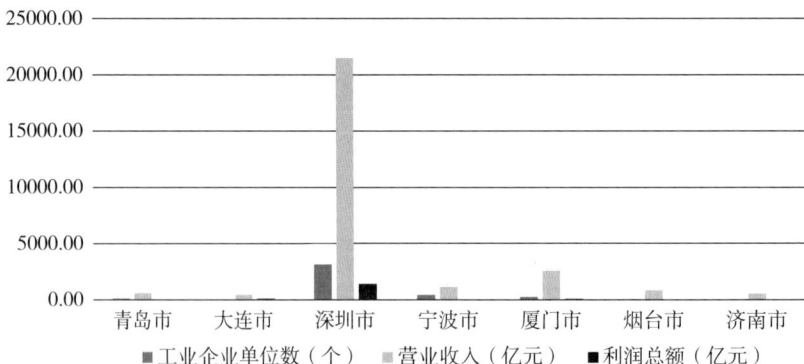

图附3-18　样本城市的高新技术产业比较

资料来源：各城市统计年鉴

10.传统制造业品牌

在以电气机械及器材制造业为代表的传统制造业的发展方面,从工业企业单位数看,深圳市、宁波市、厦门市位于前三名,青岛市为第四名;从营业收入看,深圳市、宁波市、青岛市位于前三名;从利润总额看,深圳市、宁波市位于前两名,青岛市为第三名。总体来看,青岛市的电气机械及器材制造业位于中等偏上水平(图附3-19)。

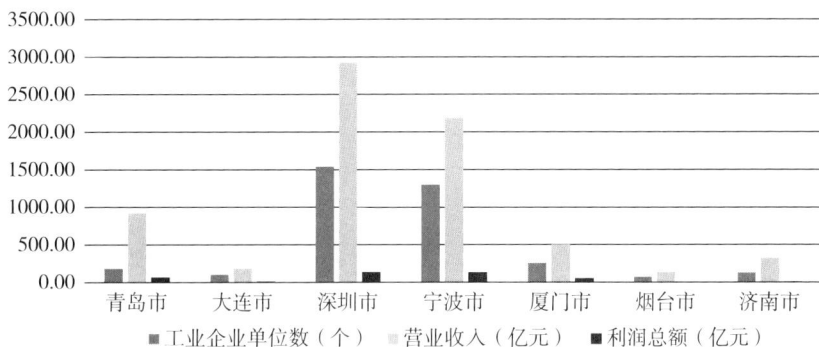

图附 3-19 样本城市的传统制造业比较

资料来源:各城市统计年鉴

(二)样本城市的区域品牌微观影响分析

1.社会公众对青岛市区域品牌的总体认知

从图附3-20中可以看出,在提到青岛市时,社会公众能够联想到青岛区域品牌往往有很多,包括青岛啤酒、海尔、海信、双星等很多耳熟能详的品牌,而在众多品牌当中,被提及概率最高的4个品牌分别是青岛啤酒、海信、海尔、双星。

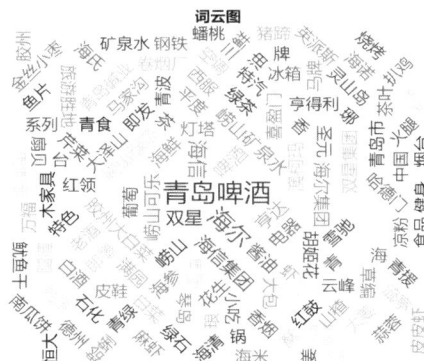

图附 3-20 社会公众对青岛区域品牌的认知词云图

资料来源:研究团队社会调查数据

2. 食品产业的品牌影响力

对于样本城市的食品产业，从整体来看，品牌影响力最高的分别为大连市、烟台市和厦门市三个城市，而青岛市在7个城市里面，其食品产业的品牌影响力只处于中等水平（图附3-21）。

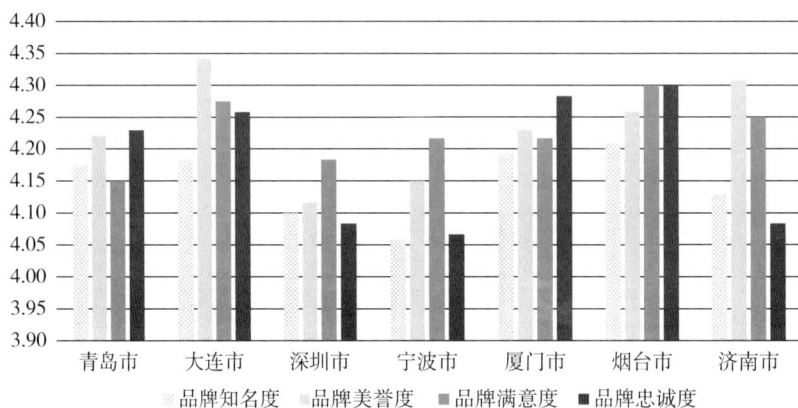

图附 3-21 样本城市食品产业的品牌影响力比较

资料来源：研究团队社会调查数据

3. 文化产业的品牌影响力

从样本城市的文化产业影响力来看，各个城市彼此之间的差异并不显著，影响力相对较高的主要有烟台市、大连市、厦门市和青岛市。青岛市在7个样本城市中处于中等偏上的位置（图附3-22）。

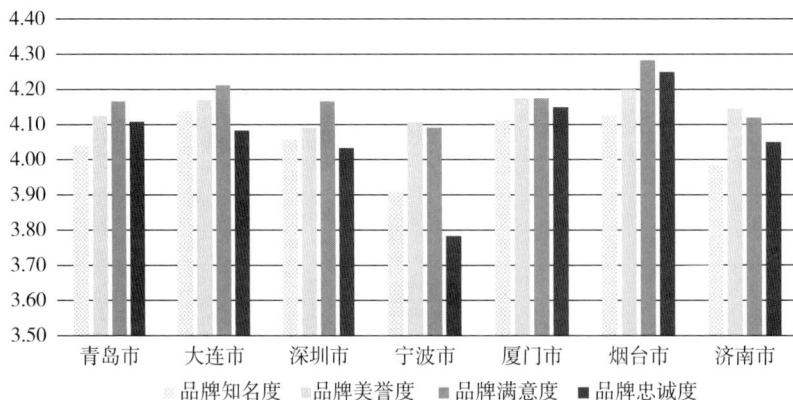

图附 3-22 样本城市文化产业的品牌影响力比较

资料来源：研究团队社会调查数据

4. 旅游产业的品牌影响力

从样本城市的旅游产业影响力来看，大连市最高，青岛市次之，随后是厦门市和烟台市，这表明青岛市的旅游业在社会大众心目中具有很高的品牌影响力（图附 3-23）。

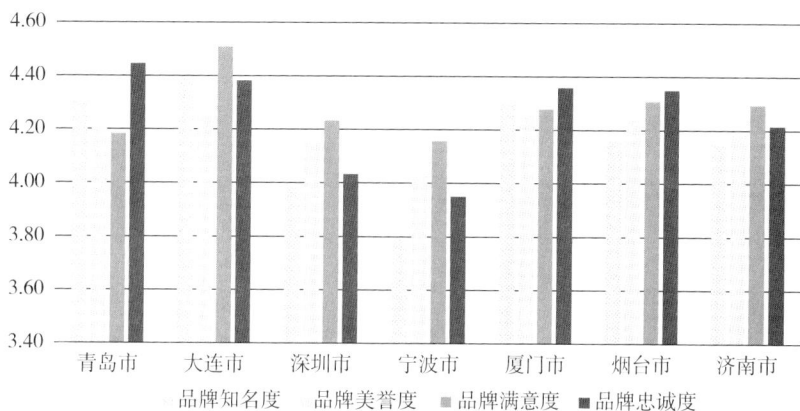

图附 3-23　样本城市旅游产业的品牌影响力比较

资料来源：研究团队社会调查数据

5. 金融产业的品牌影响力

从金融行业的品牌影响力来看，深圳市的品牌影响力最高，明显高于其他城市，而其余 6 个城市的金融业品牌影响力彼此都相差不多。这表明，虽然青岛市的金融业品牌影响力落后于深圳，但与其他城市处于同一水平（图附 3-24）。

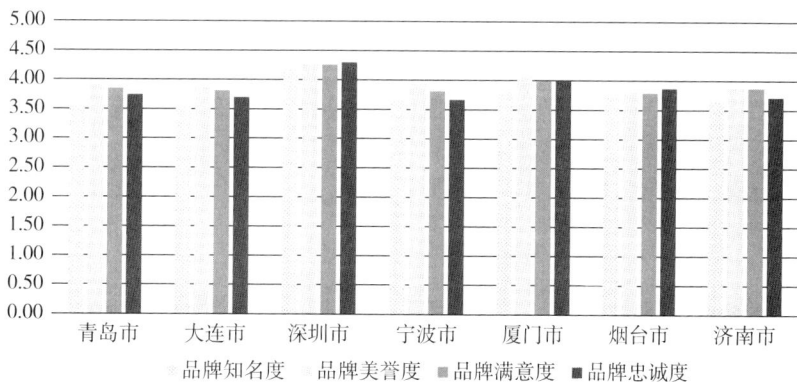

图附 3-24　样本城市金融产业的品牌影响力比较

资料来源：研究团队社会调查数据

6.教育行业的品牌影响力

从教育行业的品牌影响力来看，被调查的社会公众认为，在 7 个城市当中，教育行业品牌影响力排名前三的城市依次是厦门市、大连市和深圳市，虽然青岛市也拥有众多知名高校，但是其品牌影响力并不高（图附 3-25）。

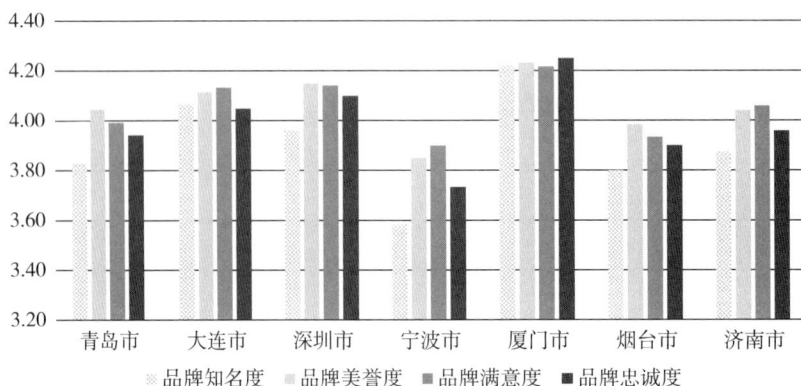

图附 3-25　样本城市教育行业的品牌影响力比较

资料来源：研究团队社会调查数据

7.传统制造业的品牌影响力

从以传统家电制造为代表的传统制造业来看，青岛市的品牌影响力明显优于其他城市，这表明青岛市依托海尔、海信等非常知名的传统家电制造企业，其区域品牌已经在社会公众当中拥有很高的品牌影响力（图附 3-26）。

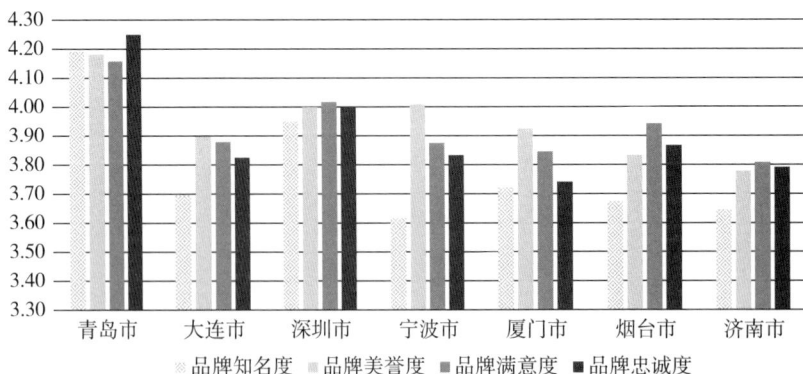

图附 3-26　样本城市传统制造行业的品牌影响力比较

资料来源：研究团队社会调查数据

8.高新科技产业的品牌影响力

对于以智能电视、手机、电脑等产品为代表的高新科技产业，品牌影响力排名第一的是青岛市，其次为深圳市，而且这两个城市的高科技品牌影响力明显高于其他城市。这说明青岛在高新科技产业上拥有明显的优势，在社会公众中具有很强的品牌影响力（图附3-27）。

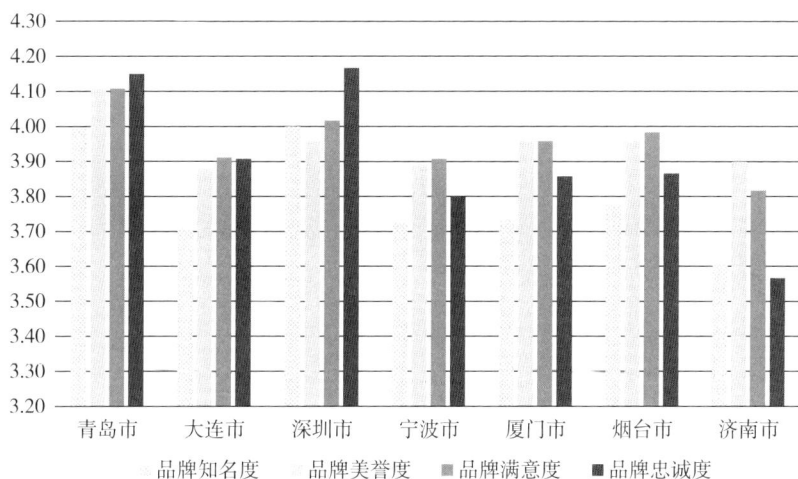

图附 3-27　样本城市高新科技产业的品牌影响力比较

资料来源：研究团队社会调查数据

四、城市区域品牌经济发展指数

（一）区域品牌经济发展的总体指数

根据宏观统计数据和微观调研数据，结合之前确定的各个指标权重，本研究将各个三级指标数据去量纲化后，计算了各个城市的区域品牌经济发展指数，具体如表附3-1所示。

样本城市的区域品牌经济发展指数及排名　　　　　　　　　　　　表附3-1

	青岛市	大连市	深圳市	宁波市	厦门市	烟台市	济南市
区域品牌发展指数	77.56	73.59	86.08	68.35	73.67	72.75	70.23
一级指标							
品牌发展基础	72.07	67.12	95.42	73.52	65.76	65.72	72.42

	青岛市	大连市	深圳市	宁波市	厦门市	烟台市	济南市
品牌创新水平	68.89	62.58	100.00	68.31	64.47	60.05	69.18
区域教育品牌	82.88	80.52	60.00	66.70	67.77	65.83	95.00
区域文化品牌	72.02	76.45	91.11	71.93	65.30	74.27	61.14
区域旅游品牌	80.93	74.59	80.69	80.19	72.53	69.05	70.52
区域企业品牌	63.47	60.00	100.00	63.93	62.97	62.27	62.91
区域金融品牌	67.14	62.71	100.00	66.25	61.46	60.45	65.55
区域食品品牌	90.47	68.73	64.91	63.21	68.77	87.72	70.35
高新制造品牌	60.65	61.10	100.00	62.68	63.22	60.51	60.16
传统制造品牌	71.33	61.64	100.00	93.88	68.40	60.00	62.03
食品品牌影响	79.37	94.88	65.71	65.93	87.62	96.30	80.62
文化品牌影响	79.77	90.04	75.82	61.54	88.81	99.45	75.51
旅游品牌影响	87.07	98.74	72.47	60.00	90.09	87.92	82.12
金融品牌影响	64.56	61.56	100.00	64.80	79.43	65.79	65.23
教育品牌影响	75.89	88.04	88.44	60.00	100.00	71.16	78.93
传统制造品牌影响	100.00	67.93	82.30	69.38	66.49	68.62	61.49
高新科技品牌影响	99.62	71.53	90.31	70.56	76.36	78.42	60.91

从表中可以看出，在所有的城市中，区域品牌经济发展指数得分最高的是深圳市，达到86.08分。而青岛市的区域品牌经济发展指数得分为77.56分，仅次于深圳市，之后分别为厦门市、大连市、烟台市、济南市和宁波市。

结果表明，虽然落后于深圳市的区域品牌经济发展，但是青岛市的区域品牌经济发展在我国各个城市当中已经处于领先地位。

（二）青岛市的区域品牌经济发展指数分析

首先，在青岛市区域品牌经济发展的宏观指数方面，通过雷达图可以看出，青岛市目前食品品牌的发展优势明显，宏观指数打分达到了90.47分；其次是区域教育品牌发展和区域旅游品牌发展，而在高新制造和区域知名企业方面还存在短板（图附3-28）。

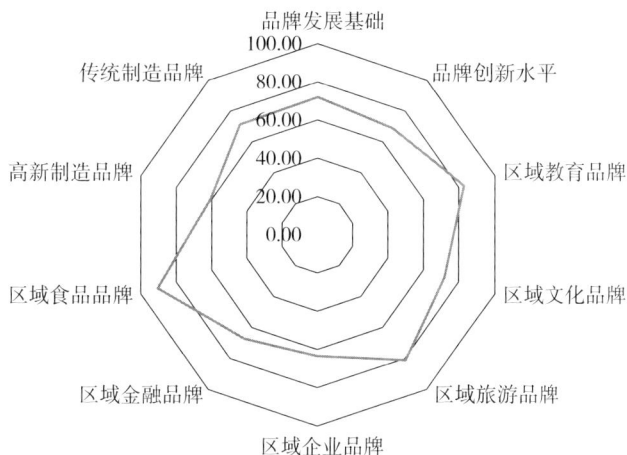

图附 3-28　青岛市区域品牌经济发展的宏观指数分析

资料来源：研究团队归纳整理

　　其次，在青岛市区域品牌经济发展的微观指数方面，通过雷达图可以看出，虽然青岛市的传统制造和高新制造产业的总体规模并不高，但是在消费者心目中却具有非常高的品牌影响力，微观指数打分分别为 100 分和 99.62 分。此外，青岛市的旅游产业在消费者心目中也具有很高的品牌影响力，微观指数打分达到了 87.07 分。与此同时，笔者也注意到，青岛市的金融行业在消费者中的品牌影响力比较低，微观指数打分仅为 64.56 分，是一个非常明显的短板（图附 3-29）。

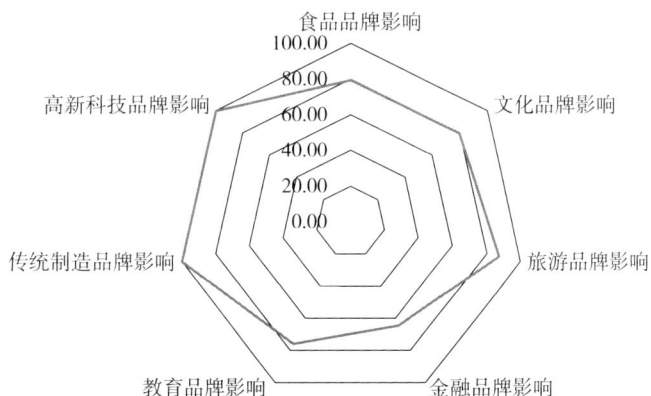

图附 3-29　青岛市区域品牌经济发展的微观指数分析

资料来源：研究团队归纳整理

附件1：城市区域品牌经济发展评价指标及其权重体系

	一级指标	权重	二级指标	权重	三级指标	序号	权重
宏观统计指标	品牌发展基础	5.00%	经济水平	1.67%	城市GDP	1	0.56%
					人均GDP	2	0.56%
					公共财政预算支出	3	0.56%
			交通运力	1.67%	公路客运量	4	0.56%
					航空客运量	5	0.56%
					铁路客运量	6	0.56%
			基础设施	1.67%	年末道路长度	7	0.56%
					公园绿地面积	8	0.56%
					供水综合生产能力	9	0.56%
	品牌创新水平	5.00%	创新投入	2.50%	科学技术支出	10	1.25%
					科研人员数量	11	1.25%
			创新产出	2.50%	国家级科学技术奖励	12	1.25%
					每万人有效发明专利拥有量	13	1.25%
	区域教育品牌	6.00%	教育资源	6.00%	普通高等学校	14	1.50%
					双一流学校	15	1.50%
					普通高校专任教师	16	1.50%
					普通高校招生人数	17	1.50%
	区域文化品牌	6.00%	文化资源	6.00%	文化馆	18	2.00%
					公共图书馆	19	2.00%
					公共图书馆藏书量	20	2.00%
	区域旅游品牌	6.00%	旅游基础设施	2.00%	A级旅游景区	21	1.00%
					星级酒店	22	1.00%
			服务能力	2.00%	餐饮业机构数	23	0.67%
					住宿业机构数	24	0.67%
					住宿和餐饮业从业人员	25	0.67%
			旅游业规模	2.00%	旅游总收入	26	0.67%
					接待境内游客	27	0.67%
					接待境外游客	28	0.67%

一级指标	权重	二级指标	权重	三级指标	序号	权重
区域企业品牌	6.00%	企业实力	6.00%	上市公司数量	29	1.50%
				胡润中国五百强民营企业	30	1.50%
				独角兽企业	31	1.50%
				中国财富五百强企业	32	1.50%
区域金融品牌	6.00%	银行机构	2.00%	年末本外币存款余额	33	1.00%
				年末本外币贷款余额	34	1.00%
		保险业	2.00%	保费收入	35	1.00%
				保险业务支出	36	1.00%
		证券经营机构	2.00%	代理买卖证券交易额	37	2.00%
区域食品品牌	6.00%	食品制造业	3.00%	工业企业单位数	38	1.00%
				营业收入	39	1.00%
				利润总额	40	1.00%
		农副食品加工业	3.00%	工业企业单位数	41	1.00%
				营业收入	42	1.00%
				利润总额	43	1.00%
高新制造品牌	6.00%	计算机、通信和其他电子设备制造业	6.00%	工业企业单位数	44	2.00%
				营业收入	45	2.00%
				利润总额	46	2.00%
传统制造品牌	6.00%	电气机械及器材制造业	6.00%	工业企业单位数	47	2.00%
				营业收入	48	2.00%
				利润总额	49	2.00%
食品品牌影响	6.00%	食品产业的品牌社会影响力	6.00%	品牌知名度	50	1.50%
				品牌美誉度	51	1.50%
				品牌满意度	52	1.50%
				品牌忠诚度	53	1.50%
文化品牌影响	6.00%	文化产业的品牌社会影响力	6.00%	品牌知名度	54	1.50%
				品牌美誉度	55	1.50%
				品牌满意度	56	1.50%
				品牌忠诚度	57	1.50%
旅游品牌影响	6.00%	旅游产业的品牌社会影响力	6.00%	品牌知名度	58	1.50%
				品牌美誉度	59	1.50%
				品牌满意度	60	1.50%
				品牌忠诚度	61	1.50%

The leftmost column spans: 宏观统计指标 (rows 29–49), 微观调查指标 (rows 50–61).

	一级指标	权重	二级指标	权重	三级指标	序号	权重
微观调查指标	金融品牌影响	6.00%	金融产业的品牌社会影响力	6.00%	品牌知名度	62	1.50%
					品牌美誉度	63	1.50%
					品牌满意度	64	1.50%
					品牌忠诚度	65	1.50%
	教育品牌影响	6.00%	教育行业的品牌社会影响力	6.00%	品牌知名度	66	1.50%
					品牌美誉度	67	1.50%
					品牌满意度	68	1.50%
					品牌忠诚度	69	1.50%
	传统制造品牌影响	6.00%	传统制造产业的品牌社会影响力	6.00%	品牌知名度	70	1.50%
					品牌美誉度	71	1.50%
					品牌满意度	72	1.50%
					品牌忠诚度	73	1.50%
	高新科技品牌影响	6.00%	高新科技产业的品牌社会影响力	6.00%	品牌知名度	74	1.50%
					品牌美誉度	75	1.50%
					品牌满意度	76	1.50%
					品牌忠诚度	77	1.50%

附件2：各个城市的区域品牌发展宏观统计数据

一级指标	二级指标	三级指标	青岛市	大连市	深圳市	宁波市	厦门市	烟台市	济南市
品牌发展基础	经济水平	城市GDP（亿元）	11741	7007	26927	11985	5995	7653	9443
		人均GDP（万元）	12.42	9.99	20.34	14.31	14.27	10.73	10.64
		公共财政预算支出（亿元）	1575	1016	4551	1767	912	774	1197
	交通运力	公路客运量（万人）	4593	7290	6373	3829	4137	5098	3244
		航空客运量（万人）	2555	931	5635	1241	2741	733	936
		铁路客运量（万人）	3979	2362	8741	6197	2819	1095	15745
	基础设施	年末道路长度（公里）	6315	3321	6124	8300	1604	5108	6987
		公园绿地面积（公顷）	8922	4117	20077	6483	5236	6577	11759
		供水生产能力（万立方米/日）	217	228	710	348	185	170	241
品牌创新水平	创新投入	科学技术支出（百万元）	6680	2749	54842	12415	3843	2986	4317
		科学研究和技术服务业（千人）	39	20	300	102	20	13	63
	创新产出	国家级科学技术奖励（项）	11	5	20	5	6	3	11
		每万人有效发明专利拥有量（件）	34.37	21.28	106.35	30.92	31.80	10.11	33.29
区域教育品牌	教育资源	普通高等学校（所）	24	30	13	14	16	15	52
		双一流学校（所）	2	2	0	1	1	0	1
		普通高校专任教师（千人）	22.8	18.2	7.0	8.9	9.5	11.2	39.4
		普通高等学校招生人数（千人）	126.4	84.45	38.0	52.9	58.9	106.9	209.1
区域文化品牌	文化资源	文化馆（个）	12	14	8	11	8	14	5
		公共图书馆（个）	12	13	67	12	10	14	14
		公共图书馆藏书量（万册件）	812	1193	4576	1243	709	445	507
区域旅游品牌	旅游基础设施	A级旅游景区（处）	110	56	18	56	22	82	80
		星级酒店（个）	98	119	94	102	57	75	67
	服务能力	餐饮业机构数（个）	219	59	1059	256	225	136	284
		住宿业机构数（个）	232	101	485	264	270	123	153
		从业人员（万人）	2.8	1.7	20.24	4.23	6.1	1.76	3.7

一级指标	二级指标	三级指标	青岛市	大连市	深圳市	宁波市	厦门市	烟台市	济南市
区域旅游品牌	旅游业规模	旅游总收入（亿元）	1956	1657	1692	2331	1656	1149	1286
		接待境内游客（万人次）	11133	10268	5501	13947	9562	8624	9980
		接待境外游客（万人次）	170	114	168	76	451	65	46
区域企业品牌	企业实力	上市公司数量（家）	39	25	303	80	49	48	37
		胡润中国五百强民营企业（家）	4	0	63	6	7	7	3
		独角兽企业（家）	4	0	20	0	0	0	2
		中国财富五百强企业（家）	4	3	33	6	6	4	6
区域金融品牌	银行机构	年末本外币存款余额（亿元）	17876	14633	83942	20857	11609	9115	18646
		年末本外币贷款余额（亿元）	18209	12526	59461	22187	11801	5813	18769
	保险业	保费收入（亿元）	487	371	1384	376	227	285	532
		保险业务支出（亿元）	188	95	364	148	78.81	83.77	122
	证券经营机构	代理买卖证券交易额（十亿元）	6974	2545	100786	6416	4949	1253	3645
区域食品品牌	食品制造业	工业企业单位数（个）	123	42	42	48	65	273	67
		营业收入（亿元）	223	38	77	57	88	121	118
		利润总额（亿元）	14.03	3.03	2.34	3.64	9.33	12.41	11.77
	农副食品加工业	工业企业单位数（个）	304	211	44	73	71	57	95
		营业收入（亿元）	773	449	294	131	230	639	113
		利润总额（亿元）	10.45	5.44	11.82	5.51	3.91	43.52	1.24
高新制造品牌	计算机、通信、电子设备制造业	工业企业单位数（个）	117	42	3141	458	272	75	65
		营业收入（亿元）	619	469	21514	1137	2601	845	562
		利润总额（亿元）	32.11	124.68	1432.01	56.27	101.17	20.17	6.81
传统制造品牌	电气机械及器材制造业	工业企业单位数（个）	184	103	1542	1304	258	74	127
		营业收入（亿元）	920	185	2926	2183	503	134	323
		利润总额（亿元）	70.23	15.18	138.41	134.19	53.87	3.81	10.29

资料来源：各城市统计年鉴

附件3：区域品牌经济发展的社会调查问卷

先生/女士您好，非常感谢您参与此次有关青岛市区域品牌的调研。此次调研结果仅用于科学研究和政策建议。所有个人信息都将进行严格的保密，非常感谢您的参与。

1.当您听到青岛这座城市时，最先想到的4个品牌或产品是：

2.请您根据以下描述对青岛市食品行业进行打分。1表示非常不同意，5表示非常同意。

区域品牌知名度	非常不同意	不同意	一般	同意	非常同意
我认为青岛食品行业很出名	1	2	3	4	5
我认为青岛食品行业家喻户晓	1	2	3	4	5
区域品牌美誉度	非常不同意	不同意	一般	同意	非常同意
我认为青岛食品行业有良好的声誉	1	2	3	4	5
我认为青岛食品行业有良好的口碑	1	2	3	4	5
区域品牌满意度	非常不同意	不同意	一般	同意	非常同意
我对青岛食品行业的产品非常满意	1	2	3	4	5
我对青岛食品行业的服务非常满意	1	2	3	4	5
区域品牌忠诚度	非常不同意	不同意	一般	同意	非常同意
我会购买青岛出产的食品	1	2	3	4	5
我愿意向他人推荐青岛出产的食品	1	2	3	4	5

3.请您根据以下描述对青岛市文化行业进行打分。1表示非常不同意，5表示非常同意。

区域品牌知名度	非常不同意	不同意	一般	同意	非常同意
我认为青岛文化行业很出名	1	2	3	4	5
我认为青岛文化行业家喻户晓	1	2	3	4	5
区域品牌美誉度	非常不同意	不同意	一般	同意	非常同意
我认为青岛文化行业有良好的声誉	1	2	3	4	5
我认为青岛文化行业有良好的口碑	1	2	3	4	5
区域品牌满意度	非常不同意	不同意	一般	同意	非常同意
我对青岛文化行业的品质很满意	1	2	3	4	5
我对青岛文化行业的服务很满意	1	2	3	4	5
区域品牌忠诚度	非常不同意	不同意	一般	同意	非常同意
我会购买青岛的文化产品	1	2	3	4	5
我愿意向他人推荐青岛的文化产品	1	2	3	4	5

4.请您根据以下描述对青岛市旅游行业进行打分。1表示非常不同意，5表示非常同意。

区域品牌知名度	非常不同意	不同意	一般	同意	非常同意
我认为青岛旅游行业很出名	1	2	3	4	5
我认为青岛旅游行业家喻户晓	1	2	3	4	5
区域品牌美誉度	非常不同意	不同意	一般	同意	非常同意
我认为青岛旅游行业有良好的声誉	1	2	3	4	5
我认为青岛旅游行业有良好的口碑	1	2	3	4	5
区域品牌满意度	非常不同意	不同意	一般	同意	非常同意
我对青岛旅游行业的品质很满意	1	2	3	4	5
我对青岛旅游行业的服务很满意	1	2	3	4	5
区域品牌忠诚度	非常不同意	不同意	一般	同意	非常同意
我会去青岛旅游	1	2	3	4	5
我愿意推荐他人去青岛旅游	1	2	3	4	5

5.请您根据以下描述对青岛市金融行业进行打分。1表示非常不同意，5表示非常同意。

区域品牌知名度	非常不同意	不同意	一般	同意	非常同意
我认为青岛金融行业很出名	1	2	3	4	5
我认为青岛金融行业家喻户晓	1	2	3	4	5
区域品牌美誉度	非常不同意	不同意	一般	同意	非常同意
我认为青岛金融行业有良好的声誉	1	2	3	4	5
我认为青岛金融行业有良好的口碑	1	2	3	4	5
区域品牌满意度	非常不同意	不同意	一般	同意	非常同意
我对青岛金融行业的业务水平很满意	1	2	3	4	5
我对青岛金融行业的服务水平很满意	1	2	3	4	5
区域品牌忠诚度	非常不同意	不同意	一般	同意	非常同意
我会选择青岛的金融服务	1	2	3	4	5
我愿意向他人推荐青岛的金融服务	1	2	3	4	5

6.请您根据以下描述对青岛市的高等院校进行打分。1表示非常不同意，5表示非常同意。

区域品牌知名度	非常不同意	不同意	一般	同意	非常同意
我认为青岛的高校都很出名	1	2	3	4	5
我认为青岛的高校家喻户晓	1	2	3	4	5
区域品牌美誉度	非常不同意	不同意	一般	同意	非常同意
我认为青岛的高校有良好的声誉	1	2	3	4	5
我认为青岛的高校有良好的口碑	1	2	3	4	5
区域品牌满意度	非常不同意	不同意	一般	同意	非常同意
我对青岛高校的业务水平很满意	1	2	3	4	5
我对青岛高校的服务水平很满意	1	2	3	4	5
区域品牌忠诚度	非常不同意	不同意	一般	同意	非常同意
如果有机会，我会选择青岛的高校	1	2	3	4	5
如果有机会，我会向他人推荐青岛的高校	1	2	3	4	5

7.请您根据以下描述对青岛市家电制造行业进行打分。1表示非常不同意，5表示非常同意。

区域品牌知名度	非常不同意	不同意	一般	同意	非常同意
我认为青岛的家电很出名	1	2	3	4	5
我认为青岛的家电家喻户晓	1	2	3	4	5
区域品牌美誉度	非常不同意	不同意	一般	同意	非常同意
我认为青岛的家电有良好的声誉	1	2	3	4	5
我认为青岛的家电有良好的口碑	1	2	3	4	5
区域品牌满意度	非常不同意	不同意	一般	同意	非常同意
我对青岛的家电产品很满意	1	2	3	4	5
我对青岛的家电服务很满意	1	2	3	4	5
区域品牌忠诚度	非常不同意	不同意	一般	同意	非常同意
我会购买青岛的家电产品	1	2	3	4	5
我愿意向他人推荐青岛的家电产品	1	2	3	4	5

8.请您根据以下描述对青岛市高新科技产品进行打分。1表示非常不同意，5表示非常同意。

区域品牌知名度	非常不同意	不同意	一般	同意	非常同意
我认为青岛的高新科技很出名	1	2	3	4	5
我认为青岛的高新科技家喻户晓	1	2	3	4	5
区域品牌美誉度	非常不同意	不同意	一般	同意	非常同意
我认为青岛的高新科技有良好的声誉	1	2	3	4	5
我认为青岛的高新科技有良好的口碑	1	2	3	4	5
区域品牌满意度	非常不同意	不同意	一般	同意	非常同意
我对青岛高新科技行业的产品很满意	1	2	3	4	5
我对青岛高新科技行业的服务很满意	1	2	3	4	5
区域品牌忠诚度	非常不同意	不同意	一般	同意	非常同意
我会购买青岛的高新科技产品	1	2	3	4	5
我愿意向他人推荐青岛的高新科技产品	1	2	3	4	5

致　谢 Thanks

自 2021 年 3 月 8 日《青岛区域品牌经济研究报告 2021》编写团队正式组建以来，历时数月的时间，高频率的现场调研，密集的资料收集、加工、整理、研判，十数次修订完善，至今终于成稿。在《研究报告》编写的过程中，编写团队得到了青岛市委、市政府领导和各职能部门，青岛市西海岸新区以及青岛市各界的鼎力支持和协助，四面八方的力量汇聚在一起，我们共同克服了时间紧、任务重的困难，以较高的标准和要求，完成了编写工作。在《研究报告》即将付梓之际，编写团队谨怀感激之情，对提供宝贵支持的各方同仁致以崇高的谢意。

感谢青岛市委、市政府对人民日报中国品牌发展研究院和《研究报告》编写团队的信任和支持。感谢他们让编写团队得以零距离、全方面地接触青岛这样一个改革开放的桥头堡和排头兵；得以感受我国改革开放，特别是新时期以来我国区域经济发展的伟大成就；得以深刻体会品牌战略在引领经济发展和转型升级中的魅力。在《研究报告》的编写过程中，青岛市委、市政府各级领导和各职能部门为编写团队提供了宝贵的官方权威一手材料，保证了《研究报告》数据基础的扎实性。特别是青岛市委宣传部、市政策研究室、市发展改革委、市国资委、市工业和信息化局、市地方金融监督管理局、市民营经济局、市文化和旅游局、市大数据局、市财政局、市海洋发展局、市商务局、市市场监督管理局、市科技局及青岛证监局等部门同志的全力配合使得编写团队能够迅速进入工作状态，在此对他们表示特别的感谢。

感谢青岛市西海岸新区区委、区政府对我们工作的大力支持。西海岸新区是编写团队现场调研的第一站，也是《研究报告》破冰的关键一站。在西海岸新区各级领导的大力支持下，我们高效率地开展座谈，迅速完成关键企业的实地考察，形成了《研究报告》的核心立意。特别是新区管委会、区发展改革局、区工业和信息化局、区财政局、区海洋局、区商务局、区文化和旅游局、区市场监管局、区统计局、区金融办、区民营经济发展局、品牌发展中心和影视产业发展中心等部门同志的全力配合和全程参与对我们高效率展开工作至关重要，在此对他们表示由衷的感谢。我们要特别感谢西海岸新区宣传部，他们为我们协调了整个调研座谈会和企业实地访谈的行程，保障了整个调研活动的顺利进行。

感谢中国品牌发展研究院山东分院的各位同事，他们始终服务于青岛市一线，帮助我们安排调研行程，协调各方时间，起到了不可替代的后勤保障作用，让我们的调研工作始终处于高效率的状态，他们对《研究报告》的顺利完成功不可没。

感谢青岛市社会各界，他们是青岛区域品牌经济的直接建设者，正是他们长期以来的努力让我们看到了一个开放、现代、时尚、充满活力的国际化青岛，在此谨对他们表示崇高的敬意。在调研期间，编写团队于2021年3月至4月先后走访调研30余家企业。这些企业均在青岛经济发展中有突出表现和显著成就，但由于报告篇幅有限，无法全部录入，在这里谨表示歉意。后期编写团队根据调研结果选择了20余家主要企业作为案例介绍，并对企业提供的内容进行整合优化，形成了品牌案例及第七章中的企业介绍。在调研的过程中各企业给予了编写团队全力支持并提供了丰富的图文素材，对于丰富报告内容有极大的帮助，在此对他们表示感谢。在研究院后续的工作中，我们将持续探索青岛区域品牌经济中的优秀案例，并进行更具体深入的研究。

　　《研究报告》成稿之时恰逢中国共产党成立一百周年，站在实现第一个百年目标的历史节点，我们深感一个伟大的政党，一个伟大的国家对于区域品牌经济发展和社会进步的伟大意义，我们把最崇高的敬意和最真挚的谢意献给我们的党和国家。感谢老一辈革命家的抛头颅洒热血，感谢祖国建设先行者们为我们创造的坚实基础。未来，我们将紧随先辈的脚步，扎根祖国大地，为中华民族的伟大复兴贡献中国品牌的力量。